中国文化遗产研究院·人文社会科学系列·2019年

海洋出水铜器的腐蚀与保护

中国文化遗产研究院 田兴玲 著

文物出版社

图书在版编目（CIP）数据

海洋出水铜器的腐蚀与保护／田兴玲著 . —北京：
文物出版社，2019. 12

ISBN 978 – 7 – 5010 – 6183 – 9

Ⅰ.①海…　Ⅱ.①田…　Ⅲ.①铜器（考古）－文物保护
－研究－中国　Ⅳ.①K876. 414

中国版本图书馆 CIP 数据核字（2019）第 125156 号

海洋出水铜器的腐蚀与保护

著　　者：田兴玲

责任编辑：李　睿
封面设计：王文娴
责任印制：苏　林

出版发行：文物出版社
社　　址：北京市东直门内北小街 2 号楼
邮　　编：100007
网　　址：http：//www. wenwu. com
邮　　箱：web@ wenwu. com
经　　销：新华书店
印　　刷：北京京都六环印刷厂
开　　本：787mm×1092mm　1/16
印　　张：15. 75
版　　次：2019 年 12 月第 1 版
印　　次：2019 年 12 月第 1 次印刷
书　　号：ISBN 978 – 7 – 5010 – 6183 – 9
定　　价：280. 00 元

序　言

　　铜是人类最早认识并规模使用的金属，在世界各地有大量铜质文物传世并不断出土、出水。金属类文物虽不像竹木、棉麻丝等有机质文物那般脆弱，但其面临的保护难题却一点也不少。为此，文物保护界做了大量艰苦探索和努力，并取得相当进展，这其中也有中国文化遗产研究院同仁的身影。十多年前，随着水下考古事业的发展，国家水下文化遗产保护中心在文研院挂牌，其主要任务有二，一是水下考古研究，二是出水文物保护修复。自此时起，文研院部分专业人员陆续将自己的工作重心转向出水文物保护修复研究与实践方面。本书作者田兴玲即是那以后加入出水文物保护修复队伍的，主攻金属器保护。

　　大家知道，海水环境使铜器容易发生腐蚀，出水后带有海水液的铜器因氧气的作用使腐蚀大大加快，所以铜器一旦出水必须尽快采取措施做适当的稳定性处理，清除表面凝结物、脱盐等，否则随着出水后环境温湿度突变，腐蚀将持续加速并最终导致器物腐蚀甚至彻底失去原有形态。在材料学等学科中，对于铜及其合金的海洋腐蚀及大气腐蚀有很多研究。但对于如何抓住出水铜器因环境突变（由海洋出水进入大气）而加速腐蚀这一关键节点，剖析腐蚀及加速机理，寻找合适的保护方法却涉及不多，而这对于出水铜器稳定、长期保护又至关重要，需要我们下大力气去探索、突破。

　　《海洋出水铜器的腐蚀与保护》一书即是中国文化遗产研究院出水文物保护团队在这方面开展工作成果的阶段性总结。田兴玲及她的伙伴们在梳理国内外海洋出水铜器保护发展状况的基础上，以电化学腐蚀理论为指导重点研究分析铜器出水时的腐蚀状况，腐蚀行为及机制，并就凝结物去除、脱盐、除锈、缓蚀与封护，修复和复原等保护步骤逐一进行了较为系统的梳理、总结。在此基础上，借鉴国外出水铜器保护成功经验，通过对致远舰、南海 I 号等出水文物保护的操作实践，筛选材料，改进工艺和制作全自动脱盐设备，初步摸索出一套海洋出水铜器保护的有效方法。

这是国内出水铜器腐蚀理论及工程应用方面的一部相对系统的著述，希望对海洋出水文物保护研究和实践相关工作有所助益。

目 录

引言

第一章　**海洋出水铜器保护的进展**　001

1.1　**海洋出水铜器的应用和种类**　003

1.1.1　应用　003

1.1.2　种类　005

1.2　**海洋出水铜器及其保护情况**　007

1.2.1　国外　007

1.2.1　国内　009

第二章　**海洋出水时腐蚀状况**　013

2.1　**铜器的性质与基本分类**　015

2.1.1　铜元素的特性　015

2.1.2　合金成分　015

2.1.3　金相组织和结构　016

2.1.4　铜及其合金的基本分类　019

2.1.5　铜器的分析方法　021

2.2　**海洋出水铜器的腐蚀经历**　025

2.2.1　海底沉没期　025

2.2.2　出水暂存期　026

2.2.3　保护处理期　027

2.2.4　保存和展示期　028

2.3 海洋出水时铜器的腐蚀形貌　028

2.3.1 全面腐蚀及其腐蚀形貌　028

2.3.2 局部腐蚀及其分类　028

2.3.3 铜器病害　032

2.4 海洋出水铜器外围生成的物质　032

2.5 表面凝结物　036

2.5.1 成分及类型　036

2.5.2 成因　042

2.6 腐蚀产物　045

2.6.1 海洋出水铜器常见腐蚀产物的种类　045

2.6.2 国内典型出水铜器的腐蚀产物　048

2.6.3 腐蚀产物的形成过程　055

第三章　**海洋出水铜器腐蚀行为及机制**　061

3.1 海水中的全面腐蚀行为　063

3.1.1 样品制备与实验设备　064

3.1.2 铜器在海水中的腐蚀机制　066

3.1.3 海水腐蚀的影响因素　067

3.2 海水中的局部腐蚀　076

3.2.1 局部腐蚀的条件　076

3.2.2 局部腐蚀电池的特点　076

3.2.3 自催化效应　077

3.2.4 局部腐蚀的影响因素　077

3.2.5 局部腐蚀的严重性危害　080

3.3 出水暂存期内的大气腐蚀行为　080

3.3.1 氧浓差腐蚀　081

3.3.2 供养差异电池　082

3.3.3 大气腐蚀的影响因素　083

3.4 腐蚀控制的建议　086

第四章　**凝结物的去除**　089

4.1 清洗　091

4.2 凝结物内部结构探查　091

4.3 凝结物的分解　093

4.4 表面凝结物的清除方法　095

4.4.1 机械法　095

4.4.2 激光清洗　096

4.4.3 化学方法　097

4.4.4 电化学方法　098

第五章　脱盐　101

5.1 出水铜器脱盐方法及材料　103

5.1.1 化学脱盐的方法　103

5.1.2 电化学脱盐　107

5.1.3 物理脱盐法　108

5.1.4 氯离子含量的检测　109

5.1.5 脱盐效果的评价　109

5.2 海洋出水文物脱盐设备的研发和应用　110

5.2.1 设备的设计　111

5.2.2 设备的动力学仿真计算　118

5.2.3 设备的应用　129

第六章　除锈　135

6.1 物理除锈　137

6.2 化学除锈　139

6.3 电化学除锈　142

第七章　缓蚀与封护　147

7.1 海洋出水铜器的缓蚀　149

7.1.1 缓蚀剂的分类　149

7.1.2 缓蚀效果评价　151

7.1.3 常用的铜器缓蚀剂　151

7.1.4 缓蚀剂在海洋出水铜器的应用　153

7.1.5 海洋出水铜器缓蚀剂的筛选和复配　154

7.2 海洋出水铜器的封护 160

7.2.1 常用的铜器封护剂的性能与分类 160

7.2.2 海洋出水铜器封护剂的应用 162

7.2.3 封护效果评价 163

第八章 **海洋出水铜器的修复和复制** 167

8.1 **海洋出水铜器的修复** 169

8.1.1 修复的基本原则 169

8.1.2 铜器修复的主要步骤 169

8.1.3 海洋出水铜器修复的典型案例 169

8.2 **海洋出水铜器的的复制** 170

8.2.1 3D 打印技术的技术优势 170

8.2.2 3D 打印技术与材料 173

8.2.3 3D 打印的工作流程 175

8.2.4 3D 打印技术在文物保护上的应用 175

8.2.5 3D 打印技术在海洋出水铜器保护上的应用 176

第九章 **海洋出水铜器的典型保护案例** 189

9.1 **保护流程** 191

9.1.1 国外的保护流程 191

9.1.2 国内的保护流程 191

9.2 **实验室保护案例** 194

9.2.1 信息采集 194

9.2.2 去除凝结物和腐蚀产物 194

9.2.3 脱盐 196

9.2.4 缓蚀与封护 198

9.2.5 数字复原 199

9.3 **现场海洋出水铜器的保护案例** 199

9.3.1 技术路线 199

9.3.2 稳定性处理 200

9.3.3 现场提取 200

9.3.4 去除凝结物 201

9.3.5　加速脱盐　　201

9.3.6　缓蚀封护　　201

9.4　水下原址保护　　202

9.4.1　预先维护文物，准备挖掘或长期维护 – 牺牲阳极的应用　　202

9.4.2　预先维护发掘地，建立海底考古公园　　205

附件：国外海洋出水铜器保护的典型案例　　205

附录　209

附录一　国内铜器出水遗址及其基本情况统计表　　211

附录二　海洋出水铜器的数量和种类　　216

附录三　国外海水中铜器的腐蚀产物种类性质表　　232

附录四　实验分析结果　　233

后记　239

引　言

得益于水下考古事业的发展，海洋出水文物的腐蚀问题及其保护受到越来越多的关注与重视，已成为文物保护领域的一个重要分支。从海洋中打捞出水的文物日益增多，其中铜及其合金占有很大的比例。根据出水铜器（全书将铜质文物统称为铜器，包括铜及铜合金制品）的种类及数量统计，目前出水的铜器主要可以分为：容器、铜镜、配饰、铜钱、铜武器、构件、铜锭、铜条等。由于其所处的海水环境存在大量氯化物，使铜器容易发生腐蚀。当铜器一出海水突然置入大气中时，带有海水液的铜器腐蚀就被大气中的 O_2 大大加速了，所以铜器一旦出海水，需要尽快采取必要的措施对其进行适当的稳定性处理，包括清除表面凝结物、脱盐等，否则随着出水后环境温湿度的突变，腐蚀将会继续加速进行并最终导致器物损坏甚至彻底失去原有的器型。

国外对海洋出水文物研究涉及到了有关出水铜器及其合金的组成、性质、锈蚀产物的元素成分以及锈蚀机理，并且取得了一定的研究成果。而国内由于水下考古的起步相对较晚，海洋出水保护研究相对薄弱。在打捞出水的铜器数量日益增加的情况下，对海洋出水后的器物如何进行快速有效地保护修复处理，成为我国出水文物保护工作者共同面对的一个重要难题。

应国家水下文化遗产保护的需求，我院根据十二五规划组建了出水文物保护团队，成立了出水文物保护科技实验室。多年来，承接了南海 I 号、华光礁 1 号、小白礁 1 号、丹东 1 号等多条沉船及船货的重大保护项目，并结合实际需求，围绕木材、漆器、陶瓷、铁器、铜器等多种不同材质文物的保护开展了多项课题研究。不仅遴选出针对性的保护材料，制定出了不同材质文物保护的保护流程，同时还研发了大型脱盐设备，解决了大批量文物快速脱盐的问题。另外，还通过定期举办培训班的形式，面向全国培养了一大批出水文物保护人才。

本书共分八章，内容包括国内外海洋出水铜器保护的进展、出水时的腐蚀状况、腐蚀行为，国内外去除凝结物、清洗脱盐、除锈、缓蚀封护、修复与复制等保护步骤。书中还用较大的篇幅介绍了海洋出水文物脱盐设备的设计与开发及其应用，并例举了国内外出水铜器保护的典型实例。通过借鉴国外出水铜器保护的成功经验，更结合本国海洋出水铜器自身的腐蚀状况特点，用电化学腐蚀理论为指导，在防腐蚀控制的实际操作中筛选材料、改进工艺，并结合工程实践，寻找到了一条针对海洋出水铜器保护的最佳道路。希望能为出水文物保护工作者提供有力的参考。

由于本书的一些工作还处于探索阶段，许多问题尚待进一步研究。更限于作者水平，书中的缺点错误在所难免，敬请广大读者指正。

中国文化遗产研究院　田兴玲

2019 年 11 月

第一章

海洋出水铜器保护的进展

    铜是人类历史上最早通过冶炼而使用的金属之一，铜的使用可追溯到新石器时代晚期。早期的人类多用铜作为饰品；后来进入封建时代，人类发明了青铜，并采用青铜制造各种工具，如美轮美奂的礼器，锋利的兵器，也制作一些小型的家用容器、装饰品等等。从古至今，人类对于铜和青铜的广泛使用为现代人类留下了珍贵的历史遗产，同时各类铜器的利用也构成了灿烂辉煌的铜器文化。这些铜器是人类珍贵的财富，不仅具有极高的观赏价值、科学价值，还具有历史文化价值，因此，需要妥善保存。

    根据目前的水下考古资料，铜器主要来自贸易商船和战舰。铜器的应用和发展，与海洋出水铜器的数量和种类密切相关。为此，在保护海洋出水铜器前，需先认知铜器的来源和用途，在掌握国内外海洋出水铜器保护的水平和进展的基础上开展研究和保护工作。

1.1 海洋出水铜器的应用和种类

1.1.1 应用

从目前国内外打捞出水的情况来看，出水铜器不仅来自贸易沉船如南海Ⅰ号、南澳1号、韩国新安沉船等，还来自战舰如致远舰、经远舰和瑞典"瓦萨"号沉船等，所以出水铜器具和兵器反映出古代社会的经济贸易和军事。而从统治稳定来考虑，历代政府在铜铁等金属出口政策上，都会有严格的限制。比如宋代在管理金属商品的贸易方面就十分严格，《宋史》《食货志·互市舶法》曾明确规定"铜器、熟铁、战马、书籍禁止出口，金、银等物禁止输入。"元朝至元三十年法则规定："金、银、铜、铁货、男女，并不许私贩入番"；明代针对铜铁等金属商品实行更为严格的限制。永乐年间"禁以兵器、铜铁易马"，明弘治十一年令"官员军民人等与他交易，止许光素经丝绢布衣服等件，不许将一应兵器并违禁铜铁等物。敢有违犯的，都拿来处以极刑。"《大明律》有一款："凡将牛、马、军需、铁货、铜钱……等私出外境货卖及下海者，杖一百，物货船车并入官。"针对对外贸易中铜铁等金属制品的大量流失，甚至有朝廷官员复议"得违禁货物有铜当禁矣。而铜盆、铜圈亦铜也。亦宜一例查明，不许多贩，以滋融化为奸。"然而，虽然历代朝廷对铜器的出口进行了诸多限制，但是由于铜及铜制品其特殊的经济功能和社会功能，已经形成了金属商品的贸易传统。同时只有金属商品的对外贸易有一定的规模之后，朝廷才会颁禁令，这也从侧面反映出了历史上铜制品商品对外贸易的逐步兴盛。"金、银、铜、铁海舶飞运，所失良多，而铜钱之泄尤甚。法禁虽严，奸巧愈密。商人贪利而贸迁，黠吏受贿而纵释，其弊卒不可禁。"这说明铜钱及铜制品在古代中国出口商品中占有重要的地位，尤其在海上贸易中，铜器及铜制品以出口为主，流失较严重。宋人楼钥《攻媿集》载"三佛齐请就郡铸铜瓦三万斤，舶司得旨，令泉广二州守臣监造付之。"，这说明宋代时铜瓦已经销往三佛齐；《元史》卷280（《日本传》在至元十四年（1277）的事项中记载"日本遣商人持金来易铜钱，许之。"）说明元代时期中日金铜互易已是官方许可行为；《真腊风土记》更具体地说明，真腊需要由中国进口铜盘和针，并且广泛应用日常生活中，

"盛饭用中国铜盘","饮酒则用镴器";汪大渊的《岛夷志略》中（写于元末至正年间〔1341—1367年〕），几乎把南海各地一切地产和贸易之货都记载在里面，贸易之货即是用自己的地产来换取本土所需的物品，其中就包括铜及铜制品（铜锅、铜线、铜条、铜鼎、铜珠等）（图1.1.1）。

图1.1.1　大量的贸易铜钱

明代前期实行严格的全面禁海政策，而大力发展朝贡贸易。但在政府积极推行的朝贡贸易中，尤其是朝廷赏赐、回赐给诸国来使的物品中，黄金、白金（银）、金银器皿、铜、铜钱等金属制品是其中必不可少的一个方面，并且数量庞大。对于与明朝关系密切的朝贡国，在铜器金属制品的禁令下，赐贡也常常可以突破禁例，获得明廷额外赏赐，称为"特赐"。比如宪宗时期朝鲜国王以朝廷禁外国市铜铁、弓角等物，奏言"……窃惟高皇帝时，尝赐小邦，待遇异于诸藩。"上以朝鲜"奏乞恳切，每岁许买铜铁、弓角等物，不许过多"。同时，明朝政府虽三令五申厉行海禁，严禁海商出海贸易，尤其禁止铜铁等出口，但在明代走私贸易始终就和海禁相伴而生，关于私人海商在金属商品方面贸易的具体状况，林仁川先生在《明末清初私人海上贸易》一书中曾指出：明末清初，随着私人海上贸易的繁荣和发展，我国输往国外的商品大量增加，据不完全统计达230多种，其中铜制品也是重要的一项，具体有铜条、铜炮、铜壶、铜缸、铜锣、铜钱等（图1.1.2）。

宋明之际随着中国对外政治影响的扩大及对外贸易的发展，中国铜钱在当时拥有世界货币的职能。境外各政权国家将中国铜钱作为通货，对中国钱币广泛行用，这是导致铜钱外流的根本原因。宋明时期，日本、高丽、交趾和东南亚等海外国家均通用

中国铜钱。当时东南亚市场出
现了"海外东南诸国无一不贪好
（宋钱）"和"入蕃者非铜钱不往，
而蕃货亦非铜钱不售"和蕃商往
往"冒禁，潜载铜钱博换"现象，
史称"四夷皆仰中国之铜币"。
东亚及东南亚各国都将中国铜钱
尤其视为"镇国之宝"。中国钱
币满足了东亚、东南亚各国国内
市场的需要，弥补了其货币体系
的不足，行用于东亚及东南亚各

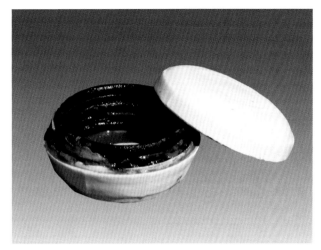

图 1.1.2　贸易瓷器中装载的铜器

国内市场，导致了其大量外流。此外，即便更远的南亚和西亚，也有宋明铜钱的流入。
《宋史》卷一八六《食货·互市舶法》载"南渡，三路舶司岁入固不少，然金银铜铁，
海舶飞运，所失良多，而铜钱之泄尤甚。"海外诸国的走私更为明显，"自置市舶于浙、
于闽、于广，舶商往来，钱宝所由以泄。"到甲午战争时期，铜被用来制造大批武器。
如近几年考古发现的致远舰和经远舰。其中致远舰上就发现有各种枪管、子弹及机关
炮等作战武器，还有邓世昌专用的望远镜等。可见，铜除了作为贸易往来的媒介和商
品，在军事作战领域也已经得到了广泛的应用。另外，铜器最先在海洋建筑中出现的
形式是铜钉，几百年以来，它还以别的形式存在着（例如用于保护木材免遭蛀木虫侵
蚀的铜）。但是直到 19 世纪末铜才被大量用于船只金属构件的建造。

1.1.2　种类

正由于历史上铜器的商品器具、武器兵器双重身份，所以至今才有大量的铜器打捞
出水。根据文献资料，统计了国内铜器海洋出水遗址及其基本情况和海丝之路上中国主
要贸易国家的输出输入物品种类（图 1.1.3），并制成了统计表（附录一国内铜器海洋出
水遗址及其基本情况统计表），在中国古代贸易史上，铜制品的贸易也占据了一席之
地，中国的输入物品中，唯有与东亚国家朝鲜、日本等国家铜器、铜制品是显示以输
入为主，而与东南亚、南亚、欧洲等国家的贸易中，铜制品是以对外输出为主的，海
洋考古兴起之后的沉船发现也基本证实了这一现象。根据目前的沉船遗址报告，有铜
器出水的沉船遗址主要有 24 处[1]。

从目前出水的铜器来看，海洋出水的数量大且种类多样。主要有七大类：铜容器、
铜衡器、铜镜、铜佩饰、铜钱、铜武器、铜锭、铜板、铜圈等铜铸制品（附录二海洋

图 1.1.3 宋代南海 I 号出水的部分铜器

出水铜器的数量和种类）。这几类铜器及铜制品中，铜容器、铜佩饰、铜衡器数量较少（图 1.1.4），属于零星发现，推测可能是船员生活用品。铜武器应该是出于安全防护用以自卫的武装。如丹东 1 号（致远舰）上的铜炮、铜子弹、铜炮管等。而其余的铜钱、铜镜、铜环、铜锭、铜板，由于数量比较大，应该与古代海外贸易有关，属于海外贸易商品的一种。

其中，铜钱主要来自南海 I 号、南澳 1 号、北礁 19 号等沉船[2]，数量均在 2 万枚以上，也是宋明时期铜钱外流的有力证据。南海 I 号为南宋时期，南澳 1 号和北礁 19 号均为明代时期。其中南澳 1 号报告中推测为明朝晚期的走私贸易商船，"为王法之所不许，市舶之所不经"的"贸易之私"。船上的炮、铳等武器也是为了抵御海盗抗拒官府的自保需要。北礁 19 号一般认为是永乐时期郑和下西洋率领的贡船。所谓

图 1.1.4 宋代南海 I 号铜天平构件

图 1.1.5 宋代南海 I 号铜天平构件
（三足底座及立柱底部）

贡船即明代官方垄断下"王法之所许，市舶之所司"。海洋贸易的"贡舶"，是"贸易之公"。贡船贸易鼎盛为嘉靖之前，在郑和下西洋达到顶峰。这三艘沉船的性质恰好从三个方面说明了宋明时期铜钱外流的主要原因：一是政府主管下的正常贸易，二是政府大力推行的朝贡贸易，三是海商图利进行走私贸易。

铜及铜合金由于其优良的材质特性，在水底沉没多年出水后虽然锈蚀严重，但经科学保护后，大多数仍能窥其原貌。海洋出水铜器的保护对于了解古代的海外贸易史、经济史、人民生产生活方式甚至信仰方式等都有重要的作用。海洋出水铜器的保护研究可以为历史研究提供一个独特的视角，因而意义重大。

1.2　海洋出水铜器及其保护情况

1.2.1　国外

二十世纪四十年代，法国海军军官雅克斯·库斯托与工程师E·米内（Jacques Cousteau）发明现代轻潜设备——自携式水下呼吸器SCUBA（Self-Contained Underwater Breathing Apparatus），使考古学家获得了到达水下遗址现场开展工作的可能性；19世纪60年代，考古学家乔治·巴斯[3]受邀对土耳其格里多亚角（Cape Gelidonya）海域的沉船遗址进行了考古发掘和调查，出水了铜质工具和残片共计上百件。通过对沉船上铜器和陶器等进行对比分析，以及对木质船体进行C-14测年，该沉船年代可追溯到1200±50BC。这是人类第一次将考古方法应用于水下遗址的考古发掘和研究，这成了水下考古学发展史上的一个重要里程碑[4]。两个相互关联事件的发生，正式标志着科学的水下考古学的诞生。自此，水下考古事业的发展日益

图 1.2.1　"瓦萨"沉船上出水的青铜火炮

迅速，大量沉睡海底的沉船陆续被发现或打捞出水。其中，出水铜器种类、数量都比较可观，为研究其保护提供了足够的实物资料。例如，澳大利亚的维多利亚州西南部有一段海岸线被称为是世界上最崎岖、最危险的海岸线。据有关资料显示自 1622 年以来，先后有 920 艘船只沉没于这片海域之中。近年来，该海域陆续有大量沉船被打捞出水，也正是伴随着丰富的沉船资源的出水，大批文物问世，给海洋出水文物保护提供了平台。总体来看，国外海洋出水文物的保护大体分为三个阶段：

第一阶段：

出水文物保护的意识还比较淡薄，针对铜器主要以整理资料，留存实物为主。对于腐蚀问题，还未考虑。考古人员对于铜器的研究，也主要出自考古学研究的角度。正如土耳其格里多亚角（Cape Gelidonya）海域的沉船遗址上对于铜器的分析。

第二阶段：

直到二十世纪初期，出水文物的腐蚀问题得到关注和重视。Bengough 和 May（1924）[5] 最先观察到 CuCl 是青铜器在海水腐蚀中最先形成的腐蚀产物。Gettens（1933）[6] 是确定 CuCl 在铜合金上作为腐蚀产物的第一人。MacLeod（1991）[7] 对西澳大利亚海域部分沉船上有色铜器的腐蚀产物进行了研究，包括有铜、黄铜、青铜、银、铅和锡等金属，对这些遗址金属在有氧和缺氧环境下腐蚀产物的分析，为进一步保护这些金属及了解金属腐蚀机理提供了很大的帮助。

另外，也有一些关于出水铜器周围环境的研究，如 1961 年 4 月 24 日，瑞典打捞"瓦萨"号 [8] 沉船时，出水了几十门青铜火炮。此时，对于沉船的保存完好的原因进行了探讨，从而将环境的因素作为了沉船及其船货腐蚀的影响因素。总结为以下 5 点：①船在沉没时是全新的；②波罗的海盐分为 0.4%，船蛆无法生存；③"瓦萨"号沉船沉睡在一个无氧的海洋环境中；④冰川或水流不对沉船造成影响；⑤平均水温为 1~5℃。

但是现场对出水铜器的保护也仅限于海水或淡水冲洗后整理登记，如韩国新安沉船上出水铜钱的筛选。运输到实验室才能进行文物及腐蚀产物等的检测和分析。

第三阶段：

联合国教科文组织《保护水下文化遗产公约》（Convention on the Protection of Underwater Cultural Heritage）已于 2009 年 1 月 2 日开始生效。公约使水下文化遗产保护走向科学、规范和国际合作的发展道路。从理念上讲，公约也具有划时代的意义：强调"水下考古"向"水下文化遗产"观念的转变、强调公众教育、强调对遗产本身（"原址保护"和"最小干预"）和人类遗骸的尊重等等。目前已有 42 个国家加入。

随着科技的进步和分析手段的提高，在国家资金以及社会团体资金的支持下，二十世纪末期已逐渐建立了完备的保护流程：清洗、去除凝结物、脱盐、缓蚀、封护和修复。如今，多个国家建立了出水文物保护中心，专门负责沉船及船货的保护，如意大利、瑞典、德国、英国、法国、日本、韩国等[9]。

1.2.2　国内

一、我国海洋出水文物保护立足于出土文物的保护和发展

由于在文物研究和保护领域，政府是积极的倡导者和资金提供者。在政府的积极倡导和推动下，在社会各界的广泛支持下，科学家和工程师积极投身于文物和文物保护的科学研究与保护工程，才能促进文物保护事业的发展。

然而最初的文物保护，由于我国文物数量多，文物分布范围广、资金不足、管理不到位、文物保护力量薄弱和保护技术缺乏等多种因素，制约了文物保护事业的发展。

自 19 世纪下半叶以来，人们对文物普遍性价值和基本性能的认识上产生了飞跃。随着文物调查和发掘技术的进步，科学技术被迅速应用于文物研究和保护。第二次世界大战以后，文物的不可再生性、价值普遍性等原则被学术界深刻探讨和认识，国际公平的意识逐渐深入，文物保护逐渐成为政府的基本职能和衡量民族责任感的一个标尺，也逐渐成为评价一个国家综合实力和科学技术实力的一个因素。

为此，我国加大了对文物保护领域的投入力度。2002 年 10 月 28 日，全国人大常委会第 30 次会议通过了《文物保护法》，在法律上为文物保护提供了依据和保障，并指引了方向。而以 1964 年《国际古迹保护与修复宪章》为参考制定的《中国文物古迹保护准则》，为馆藏金属文物的保护原则提供了依据，如最小干预原则、可再处理与可辨识原则等。2008 年，国家文物局正式发布了中华人民共和国文物保护行业标准《馆藏金属文物保护修复方案编写规范》，使金属文物保护的制定工作纳入了规范化轨道。标准规定了文物保护修复方案的文本内容和格式，使文物保护工作者有规可依。而 2014 年颁布的《可移动文物病害评估技术规程》更详细的规定了可移动文物病害评估的相关技术和规范。为出水文物的保护提供了有力的支撑和参考依据。

二、我国的海洋出水文物保护依托于水下考古事业的发展

由于水下打捞技术的限制，大批的文物未能打捞而一直保存在海洋环境中。直到 1987 年，经国务院批准才成立了中国唯一的水下考古专业机构——水下考古学研究室[1]。成立之后它发展迅速，国内外水下考古工作队陆续探得多处沉船遗址，出水了大量金属器物，其中铜器的数量也相当可观。限于最初的海洋出水文物保护技术水平，

图 1.2.2　南海 I 号沉船现场打捞出的铜钱

导致早期海洋出水的一些文物在馆藏条件下继续腐蚀而损失严重。

随着国家的重视和加大投入力度，中国成为世界上较早对水下文化遗产进行专门立法保护的国家之一。1989 年 10 月 20 日，《中华人民共和国水下文物保护管理条例》正式颁布施行。《条例》第三条明确规定，水下文物属于国家所有，国家对其行使管辖权。这就从法律上为我国水下考古和保护的开展提供了先决条件。中国遵循《保护水下文化遗产公约》理念，逐渐从以抢救性保护为主的单一工作模式，向全面普查、科学发掘、保护为主、惠及民众的水下文化遗产综合保护发展的方向转变。

2013 年，中国文化遗产研究院基于国家"十二五规划"的要求，大力发展出水文物保护事业，成立了出水文物保护实验室。遵循文物保护与修复的理念，根据不同材质文物的特点，制定了符合我国国情的保护规程。其中出水铜器的保护规程见图 1.2.3。

这个规程的制定实施积极推动了海洋出水铜器的保护工作。中国文化遗产研究院先后完成了《南海 I 号馆藏陶瓷器、青铜及凝结物的保护处理方案》、《南海 I 号保护发掘项目现场文物保护技术服务（第一期）》、《华光礁 1 号出水陶瓷、铁器保护修复及木船构件保护（Ⅰ期）方案》、《2015 年"南海 I 号"保护发掘项目现场文物保护单一来源采购》的项目实施，以及《2016-2017 年度"南海 I 号"保护发掘项目现场文物保护》、《广东海上丝绸之路博物馆馆藏陶瓷器、铜器保护修复服务项目》、《2018年"南海 I 号"保护发掘现场文物保护》、《"丹东 1 号"沉船 32 件器物保护项目》、《2015年丹东 1 号沉船水下重点调查出水文物保护项目》、《"丹东 1 号"沉船 2016 年度水下考古调查出水文物保护项目》等与海洋出水铜器相关项目的方案编制与工程实施。另外，注重加强海洋出水铜器保护科学与技术人才的培养和教育，先后举办了 2014

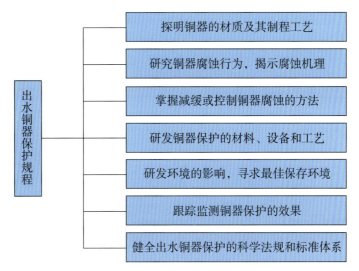

图 1.2.3　出水铜器的保护规程

年海洋出水文物脱盐技术培训班、2015 年海洋出水金属文物保护修复技术培训班及 2018 年度出水文物现场保护等培训班，使出水文物保护方面的人才得以充实。同时，积极开展文物保护与技术的科普教育，努力提高全民族文物保护科学素养[10]。

　　坚持走可持续发展的路线，我国海洋出水的珍贵文物一定可以得到更有效的保护，使我国宝贵的文化遗产得到更好的传承和利用。

参考文献

[1] 国家文物局水下文化遗产保护中心，广东省文物考古研究所，中国文化遗产研究院，广东省博物馆，广东海上丝绸之路博物馆 . 南海 I 号沉船考古发掘报告之二——2014-2015 年发掘南海一号的发掘 [M]. 北京：文物出版社，2018：5.

[2] 孙湘平 . 关注海洋—中国近海及毗邻海域海洋知识 [M]. 北京：中国国际广播出版社，2012：2.

[3] Bass,G.F.Return to Cape Gelidonya. Institute of Nautical Archaeology Newsletter[J].1988,15(2):3-5.

[4] Bass G F,Throckmorton P,Taylor J D P,et al. Cape Gelidonya: A Bronze Age Shipwreck[J]. Transactions of the American Philosophical Society (New Series),1967,57(8):1-177.

[5] Bengough,R.J.,May,J. The experimental studies and theoreticaldiscussion[J]. Metals,1924,(32):81-142.

[6] Gettens,Rutherford J. Mineralization,electrolytic treatment,and radiographic examination of copper and bronze objects from Nuzi[J]. Technical Studies in the Field of the Fine Arts,1933,(1):118-142.

[7] MacLeod,I.D. Identification of corrosion products on nonferrous metals artifacts recovered from shipwrecks[J]. Studies in Conservation,1991(36): 222-234.

[8] Yvonne Fors. Sulfur Speciation and Distribution in the Vasa's Wood[D].Stockholm: Stockholm Universiy,2005: I2–I4.

[9] 国家科技"十五"攻关计划课题.金属类文物的病害及其防治的研究,2001.金属类文物的病害及其防治研究 [J].中国科技成果,2006（10）:61–61.

[10] 刘世锦，林家彬，苏杨.中国文化遗产事业发展报告 [M].北京：社会科学文献出版社，2013：1–34.

第二章

海洋出水时腐蚀状况

　　水下文化遗产保护的发展，不但对出水文物的科技内涵非常重视，而且关注其腐蚀的情况和原因。从铜器相关的基本知识入手，有助于探讨出水铜器的腐蚀经历及腐蚀状况。

2.1 铜器的性质与基本分类

2.1.1 铜元素的特性

铜密度为 8.9g/cm³（20℃），熔点为 1083℃。具有优良的物理特性。它的一般特性有：优良的导电和导热性能，仅次于银居第二位；摩擦系数很小，因而铜基合金耐磨性能优良；电极电位很高，标准电极电位约为 +0.34V（铁为 –0.44v），因此耐腐蚀性能好，在许多介质中都很稳定；具有面心立方晶格，无同素异型转变，因而具有很高的塑性，其伸长率可达 20~25%[1]。

在铜器的生产过程中加入一定量的合金元素后，可以根据不同用途制造成具有不同性能的器物，如货币、食用器、礼器及兵器等。因此，作为"史前金属七雄"之一的古老金属，铜及铜合金是其中最重要的一员。它的应用代表了人类历史发展的一个时代。

2.1.2 铜及其合金的基本分类

从目前海洋出水的铜器来看，其主要的类型按照加入元素的不同，分为青铜、紫铜、黄铜等。而铸造青铜和铸造黄铜是古代铜器的主要类别，其各自特点如表 2.1.1 所示[2]。

铜器的生产，大体上要先通过采矿和冶炼，得到一定纯度的铜，然后经熔铸及各种加工制得。铜器的成型和加工主要有铸造、焊接、热处理等。

古代铜器的成形方式，最主要是铸造。即将铜及其合金熔化之后，浇入事先做好的铸型中，待其凝固后脱模，就得到一定形状的器物。铸造工艺的多样性，铸造组合的巧妙性，以及操作过程的精细程度，都要有相当丰富的经验，长期积累的秘诀和十分熟练的技艺才能实现。直到现在，对古代铸造工艺的许多奥秘，仍需不断研究和探索。

表 2.1.1 铜及其合金的基本分类

类别	命名	特点及特性	应用
紫铜	纯铜，亦称红铜。是以铜为主，其他元素含量很少的铜。	紫铜的塑性和耐腐蚀性很好，但强度硬度较低。	"自然铜"是铜元素在自然界天然生成的各种片状、板状、块状集合体。没有氧化过的自然铜表面为红色，具有金属光泽。自然铜在空气中易于氧化会呈棕黑色或绿色。目前发现最大的自然铜块质量有 420 吨，正因为如此，人类最先认识和利用的金属就是紫铜（见图 2.1.2）。
青铜	黄铜和白铜之外的铜合金的统称，按照主加元素来命名，如锡青铜，铅青铜，铝青铜，铅锡青铜等。	与纯铜相比，锡青铜具有高的强度和硬度，熔点低，易于铸造，也有较好的加工性能和耐蚀性能。	青铜的应用广泛，中国青铜时代的青铜主要是锡青铜器和铅锡青铜制品。
黄铜	以锌为主要合金元素的铜合金。单纯的铜-锌合金称为"普通黄铜"。除了铜和锌之外，再加入其他元素的黄铜称为"特殊黄铜"，按照第三个主要元素的名称命名。如"铝黄铜"、"铅黄铜"、"锰黄铜"等。	与纯铜相比，黄铜的色泽鲜艳，强度高，价格低，质量轻（因为锌的密度比铜小），所以颇受欢迎。	锌的熔点为 419.4℃，沸点只有 907℃，低于铜的熔点（1084℃），所以锌蒸发难度很大，影响了其应用。至于我国早起黄铜的冶炼方法，至今仍未得到确切结论。但中国炼制金属锌远早于西欧。到了明朝，炼锌技术已经相当成熟。世界上年代最早的黄铜制品来自山东胶县大汶口的龙山文化遗址含锌 20%—26% 的黄铜物。

2.1.3 合金成分

合金成分是组成金属材料的元素种类及其相对含量，即合金的配方，这是各种因素中的最基本的因素。成分是在冶炼或铸造时人为确定的，但冶炼或熔化的过程对成分也有影响（如原料的纯度、烧损率等）。青铜随含锡量增加，其熔点降低，强度、硬度升高，但其塑性也随之降低，脆性增加。因此，古人在制造器物时按照使用性能选择合金的成分和配比，并总结出了"六齐"规律（载于《周礼·考工记》）。

铜器中除主要合金元素铜外，还有若干次要合金元素和多种杂质存在，或者化学成分不均匀，如银、铝、铅、砷、金、铋、钴、铬、铁、镁、锰、镍、锑、硅、锌和硫等。

铸造铜合金中的合金元素或杂质元素有的可以改善金属液的流动性能、组织或强度，有的可以提高耐蚀性能，如银、铝、砷、金、铋、钴、铬、镁、锰、镍、镍、锑、硅、铬等，而有些合金元素的存在则会降低铜合金的性能，如硫、磷等。有的合金的存在原因则比较复杂，如镍。铜合金中某些合金或杂质元素，也会导致其加工性能变差。一般来说，铸造铜合金中的杂质含量一般要比变形铜合金中高一些[3]。

铸造铜合金按其主要组成和性能，分为两大类[1]：铸造青铜和铸造黄铜。所谓铸造青铜，最初是仅指铜与锡的合金，但近几十年来，由于多种合金元素被采用，出现了许多不以锡为主要添加元素的新型合金，在习惯上也把这些新型合金称作"青铜"，如"铝青铜"、"铅青铜"……等等。为了区别起见，把以锡为主要添加元素的青铜称作"锡青铜"，而把其它青铜统称作"无锡青铜"。

所谓铸造黄铜是指铜与锌的合金，如果再加入第三种其它元素，如锰，即称"锰黄铜"、加硅，即称"硅黄铜"……等等，习惯上把这些多元的黄铜统称作"特殊黄铜"，而把原来的铜锌二元合金称作"普通黄铜"。

不论是青铜还是黄铜，广泛使用的是多元铜合金，二元铜合金在铸造上几乎不用。这是因为在锡青铜中加入锌、铅、磷等，在黄铜和无锡青铜中加入铝、铁、锰、镍、硅等合金元素可以进一步提高铜合金的综合性能。

1. 锡青铜是历史上最悠久的一种铸造合金。远在我国商代就以高度发达的青铜技术而闻名于世，造型复杂而又美观的大型青铜器，至今仍为国内外所赞叹，而且青铜工具在提高奴隶社会生产力方面起了很大作用，直至今天锡青铜仍被作为重要的结构材料而广泛应用于机械工业部门。

由于锡的价格昂贵（约为铸铁的 20 倍），锡青铜的成本比其它铜合金要高，在实际应用时常加入一些锌、铅等合金元素来取代部分锡，这样不仅降低了合金的成本，还能改善合金的性能。

通常使用的是再加入某些合金元素（如磷、锌、铅、镍等）制成的三元、四元或多元的低锡青铜，其目的是为了进一步改善锡青铜的性能和节约锡的用量。下面分别介绍加入的几种合金元素磷、锌、铅、镍的作用[1]。

磷：一是为了脱氧和改善铸造性能，二是提高合金的耐磨性能。

锌：缩小锡青铜的结晶温度范围，提高合金的充型能力和补缩能力，减轻锡青铜产生疏松的倾向，使锡青铜的耐水压性能显著提高。此外，由于锌的蒸气压较大（沸点为 911℃），在合金中加入锌有除气作用，从而降低了合金产生气孔的倾向。

铅：提高耐磨、耐水压、切削加工性能。

镍：能使晶粒细化，提高锡青铜的机械性能、耐腐蚀性能和热稳定性。

锡青铜对杂质很敏感，有些杂质甚至含量极微，也会引起合金性能极大的恶化。对锡青铜有害的杂质有：铝、硅、镁、铋、硫、铁……等。下面分别简述其有害影响。

铝、硅、镁：都是锡青铜中极为有害的杂质，都极易氧化，在熔炼和浇注过程中形成细小难熔的氧化物——Al_2O_3、SiO_2、MgO，这些氧化物很难排除，降低了合金的流动性、致密性。而且这些氧化物在凝固时沿晶界析出，削弱了晶间联系，从而严重地降低合金的机械性能。铝的危害性最大，微量的铝，甚至用化学分析法也不能分析出来的微小含量，也能对锡青铜的抗拉强度和气密性有不良影响。硅的含量在 0.005% 已能对锡青铜的抗拉强度、气密性和流动性有不利影响，而且当硅含量在 0.02~0.07% 时危害性最大。镁在锡青铜中的危害性与铝相似，但比铝小。

铋：能与铜形成脆性的易熔共晶（99.8%Bi+0.2%Cu），熔点很低（270℃），凝固后期以网状沿晶界分布，使晶粒互相隔离，不仅使合金的强度和塑性降低，而且使合金的热脆性大大增加。

硫：硫在铜中以 Cu_2S 形式存在，在低温下由于 Cu_2S 是脆性化合物，所以导致锡青铜低温脆性增加，降低了合金的机械性能，还使冷加工困难。

铁：少量的铁对锡青铜有细化晶粒的作用，能提高合金的强度和硬度。但铁在 α 固溶体中的溶解度很小（约为 0.25%），当铁含量超过溶解度时，铁就以富铁相在晶界上析出，降低了锡青铜的强度、塑性和耐水压性能。若铁含量过高，锡青铜的耐腐蚀性能也大大降低。

2. 以锌作为主要合金元素的铜合金，通常称为黄铜。单纯的铜锌二元合金称普通黄铜（或二元黄铜），在铜锌合金基础上加入少量其他元素（主要是锰、铝、铁、硅、铅、锡、镍等）所构成的三元、四元或多元黄铜，称为特殊黄铜。

下面分别介绍加入的几种合金元素铁、锰、铝、硅、铅、锡、镍的作用[1]。

铁：黄铜中少量铁能起细化晶粒作用，提高合金的强度和硬度，但降低塑性。但若含铁量超过一定限度（如二元黄铜铁大于 0.5%）时，则由于富铁的脆性化合物在晶界聚集，将导致合金的强度、塑性、耐蚀性及切削加工性能降低。

锰：黄铜中加少量的锰，起固溶强化作用，显著提高黄铜的抗拉强度而又不显著降低塑性；加锰的重要作用还在于提高黄铜在海水、氯化物和过热蒸汽中的耐腐蚀性能，锰对阻止黄铜"脱锌"有明显的效果，并能增加黄铜在高温下的组织稳定性。

铝：加铝后 α 相区显著缩小了，少量铝就能使 α 黄铜或（α+β）黄铜组织中 β 相增多，甚至出现脆性 γ 相。因此，铝是配制高强度黄铜的重要合金元素，它使合金的强度和硬度显著提高，但却使韧性、塑性明显降低，当合金含锌量很高时，更容易引起铸件的冷脆。为了防止合金变得太脆，铸造黄铜中铝的加入量不能大于 7%，含铝量高时含锌量就不宜太高，一般锌不大于 25%。

硅：加少量的硅就使合金的抗拉强度、硬度显著提高，塑性降低。硅加入黄铜中，表面形成一层致密的 SiO_2 保护膜，显著提高它在大气和海水中的耐腐蚀性能。加硅的主要优点还在于它提高黄铜的铸造性能。

铅：铅加入黄铜中的主要作用是改善切削加工性能，但是黄铜中含铅量超过3%以后，不再显著改善切削性能，但大大降低黄铜的强度和塑性，因此，铅的加入量不能超过3%。

锡：锡能提高黄铜的强度，能在铸件表面形成致密的SnO_2保护膜，显著提高黄铜在海水中的抗"脱锌"能力，大大提高它的耐海水腐蚀性能，所以加锡的黄铜适用于航海造船业，历来有"海军黄铜"之称。但是加锡超过溶解度会形成锡的脆性化合物，导致黄铜的抗拉强度和塑性同时降低，因此，加锡量一般都控制在1%以下。

镍：镍使组织细化，提高冲击韧性，特别是提供黄铜的耐腐蚀性能。

2.1.4 金相组织和结构

纯铜在固态只有一种面心立方结构，称为α相。而铜器在制造成型时大多添加了合金元素。金属及合金中，凡是成分一致，结构相同的那一部分组成物统称为一个"相"，因而有单相合金与多相合金之分。通常α、β、γ……作为相的名称。不同的相，不但成分结构不同，其性能也有很大的差异。

固态合金的"相"，其结构有两大类：①固溶体；相当于固态溶液，溶质原子无规则地溶于溶液原子中，晶体结构保持溶剂的结构；②金属化合物。两种或多种元素的原子有规律的在空间排列，其晶体结构和任何一种组成元素的结构都不相同。金属化合物也可用化学式表示，但它和化学中的分子式不同，不一定符合原子价规律。固溶体的性能一般软些，而金属化合物的特点是熔点高，硬度高。

组织就是"金相组织"，就是借助显微镜所观察到的金属内部的情景。结构是金属中各原子的排列方式，组织则是金属中各个"相"的形态或状态。由于不同成分的合金在不同温度（压力）下生成的"相"有所差别，所以除了金相显微镜外，相图也是研究合金的结晶过程和合金组织非常有力的工具。

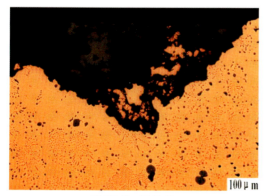

NATQ-7，浸蚀前

NATQ-7，暗场矿相

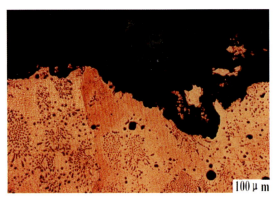

样品 NATQ-7 的金相组织：铸造红铜，细小点状的 Cu_2O 颗粒，（Cu_2O+（α+Cu_2O））过共晶组织。

图 2.1.1 南澳 1 号沉船出水纯铜的金相组织

Cu-Sn 相图

古代青铜以锡青铜为主，锡青铜中的 Sn 在铜中可形成固溶体，也可与铜形成金属化合物，Sn 的含量不同，锡青铜的组织和性能也不同。铜锡二元合金中加入的铅含量大于 2% 时，由于铅在铜锡合金中不溶，以独立相存在，以软质点分布于组织中可弥补青铜的缩孔 [3]α 相与偏析。当锡含量在 5%~6% 以下时，α 相是铜锡合金的最基本相，它是锡溶于铜中所形成的固溶体。因为锡是低熔点金属，铜是高熔点金属，且冶炼时各部位化学成分不一致，所以铜锡合金凝固时就有一定温度范围。铸造时，在合金凝固过程中如果原子扩散速度小于结晶生长速度，显微组织中会显示出晶内铜偏析。低合金青铜铸造时冷却较快，锡扩散困难，会产生严重树枝状铜偏析。

δ 相与反偏析。当含锡量超过 5%~6% 小于 36% 时，首先形成 α 相，然后经过复杂的变化，最后剩余的溶液形成了（α+δ）共析体，此时合金组织中出现硬而脆以电子化合物 $Cu_{31}Sn_8$ 为基的 δ 相固溶体。合金液在凝固过程中，富锡的液体最后固化，富铜的液体首先凝固形成树枝晶结构，由于毛细管作用促使富锡的液体渗向铸锭表面，谓之"反偏析"。在铸锭表面形成很脆的灰色的 δ 相。由于反偏析而使铸锭芯部的锡含量偏低。对于锡含量大于 5% 的合金，反偏析现象极为普遍。

Cu-Zn 相图

普通黄铜是铜—锌合金，如加入其他元素就变成特殊黄铜。这里的相图针对的是普通黄铜。铜—锌二元相图里液相区的下界限从左到右逐渐降低，也就是说，合金的含锌量越多，合金的凝固点越低。此外，液相区下面存在着几个液相和固相共存的区域，也就是说，合金的凝固不是恒温进行，结晶过程是在一个温度范围内进行的，固—液两相共存区域的垂直距离越大，合金结晶的温度范围越大，这种合金在结晶时的流动性就差一些。

相图最下面相当于室温的情况，可以看出，含锌量小于 36% 的铜－锌合金，室温下是单相 α，含锌量在 36%~46.5% 之间，是 α+β 两相，含锌量大于 46.5% 就变为单相 β'，由于 β' 相的脆性很大，实用的黄铜含锌量不大于 43%，室温下的组织只有 α 相或 α+β' 相，分别称为单相黄铜和双相黄铜。

图 2.1.2 上可以观察到孪晶线和许多小的平行的滑移线组。有些孪晶线较难

图 2.1.2　南海 I 号出水铜盘的显微组织
（Cu:81.57，Zn:18.43）

观察到，在外表上有所改变。说明在再结晶最后阶段经历了热加工或冷加工。且白色的铅颗粒不均匀分散在黄铜基体内。

相图的分析可见，铜器在铸造过程中，由于浇注温度的高低、冷却速度的快慢、器壁厚度差异等因素，都会影响逐渐的结构和组织，严重者造成大的缩孔以至报废。为此，通常将铜器通过规范的加热、保温和冷却，从而改变铜器的组织结构，并获得预期性能，这种操作工艺叫热处理。该工艺多种多样，最基本的有退火、正火、淬火、回火等。另外，还有一些改变表面性能的工艺，如表面淬火和各种化学热处理等。

2.1.5　铜器的分析方法

对铜器保护前，首先应根据其本身的特点及所处的条件来制定相应的检测内容和项目（图 2.1.3）。

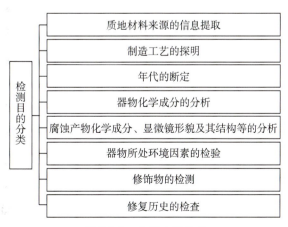

图 2.1.3　检测内容分类

为了达到以上的检测目的，一般结合宏观检查和微观检测对铜器及其腐蚀产物进行分析[4]。其中对器物常用的科技分析方法[5]及其内容列于表 2.1.2，对于铜器腐蚀产物的常用检测方法及其内容列于表 2.1.3。

表 2.1.2　铜器的科技分析方法及其内容

原料	原料产地	制造工艺	年代
化学分析、电子探针等	化学分析、铅同位素分析	金相分析	化学分析、金相分析及其他科技分析

表 2.1.3　铜器腐蚀产物及修饰材料的常用检测方法及内容

检测内容	检测方法	
	实验室分析方法	原位检测方法
物质组成	显微激光拉曼光谱分析法、电子衍射法、XRD	便携拉曼光谱分析法
元素组成	XRF、EDAX、原子发射光谱分析法 AES、原子吸收光谱分析法 AAS、XPS 等	便携 X 射线荧光光谱分析法
显微形貌观察	光学显微镜观察（偏光显微镜、实体显微镜和金相显微镜）、三维视频显微镜观察、扫描电子显微镜观察、透射电子显微镜观察	便携三维视频显微镜观察
密度	真密度计、称量法	无
孔隙率	核磁共振分析法、压汞法	便携的核磁共振分析法
表面粗糙度	三维显微形貌仪	便携三维显微形貌仪
色差	色差仪	色差仪
内部结构	超声波探伤仪、X 探伤、CT 扫描等	超声波探伤仪、X 探伤、CT 扫描

对铜器腐蚀产物状况的检测包括腐蚀损坏程度的检测和腐蚀活性检测。其中腐蚀程度检测包括密度法、金相分析、X 射线无损探伤、超声波扫描和红外成像法等。而腐蚀活性检测就是把腐蚀铜器放在相对湿度 95%~100% 环境中 24h，观察铜器表面，如出现亮绿色粉状锈，证明器物具有潜在的腐蚀活性。

值得一提的是，在以上提到的金相分析是研究铜器的最基本且又简单实用的方法之一。它不仅可以检查铜器腐蚀前后的金相组织结构，为铜器的生产制造过程、热处理历史等相关金属学信息提取提供很好的帮助之外，还对判断铜器合金成分和腐蚀类型，确定腐蚀程度具有重要的作用。

然而金相学用于检测铜器的主要困难在于选样、取样的问题。因为选样分析，会造成器物的损坏或微损，所以选样和取样时要注意以下几点：

一、取样量。选取或截取尽量少的样品或只做无损检测，尽量降低对器物的损失程度。对于残损的铜器，选择残渣或不重要的碎片进行分析。对于可以修复的器物或本身完好的物品尽量选择无损检测手段。

二、代表性和典型性。取样部位是试样相对于器物整体结构的代表性部位。如器物结构不均匀，或其保存状况比较复杂，那么单独选择某个部位的样品，结果只能代表被选择区域的组织结构或保存状态，而不能代替整个器物的情况。因此，在选择样品时，应在量的把控原则下，尽量选择多的部位，或具有代表性和典型性的样品。

三、环境因素的提取问题。在考虑器物腐蚀产物的分析问题时会发现，环境的改变，导致腐蚀产物的显著差异。因此，在取样时，需要考虑铜器所处环境条件的特点和影响因素。如果铜器所处的环境条件与实验分析的环境存在较大差异时，尽量选取原位检测。如原位检测难以实施，在样品选取时，要同时提取它所在的环境。如研究出水铜器在海底的腐蚀情况时，应将铜器周边的海泥一起提取。一是为了检测海洋环境的腐蚀因素；二是为了尽量保持铜器样品的环境不受较大干扰而改变。

四、时间响应问题。在提取了样品后，需要在尽量短的时间内进行检测。否则会因为长期在实验室条件下放置而产生进一步的腐蚀破坏。

以上以金相分析选取样品为例作了简单的说明，而其余检测手段的选样和取样的原则与金相分析的类似，取样量和取样的部位要根据检测项目的需求和检测内容而定。

在提取样品后，实验室制备样品需要严格按照检测方法的要求，否则会影响测试的结果。如金相分析对于制样有一套规定的流程，如图 2.1.4 所示。

选择试样　→　包埋镶样　→　打磨　→　抛光　→　金相观察

图 2.1.4　金相样品的制备方法[6]

另外，还存在有损检测和无损检测的一种分类。其中无损检测方法泛指一切不给所测文物带来宏观物理变化和潜在危害的分析检测技术。也有实验室和现场无损检测之分。但是其中的有些方法也做不到完全无损，在不给文物带来视觉上损害的情况下是允许的。

以便携三维视频显微镜为例，有时需要接触到文物表面。对于硬度很高的铜器不会有任何影响，但对于矿化严重的位置，轻轻的按压或许就会造成器物表面的变化（图 2.1.5 和图 2.1.6）。因此，在分析检测的选择时，需要结合器物的保存状况选择适宜的分析检测手段，还需要结合多种检测方法的优点，以便于全面的获取文物的信息。

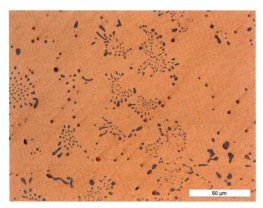 

图 2.1.5　纯铜的金相图　　　　图 2.1.6　海洋出水铜器凝结物的三维形貌图

本书根据实验分析的目的主要选用的分析仪器及型号如下：

金相显微镜：德国 LEICA DM4000M 型材料显微镜，正立式，放大倍数为50x–1000x。

三维视频显微镜（3DVideo Microscopy）：美国 KSTAR 公司 HIROX KH–3000 型显微镜。

X 射线荧光仪：日本岛津 EDX–80OHSX 射线荧光仪，铑靶（Rh），电压 Ti–U 50kV，Na–Sc 15kV，测试环境为真空，测试时间 200s。

X 射线衍射仪：日本理学 RINT2000 X 射线衍射仪，铜靶，狭缝 DS=SS=1°，RS=0.15mm；电压 40kV，电流 40mA。

扫描电镜和能谱仪：日立公司 S–3600N 型扫描电镜（SEM），EDAX 公司 Genesis 2000XMS 型 X 射线能谱仪（EDS）。

拉曼光谱仪：法国 JYBIN YVON 公司所生产的 XploRA 型激光共聚焦拉曼光谱仪，配备了 532nm、638nm 和 785nm 三个不同波长的激光器。

注：后文的分析都采用的是相同型号的实验设备和参数。

2.2 海洋出水铜器的腐蚀经历

海洋出水铜器在出水前经历了漫长的腐蚀期，其中包括海底沉没期、出水暂存期和保护处理期。而大多数铜器都是作为沉船上的船货或武器随沉船或战舰一起保留了下来。

2.2.1 海底沉没期

南海Ⅰ号沉船属于我国南宋时期的商船，遗址位于广东省西部近海，台山川山群岛与阳江南鹏列岛东帆石一带的南中国海交界海域，东距珠江口约 188.9km，属于南海北部大陆架[7]。沉船海域的海底地形平坦，海底为泥质，杂有少量细沙，主要由珠江等河流带来的陆源沉积物堆积而成。海泥呈灰色至深灰色，含有小贝壳。海底表层为灰色的含有小型贝壳的饱和状淤泥，平均厚度在 1.5m 左右。

船体沉没时，对原有的海底淤泥产生了挤压，由于原有底质以软泥为主，加上船体自身重量，船体大部分陷入软泥之内，船体甲板之下及船货多被软泥覆盖；此后，伴随着海洋颗粒和有机质的沉降，沉积物逐渐增厚，底栖环境较为理想，海水中各因子趋于稳定，动物群落在原有基础上得到较好发展，此时海底受外来因素的干扰较少，船体基本已被完全掩埋，凝结物仍暴露于海底淤泥之上。至 1987 年发现沉船时，海底沉积物较厚，部分区域已近 2m，海底开始逐渐恢复原本的软泥质栖息环境，淤泥覆盖了遗址大部分区域，但仍有凝结物暴露于海床表面，且上面挂了较多的渔网，表明遗址受渔业活动扰动较大，同时凝结物有效的保护了其下的文物不被拖网作业破坏。

而铜器作为船载商品与船一起沉没，有的形成凝结物，有的以单个文物保留下来，在海水下的海泥里保存达 800 年之久。

南澳 1 号在广东省汕头市附近海域沉没，海底环境与其类似。大批文物经现场水下考古发掘，留下了沉船原址保护。

丹东 1 号的保存环境与南海Ⅰ号、南澳 1 号都不同。"丹东 1 号"沉船遗址地处黄海北部、辽宁省丹东市东港西南约 50km 的海域。沉船埋于沙层下，沙层为粉砂与细砂形成的沉积淤泥层。海底地势平坦，水深 22m、平均潮差 4.6m，秋、冬两季盛行偏北风，气温较低，底层水温在 4 月中旬也仅为 4℃。

由于沉船长期埋藏于海泥中，在海水的浸泡和海底生物的噬食以及多种破坏因素的直接作用下，导致沉船内铜器表面均被凝结物覆盖，有些铜器相互粘连成一体，有些铜器与其他船货堆积在一起，部分铜器锈蚀严重（如图 2.1.1）。

图 2.2.1　丹东 1 号铜炮在水下时的保存状况

2.2.2　出水暂存期

刚打捞出水瞬间，铜器表面有的包裹有凝结物，有的包裹在泥浆里。出水瞬间，没有凝结物覆盖的铜器表面还保持着水下时的色泽，过几个小时，金属色泽迅速变暗变色。表面潮湿的锈蚀物逐渐变干，开始出现粉化现象且凝结物中聚集的有害盐渐渐结晶析出。

由于出水文物在打捞出水后，一般在远离陆地的海上（如南澳 1 号和丹东 1 号沉船发掘点）。现场处理条件较差，只能用自来水简单清理表面，然后在条件允许的情况下简单包裹后再运到实验室进行保护。这期间会延误较长时间，短则几天，多则几个月，给铜器的锈蚀创造了条件，导致内部的可溶性盐结晶，从而造成盐析出和变色病害等，极大地加速了铜器的腐蚀损毁（图 2.2.4）。

图 2.2.2　丹东 1 号格林机关炮刚出水时的表面状况

图 2.2.3　南海 I 号铜钱串刚出土时的表面状况

A 白色析出盐

B 红色析出物

图 2.2.4　丹东 1 号格林机关炮出水几个月后进入实验室时表面析出白色和红色物质

另外，必须提到的是南海 I 号作为全世界整体打捞和保护的典型案例，2007 年 12 月 21 日采用的是钢结构的沉箱装载沉船，再用抬浮驳船将沉船连同船内文物及船体周围起固定作用的泥沙一起吊离海面，入住了在遗址附近专门为其打造的"水晶宫"——广东海上丝绸之路博物馆。水晶宫模拟了沉船埋藏环境，注满了海水保存沉船。然而玻璃结构的水晶宫内通气效果不佳，加上高温高湿的海洋环境，沉箱腐蚀严重，导致沉船及其船货腐蚀加剧。直到 2014 年正式发掘，才打开沉箱。

2.2.3 保护处理期

保护处理期，就是将文物进行保护处理的阶段。在该阶段需要采集文物的基本信息，调查文物的病害情况，制定针对性的保护方案，然后再分步骤实施。保护场所有的设在现场实验室（南海 I 号现场保护实验室），有的放在馆藏实验室。在信息采集和分析阶段，或者处理间隙期，铜器难免会受短暂的环境改变的影响。而铜器处理期较长，根据器型大小需要处理 1~5 年不等，所以环境条件的变换对铜器的腐蚀会造成很大的影响。

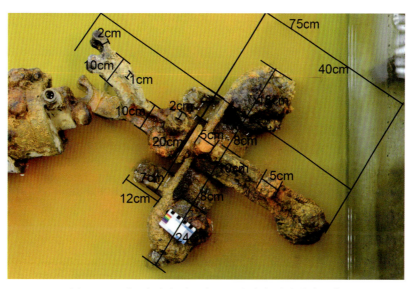

图 2.2.5　刚入实验室时丹东 1 号出水铜锚的信息采集

如图 2.2.5 所示，铜炮和铜锚刚入实验室时，在对其尽快处理前，先对其表面信息留存，还要用三维激光扫描对其表面进行整体的信息提取。在操作时需要将铜器从全浸的清洗液中取出后才能操作，就会使其暴露于大气中，发生大气腐蚀。

特别是现场实验室多受当地气候的影响，如南海 I 号现场实验室设在阳江海陵岛的海边，处在海洋大气环境下。而常年温度较高，特别是夏天水晶宫内空气温度在

27.9℃到31.9℃区间浮动，相对湿度浮动区间为61.9%~90%，又属于高温高湿环境。因此，该环境极不利于保护处理期的铜器。

2.2.4 保存和展示期

待铜器处理完毕后，将交由归属地的博物馆保存和保管。这个时期铜器的保存状况就与馆藏条件以及展示条件密切相关。基本上，馆藏条件可以达到恒温恒湿的状态。但是由于存在展示的需求，而展出期以及路上辗转需要的时间不等，且在运输期与展示期的环境条件都会发生变化，所以会影响铜器的稳定状态，甚至导致铜器进一步腐蚀。

2.3 海洋出水时铜器的腐蚀形貌

腐蚀是从金属的表面开始的，根据腐蚀本身显示的形貌来鉴别和分析是很方便的。在大多数情况下用肉眼就行，有时要结合显微镜放大手段。仔细观察腐蚀的材料和设备，尤其是在清理之前的观察，常常能获得解决腐蚀问题有价值的资料。金属腐蚀从腐蚀形貌来分，有全面腐蚀和局部腐蚀两种。

2.3.1 全面腐蚀及其腐蚀形貌

全面腐蚀是指腐蚀在整个表面上进行。这类腐蚀可以预测和及时防止，危害性相对较小（图 2.3.1）。

图 2.3.1 南澳 1 号铜镜全面腐蚀形貌

从图 2.3.1 可见，全面腐蚀的铜镜上，生成了黑色和绿色的腐蚀锈。

2.3.2 局部腐蚀及其分类

观察铜器的腐蚀情况来说，青铜病的腐蚀比较常见（如图 2.3.2 所示），该病的蔓延导致铜器的加剧破坏。仔细观察会发现，铜器存在着小孔腐蚀、晶间腐蚀、选择性腐蚀、应力腐蚀开裂等局部腐蚀现象。

从图 2.3.2 可见，青铜病从中心向外蔓延，逐渐侵蚀整个铜器。生成了许多浅绿色的球状小颗粒堆积在表面，就是肉眼看到的粉状的有害锈。

从图 2.3.3 可见，铜器上的小孔被绿色的锈蚀物填充，最外侧也覆盖一层绿色的锈蚀物，而洞口狭小闭塞。

从图 2.3.4 可见，铜器表面生成了许多小孔，深度不均，逐渐连接成片。

从图 2.3.5 可见，铜基体上到处都是大小不均的孔洞，存在铜与锡的选择性腐蚀。从图 2.3.6 可见，丹东 1 号黄铜万向节发生了铜和锌的选择性裂纹腐蚀和孔蚀形貌，生成了硫化物。且可以看到穿晶微观断口和河流花样、羽毛状花样等形貌特征。

从图 2.3.7 可以看出，丹东 1 号炮弹壳内由于溶解的锌离子从基体向外迁移、沉积、流失；环境介质元素向内迁移，两者相结合所形成的晶界腐蚀和晶内腐蚀，且晶间显微断口呈冰糖块状。从图 2.3.8 可以看出铜镜沿应力线断裂，裂纹的发展方向平行于铸造成型时的加工方向。另外，南海 I 号和南澳 1 号船载的铜器与大量的铁器直

图 2.3.2　南海 I 号发生"青铜病"部位的三维观察照片（150X）

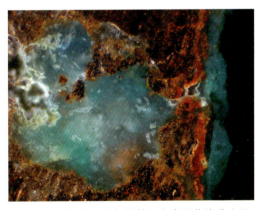

图 2.3.3　南澳 1 号铜器样品上腐蚀物填满孔洞（200X）

图 2.3.4　南澳 1 号铜器样品上小孔腐蚀的痕迹（200X）

图 2.3.5　南澳 1 号铜器用品内的选择性腐蚀

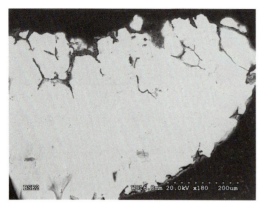

图 2.3.6   丹东 1 号万向节的选择性裂纹腐蚀、SCC 和孔蚀形貌

图 2.3.7   丹东 1 号炮弹壳内的晶间腐蚀形貌

图 2.3.8   南海 I 号出水铜镜的断裂

接或间接接触，造成铜器与铁器因电偶腐蚀导致表面出现大量的硫铁化合物。

从以上来看，与海洋出水铜器腐蚀相关的局部腐蚀的形态很多，主要腐蚀类型列于表 2.3.1。这类腐蚀只集中在铜器表面某一区域，而表面其他部分则几乎不腐蚀。这类腐蚀往往在事先没有明显征兆下发生，难以预测和防止，危害极大。

表 2.3.1   常见的局部腐蚀种类 [8]

腐蚀种类	定义	特点及应用
孔蚀	在金属的表面局部区域出现向深处发展的腐蚀小孔，其余部分不腐蚀或很轻微的现象即为孔蚀。	蚀孔小（直径数十微米），且深，孔口多数有腐蚀产物覆盖，少数无产物覆盖而呈开放式；从起始到暴露有一个腐蚀诱导期；蚀孔沿重力方向或横向发展，蚀孔往往发现难，易造成突发性事故。 活性阴离子，如 Cl^- 是孔蚀的"激发剂"。有氧化性金属阳离子的氯化物如 $FeCl_3$、$CuCl_2$ 等，是孔蚀强烈的促进剂。
缝隙腐蚀	由于金属与金属或金属与非金属间形成特小的缝隙，其宽度为 0.025～0.1mm，使缝内介质滞流而引起缝内腐蚀的加速，这种局部腐蚀即为缝隙腐蚀。	几乎所有金属和合金都会发生。具有自催化特性的金属，敏感性高； 几乎所有介质中都会发生，充气含活性 Cl^- 的中性介质中最易发生； 缝隙腐蚀的临界电位比孔蚀的电位低，对同一种合金而言缝隙腐蚀更易发生。

续表

腐蚀种类	定义	特点及应用
晶间腐蚀	腐蚀沿金属或合金的晶粒边界和它的邻近区域发展,晶粒本身腐蚀很轻微,这种腐蚀称为晶间腐蚀。	晶间腐蚀可使晶粒间的结合力大大削弱,严重时可使力学强度完全丧失。例如不锈钢遭受这种腐蚀,表面看起来还很光滑,但经不起轻轻敲击而破碎成细粒。它不易检查,所以能造成金属文物的突发性破坏,危害性极大。
选择性腐蚀	选择性腐蚀中,合金不是按成分的比例溶解,而是其较活泼的组分发生优先溶解。	黄铜是 Cu-Zn 合金。含 Zn 低于 15% 的黄铜呈红色,称为红黄铜,一般不产生脱锌腐蚀。普通黄铜含 Zn 30%,铜 70%,易产生脱锌腐蚀。
应力腐蚀破裂	应力腐蚀破裂是指金属材料在固定拉应力和特定介质的共同作用下所发生的破裂,简称应力腐蚀,并以 SCC 表示。	应力和腐蚀介质不是加和关系,而是相互促进,缺一不可;先有微裂纹,一旦形成扩展很快;裂纹垂直于主拉应力的方向,有穿晶、晶界、混合型三种。裂纹一般呈树枝状;断口呈脆性断裂,没有明显的宏观塑性变形,显微断口可见腐蚀和二次裂纹。 铜合金(Cu-Zn,Cu-Zn-Sn、Cu-Sn、Cu-Sn-P)在 NH_3 及其溶液及 NH_3 湿大气中的腐蚀。
电偶腐蚀	异种金属在同一介质中接触,由于腐蚀电位不等就有电偶电流产生,使电位较低的金属溶解速度增加,造成接触处的局部腐蚀;而电位较高的金属,溶解速度反而减小,这就是电偶腐蚀,亦称接触腐蚀或双金属腐蚀。	电偶序是按金属在同一种介质中的腐蚀电位大小顺序排列成的序列表,可以对实际使用中的电偶腐蚀倾向进行判断(表 2.3.2)。可以看出铜、黄铜在海水中比锌、铝等更具耐蚀性。

在确定合金中的哪种金属优先腐蚀时,电化学序列是非常重要的。以黄铜合金来说,尽管在固熔体中的铜和锌可以随机替代,但锌作为阳极仍会发生腐蚀而铜却不会腐蚀。与锌相比,锡的电势较高,为 –0.136V;虽然相对于铜来说,锡仍然作为阳极,但相对电势差却小了许多。锡腐蚀常常导致难溶锡氧化物的堆积,这可阻止进一步的脱锡反应或者锡溶解。在某些情形下,铜可能被腐蚀,而锡的化合物却保留下来,所以很难根据电化学序列预测合金中哪种元素腐蚀最严重或最易流失,除非那些影响腐蚀的众多环境因素和化学因素可以被评估,然而必须要了解一般的电化学序列规则。

铜合金中含的锌、铝、铅、锡等合金成分的腐蚀电位都比铜低(表 2.3.2),两者接触时,夹杂成分易于腐蚀。

表 2.3.2　铜及其主要合金元素在海水中的电偶序（常温）[9]

铜器	腐蚀电位 Ecorr.（V）	（阳极性）
海军黄铜（71Cu,28Zn,1Sn）	0.10	腐蚀电位依次增加
红铜（85Cu,15Zn）	0.09	
铜	0.07	
黄铜（65Cu,35Zn）	0.04	
铅	−0.06	
锡	−0.136	
铝	−0.52	
锌	−0.86	（阴极性）

2.3.3　铜器病害

在对铜器腐蚀状况调查时，需要对其绘制病害图，为保护方案的制定提供资料和数据支持。根据 2014 年发布的中华人民共和国文物保护行业标准 GB/T30626–2014 馆藏青铜质和铁质文物病害与图示，把由于环境变化、外力侵蚀、人为破坏等因素，导致文物在物质成分、结构构造、外貌形态上发生的一系列不利于文物安全或有损文物外貌等的现象，称为"文物病害"。

结合来看，腐蚀是铜器病害的主要因素。一种腐蚀会造成多种病害，如点蚀会造成表面点蚀病害，严重时会孔穿基体生成孔洞病害。缝隙腐蚀会导致产生裂隙、甚至断裂现象。而病害，可以是几种腐蚀表现形式的综合体现，也可以是腐蚀损伤与其他损伤的叠加，如裂隙，有可能是应力腐蚀造成的，也有可能是缝隙腐蚀造成，所以需要将腐蚀与病害结合起来分析。再根据腐蚀程度，将病害分为基本完好、中度腐蚀、重度腐蚀、濒危四级。一般来说，对于同一类器物，腐蚀程度越深，损伤越大，价值越低。

2.4　海洋出水铜器外围生成的物质

对于出水的铜器来说，其外围生成的物质，除了表面的铜或铜合金的腐蚀产物外，还有一层来自海洋环境的沉积物，甚至被包裹在这种沉积物里（如包裹着铜器的凝结物见图 2.4.1 和带有海生物残骸的凝结物附着在铜器表面见图 2.4.2），国外学者称其为凝结物。

图 2.4.1　南海 I 号出水的包裹铜钱的凝结物　　　　图 2.4.2　丹东 1 号铜炮表面海洋生物残骸和红
色锈蚀

　　从外观来看，包裹有铜器的凝结物大小不等，有的已经与瓷器、铁器、木材以及其他纤维组织黏结在一起（图 2.4.3 粘连的铜钱串）。而且铁作为商船的主要贸易商品之一，在海洋中腐蚀严重，也导致铜器凝结物表面都可以看到红棕色的产物。由于大量的凝结物打捞出水，在有限的条件下，有些未来得及处理的凝结物只好在干燥状态下长时间存放，导致结晶盐大量析出，加剧了其中包裹文物的腐蚀破坏；有的浸泡于脱盐池内，不仅占用了大量的空间，还会因铁和盐分的同时存在，导致包裹的所有文物都会进一步腐蚀破坏，其中也包括铜器。

　　为了深入了解铜器表面的生成物，在南澳 1 号沉船现场选择了刚出水不久的带凝结物的铜器残片和铜钱串儿做实验室分析。

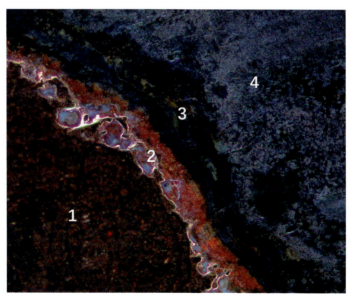

图 2.4.3　铜器外围生成物的结构和产物分布（200X）
1- 铜基体层 2- 腐蚀产物层 3- 腐蚀产物与凝结物过渡层 4- 凝结层

在 50 倍光学显微镜下观察铜钱外围生成物质的结构，结果如图 2.4.3 所示。发现铜器外围的生成物的结构，主要由四层组成，除了铜基体层外，还有腐蚀产物层、腐蚀产物与凝结物过渡层和凝结物。

肉眼观察可见，铜钱粘连在一起，表面生成了一层绿色锈蚀物（图 2.4.4）。表面凹凸不平，与孔中有机纤维粘连，使其难以提取。每一个铜钱串很薄，也

图 2.4.4　南澳 1 号粘连的铜钱串

难以分离出单一的铜钱。在 20 倍三维视频显微镜下观察铜钱外围的生成物质的结构，结果如图 2.4.5。发现铜钱里除了铜基体外，还有腐蚀产物和凝结物。且该铜钱串中有 7 个结构单元组成（矿化或未矿化的铜基体 + 腐蚀产物 + 凝结物为一个结构单元）。其中三个铜钱仍保留有基体，其余已经完全矿化。放大到 50 倍观察，并对其形貌做了详细的分析（结果见图 2.4.6）。

图 2.4.5　图 2.4.4 的剖面三维形貌（20X）

因此，要想了解铜器的腐蚀，探讨其外围生成物质的成因，需要分别从凝结物和腐蚀产物两方面进行分析。

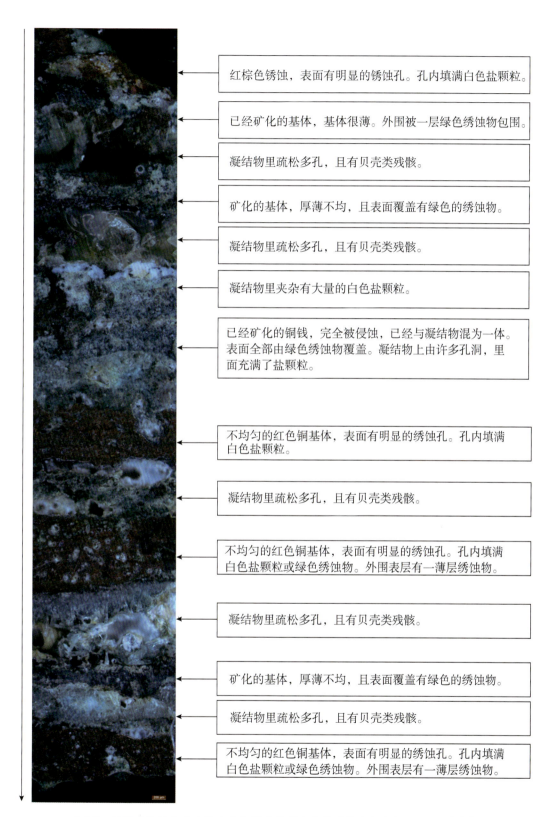

红棕色锈蚀，表面有明显的锈蚀孔。孔内填满白色盐颗粒。

已经矿化的基体，基体很薄。外围被一层绿色绣蚀物包围。

凝结物里疏松多孔，且有贝壳类残骸。

矿化的基体，厚薄不均，且表面覆盖有绿色的绣蚀物。

凝结物里疏松多孔，且有贝壳类残骸。

凝结物里夹杂有大量的白色盐颗粒。

已经矿化的铜钱，完全被侵蚀，已经与凝结物混为一体。表面全部由绿色绣蚀物覆盖。凝结物上由许多孔洞，里面充满了盐颗粒。

不均匀的红色铜基体，表面有明显的绣蚀孔。孔内填满白色盐颗粒。

凝结物里疏松多孔，且有贝壳类残骸。

不均匀的红色铜基体，表面有明显的绣蚀孔。孔内填满白色盐颗粒或绿色绣蚀物。外围表层有一薄层绣蚀物。

凝结物里疏松多孔，且有贝壳类残骸。

矿化的基体，厚薄不均，且表面覆盖有绿色的绣蚀物。

凝结物里疏松多孔，且有贝壳类残骸。

不均匀的红色铜基体，表面有明显的绣蚀孔。孔内填满白色盐颗粒或绿色绣蚀物。外围表层有一薄层绣蚀物。

2.4.6　铜钱串的结构分布放大金相图及其观察结果（箭头方向与图 2.4.4 对应）

2.5 表面凝结物

2.5.1 成分及类型

大多被凝结物覆盖的海水出水铜器，完全看不到表面形貌及文字花纹等信息。若要研究铜器的腐蚀情况，首先需突破这层物质。为此，国外的学者早在 1982 年就[8]采用 X- 射线衍射、光学显微镜、电子显微镜、扫描电镜以及化学分析等手段，分析了 Rapid、Batavia 和 Zuytdorp 3 处沉船遗址出水的铜器表面不同类型的凝结物。将海洋出水铜器表面的凝结物分为三种类型：

第一种类型（又称 A 型），是珊瑚和贝壳残片之类的混合体，为绿色多孔结构，经过几百年的沉积，大约几厘米厚；

第二种类型（又称 B 型），为比较薄且致密的钙质凝结层，在整个器物表面几乎呈均匀分布状态，新生成的一层红棕色铁质腐蚀产物通常覆盖在表面，用小锤轻轻敲打，便轻易脱落并呈现保存完好的器型，B 型凝结物表面偶尔也会部分被一些寄生物，如牡蛎、软体动物等所覆盖，但即便是几百年的沉积也只有几毫米厚而已；

第三种类型（又称 C 型），这种类型存在于厌氧或者是受到严重污染的海洋环境，凝结物表面常常被沙子、鹅卵石等覆盖，其厚度能达到 0.01 米。C 型凝结物很致密，断面颜色从海军蓝渐变为表面的灰黑色，主要成分为铜的硫化物。

若一个沉船遗址遭受到旋风的巨大影响，就会轻易发现这几种不同类型的凝结物共存的现象，表现为在有氧环境的条件下绿色与深蓝黑色的腐蚀产物共存于一个凝结层中。对这层凝结物的研究具有重要价值，可以对这些铜器合金是否能长期稳定保存提供有利的证据。

在国内已经打捞出水铜器表面包裹的凝结物以南海 I 号沉船和南澳 1 号沉船的较多，且凝结物中包裹的材质较多，层叠状况较复杂。而出水铜器种类以丹东 1 号居多。针对以上三艘沉船（其中以南澳 1 号出水凝结物为主），本书分析了国内铜器表面不同类型凝结物的主要元素成分，探讨了其主要类型，并试图揭示其凝结物产生的原因。

一、南澳 1 号出水铜器表面凝结物

南澳 1 号是一艘明代的木质商船，位于南澳岛东南附近的南澳县云澳镇东南的三点金海域，于 2005 年发现，并在沉船附近搭建了打捞平台。

样品制备

在"南澳 1 号"沉船打捞的作业平台上，现场选取了刚打捞出水的出水铜器样品共计 22 件。从总体看来，样品表面较为洁净，无厚重的大块凝结层覆盖，只有少数样品表面不均匀地覆盖有凝结层，总体上凝结物为黄、白夹杂或者是红、棕、白夹杂。凝结层比较厚的在 1~2cm 之间，其余样品的凝结层在 1.0~1.5mm 之间。在实验室里用手术刀刮取部分凝结物，取样部位要有代表性，本实验从 12 件铜器上共计取样 27 件样品，用玛瑙研钵研磨成粉末，对其进行 X 射线荧光（XRF）和 X 射线衍射（XRD）分析。把铜器残片用金刚砂切片机切割成小块样品，用环氧树脂包裹样品进行扫描电镜和能谱分析。

成分分析

对 27 件粉状样品进行 XRF 和 XRD 分析（结果见附录四表 1），"南澳 1 号"出水铜器表面凝结物所含元素有 Ca、Cu、Si 和 S 等，这几种元素普遍存在且含量差别较大，Ca 是含量最高、最主要的元素；Cl 仅在少许样品上被检测出来，不同样品含有元素 Cl 不同并且存在较大差异，同一个样品，取样位置不同，检测到的元素 Cl 含量也不同；个别样品检测出有微量的 Pb 元素。

"南澳 1 号"沉船出水铜器表面凝结物的存在形式主要是方解石（$CaCO_3$）、二氧化硅（SiO_2）、硅酸钙（$CaSiO_3$）和原硅酸钙（Ca_2SiO_4）；不同颜色的凝结物的元素种类、含量以及物相都是不同的，像红棕色凝结物中也许含有少量 Fe_2O_3；同时有一些样品也含有些许的硫化物如铜蓝（CuS）、辉铜矿（Cu_2S）等，甚至还检测出有 $Cu_{1.97}S$ 这种少见的铜的硫化物。

SEM-EDS 分析

用金刚砂切片机在 12 块较大的凝结物明显的部位切样，用扫描电镜能谱仪对 12 块样的断面进行了形貌观察和能谱分析（见图 2.5.1 和附录四表 2）。

图 2.5.1 中仅仅列出了部分有代表性的数据，结果显示南澳 1 号沉船出水铜器表面凝结物中元素种类主要有 Ca、Cu、Si、Cl、Mg 和 Fe 等。元素的含量特点如下：

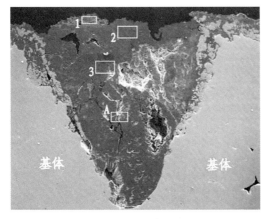

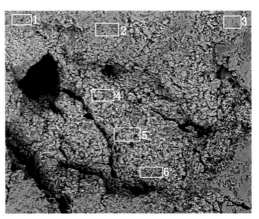

| （a）NATQ-7（50X） | （b）NATQ-7 中区域 A 的放大（300X） |

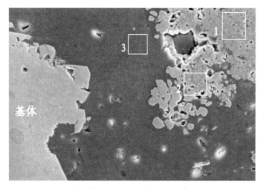 

（c）NATQ-13（1000X）　　　　　　　（d）NATQ-14（50X）

图 2.5.1　扫描电镜打点位置示意

1. 含量最高的元素为 Ca；

2. Fe 和 Cu 含量不高，不普遍存在；

3. Cl 在凝结物中含量比较低甚至检测不到；

4. Mg 的存在比较普遍，含量的波动幅度也相对比较小，可能来自于海水。而其余元素含量在不同样品以及同一样品的不同区域都有较大的波动，无比较明显的规律。

从图 2.5.1 来看，其整体凝结物的不同形貌，1、2 和 3 较为致密。区域 4、5 和 6 较为酥松。

整体的平均成分（质量分数）为：Ca 80.59%、Si18.45% 和 Cl 0.96%；

区域 1、2 和 3 的平均成分（质量分数）为：Ca 65.52%、Si 32.99% 和 Fe 1.49%；

区域 4、5 和 6 的平均成分为：Ca79.91%、Si 19.0% 和 Fe 1.09%。

尽管凝结层本身元素分布并不均匀，但从图中形貌和元素含量的对比来看，Si 含量较高的部位相对比较致密，Si 含量较低的部位相对比较酥松，较多缝隙和大小不等的孔。

为进一步了解整个区域中不同元素的分布情况，用扫描电镜能谱仪对其进行了面扫描，见图 2.5.2，图中有颜色的区域代表各元素的分布情况，颜色的深浅代表含量的高低。在进行扫描电镜分析时，样品表面均喷金而非喷碳，所以元素分布图中 C 元素的含量有一定意义。

图 2.5.2 虽然是从不同样品上随机选取的区域，但它们的元素种类及分布情况却有着一定的相似性。通过 X 射线衍射分析结果表明该凝结层是以碳酸钙（$CaCO_3$）、硅酸钙（$CaSiO_3$）和原硅酸钙（Ca_2SiO_4）等形式存在的钙质和硅质沉积，结合图 2.5.2 的结果可见：

1. Ca 和 Cu 含量的不同可以明显区分开凝结物区和基体；且凝结物与基体间的交

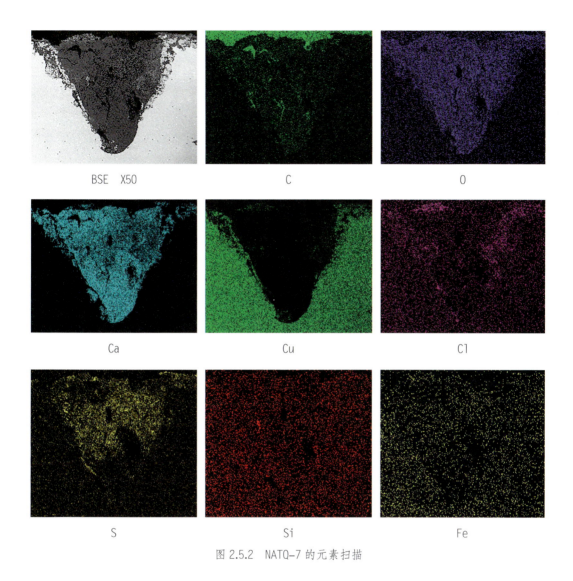

图 2.5.2　NATQ-7 的元素扫描

界区，即腐蚀产物区也有少量的 Cu 存在，说明有铜扩散到这个区域，生成了腐蚀产物。结合 XRD 结果，应该是生成了硫化物如铜蓝（CuS）、辉铜矿（Cu_2S）或 $Cu_{1.97}S$ 等。

2. C 含量主要聚集在凝结物外层，说明钙质凝结物在硅质凝结物的外侧生成。

3. 整体来看 S 含量非常少，主要聚集在凝结物区，而凝结物的里层 S 含量相对更少。这说明 S 主要来源于凝结物中。

4 . Cl 主要富集在腐蚀区，说明 Cl 参与了腐蚀反应。

5、Si 和 Fe 分布都较均匀，不存在富集的现象，说明二者来自海水中。

二、南海 I 号出水铜器表面凝结物

南海 I 号是一艘宋代的木质古沉船，经多次考古调查、勘探后，2007 年底"南海 I 号"整体打捞成功，并被安放在广东海上丝绸之路博物馆的"水晶宫"内保存。

2014 年正式发掘以来，已经提取了大约 120 多吨凝结物（如图 2.5.3 所示）。可见，凝结物的体量巨大，而且里面包裹了各种不同材质的文物。其中出水铜器表面的凝结物主要呈现白色、黑色、黄褐色等，由沙砾、碎石、贝壳、铁锈等组成，质地有的坚硬，有的松软。器物多包裹在凝结物内部，露出断面或者一面。

图 2.5.3　南海 I 号沉船发掘过程中凝结物分布的正摄图

在发掘期现场选择了不同颜色且具有代表性的凝结物样品，且尽量选择不同区域的凝结物进行了 X 射线荧光光谱、扫描电镜、能谱、拉曼光谱、X 射线衍射等分析。发现不同凝结物内保存的物质组成不同，且不同位置相同凝结物的腐蚀形貌也有很大的差别。分析结果表明，凝结物里主要含石英（Quartz，SiO_2）、镁方解石（Magnesiumcalcite，（$Mg_{0.03}Ca_{0.97}CO_3$））、铁白云石（Ankerite，$CaMg_{0.32}Fe_{0.68}(CO_3)_2$）、石膏（Gypsum，$Ca(SO_4)(H_2O)_2$）、$Cu_2(OH)_3Cl$、$Cu_2O$、白铅矿（Cerussite，$PbCO_3$）、四方纤铁矿（Akaganeite，$Fe_8(OOH)_{16}C_{11.3}$）、针铁矿（Goethite，$\alpha-FeOOH$）、磁铁矿（Magnetite，$Fe_3O_4$）、纤铁矿（Lepidocrocite，$\gamma-FeOOH$）、硫磺（Sulfur，$S_8$）等，其中石英、方解石普遍存在于凝结物中，铁质主要以四方纤铁矿、针铁矿、磁铁矿、纤铁矿等的形式存在。有硫磺存在，主要存在于铁锈表面。$Cu_2(OH)_3Cl$、Cu_2O 来自铜器的腐蚀产物。

三、丹东 1 号出水铜器表面凝结物

在出水器物中，铜器最多，而铜器中以格林机关炮表面的凝结物最具代表性。因为它表面包裹的一薄层凝结物上不同位置的硬结情况和色彩都不同（图 2.5.4）。

格林机关炮表面凝结物主要存在三种颜色的凝结物，凝结物内都存在微型裂隙和夹杂物，主要含有 Fe、Ca、Si 等元素，另外还有 Mg、Na、Al、Cu、S、Cl、K、Pb 等元素。其中白色粉状物为 $CaCO_3$（石灰）和缝隙里渗出的白色结晶颗粒 NaCl；

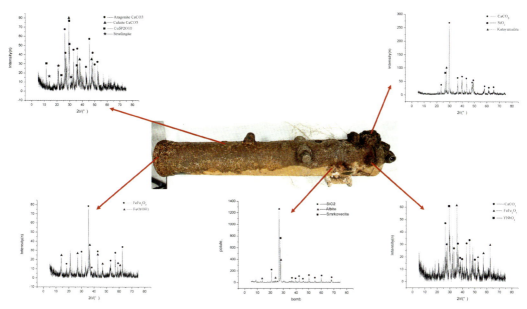

图 2.5.4 11mm10 管格林机关炮凝结物的 XRD 分析结果

红色凝结物为 $FeFe_2O_4$（铁酸亚铁）和 $FeO(OH)$（碱式氧化亚铁），分别为磁铁矿和针铁矿的主要成分，其中 Fe 主要来自沉船及其铁器的腐蚀；灰色硬质凝结物为 SiO_2（石英）、$NaAlSi$（钠长石）和 $KAlSi$（钾长石）。另外还检测出来自腐蚀产物的 $Cu(SO_4)_2$，这是由于格林机关炮铜器表面凝结物较薄，与腐蚀层一起剥落的结果。

"南澳 1 号"沉船出水铜器样品表面凝结物厚度大多在 1cm 以下，最厚的也不超过 2cm，X 射线荧光（XRF）的分析结果表明其凝结物主要存在 A 型和 B 型，且因其 Cl 元素含量非常微弱，所以也能推理 B 型凝结物的含量远远超过 A 型凝结物的含量。个别样品也含有些许的硫化物如铜蓝（CuS）、辉铜矿（Cu_2S）等，甚至还检测出有 $Cu_{1.97}S$ 这种少见的铜的硫化物，表明存在 C 型凝集物。说明南澳 1 号沉船出水铜器表面的凝结物种类复杂，沉船所沉积的环境条件复杂，主要暴露于有氧的环境中，但并不排除个别位置深埋于海泥里，或由于局部叠压或者样品表面凹陷导致铜器处于缺氧环境中。

根据以上的推理，"南海 I 号"沉船出水铜器凝结物也主要包含 A 型和 B 型凝结物。白色钙质凝结物主要包含镁方解石等，此类凝结物主要由海洋生物残骸沉积而形成。但少量的凝结物里发现硫磺的存在，说明存在 C 型凝结物的可能性，这与南澳 1 号的结果类似。对丹东 1 号铜炮的凝结物做同理分析发现，其凝结物主要为 A 型和 B 型的凝结物。

对于南海 I 号和南澳 1 号凝结物中海生物覆盖的原因，认为一是该船体已经沉没 800 余年，长时间的沉积难免遭受生物及其残骸的覆盖；二是像 $CaCO_3$、$CaSiO_3$ 和 Ca_2SiO_4 等钙质凝结层的形成，把对海生物有毒害作用的铜腐蚀产物覆盖了，这就为海洋生物在铜器表面生长提供了生存环境。同时，广东省一份关于海岛资源综合普查和专项资源的普查结果表明：南澳岛的生物多样性和生物品种资源的丰富程度在中国的海区是最为特殊的，在世界其它海域也不多见，这就能说明铜器表面生物覆盖的可能性。

通过以上研究发现，国内的海洋出水铜器表面的凝结物除了 A、B、C 类型之外，还有外围一层很厚的凝结物，如南海 I 号和南澳 1 号的凝结物。它主要含有铁质的腐蚀产物，一般称为铁质凝结物。因为凝结物中含有大量铁的锈蚀产物，主要有针铁矿、磁铁矿、纤铁矿、四方纤铁矿等，该类凝结物一般除了包裹铜器之外，还包裹有大量铜器、瓷器、木材或其他材质的文物。

2.5.2 成因

物质的形成无外乎环境因素和自身因素的相互作用。凝结物的形成也不例外。不同的沉船沉积的环境不同，凝结物的形成条件会存在一些差异。但是主要是由海泥的影响造成的。因为海底的海泥是一种具有特殊性质的电解质，它含有砂子、泥渣以及微生物腐烂以后形成的腐殖质。它是毛细管多孔性的胶质体系，不仅含氧，还含有盐分，具有离子导电性。以下就以南海 I 号出水凝结物为例，探讨凝结物的形成原因。

环境因素：

南海 I 号沉船海域的海底地形平坦，海底为泥质杂有少量细沙，主要由珠江等河流带来的陆源沉积物堆积而成。海泥呈灰色至深灰色，状态饱和呈流塑型，含有小贝壳。海底表层为灰色的含有小型贝壳的饱和状淤泥，平均厚度在 1.5 米左右；掩埋沉船的海泥为浅灰色的含沙淤泥土质，相互胶结有一定强度。沉船所在地点为珠江口的西海岸，受环太平洋逆时针洋流冲击泥沙淤泥影响，淤积的海质泥沙非常厚重，泥沙厚度达到了 30 米。长期泥沙淤积致使沉船被整体密实覆盖于海床面下 1 米左右的泥沙内，沉船保存较好。

结合海水及沉船周围凝结物中的生物环境的分析结果，可知海水中的浮游生物主要由硅藻构成的浮游植物群落和桡足类为主的浮游动物群落组成。通过对凝结物包含的底栖生物的鉴定和调查，可知这些海洋生物主要属于软体动物门双壳纲中的小型贝类，包括卵蛤（Pitar），镜蛤（Dosinia）和格特蛤（Marcia）。

而对凝结物存在真菌和细菌进行了检测分析结果可知，凝结物中都存在细菌群落和真菌。且三个样品 NH1.1、NH2.1、NH2.2 的第一大优势真菌菌属均为根霉属，分别为 44.94%、47.04%、37.04%；除根霉属外，三个样品中的曲霉属及拟盘多毛孢属的比重也比较大，这三种优势菌属在三个样品中的总和分别占总样品的 86.55%、91.42%、93.92%。镰刀菌属、隐球菌属、枝孢霉属及链格孢属等比重相对较小，但是在三种样品中均有分布。由此可见，环境中存在大量海生物和微生物，这对于包括铜器、铁器等在内的文物的腐蚀破坏及凝结物的形成起到了促动作用。

内部因素：

通过对钙质和硅质两种凝结物对比，发现凝结物与其组成成分、物理力学性能、胶结程度等因素有关，并且与沉积作用过程和沉积环境有关。一般而言，钙质凝结物由海洋生物残骸、碎屑等物质组成，其中以有孔虫、介形虫、软体动物、苔藓虫最多，矿物成分主要包含文石、方解石（包括含镁方解石）等。钙质颗粒经过长时间沉淀和堆积，加上物理固结、胶结压实作用，最终形成钙质凝结物，从粒度分析结果看，钙质颗粒以粘土和粉砂粒级为主、伴有中砂和砾级以上较大颗粒的贝壳碎屑，颗粒之间以碳酸盐颗粒溶解和胶结作为主要接触形态，并形成骨架效应。硅质凝结物属于近岸沉积物，颗粒之间的接触和堆垒以互相埋充为主要特征，即较细颗粒填充到较大颗粒之间的孔隙、间隙之中。硅质凝结物可分为两类，外层较为疏松的凝结物，其颗粒之间没有胶结、较为松散，内层凝结物非常坚硬，颗粒之间经过物理胶结压实作用。

对南海不同地点地质取样，并对其声学和物理力学性质分析测量表明，碳酸盐溶解结晶作用使得钙质沉积物颗粒之间产生大量的碳酸盐矿物，并发生互相胶结，最后达到固结，形成刚性连结。入射声波可以利用这种胶结形成的"骨架"较快地传播。而相对其它没有胶结、颗粒松散的粘土或粉砂类型沉积物，它们的声速 Cp 和 Cs 一般都较高，尤其是切变波速 Cs（表 2.5.1）。同时，这种胶结状态形成的钙质沉积物的抗压强度都较高，比近海岸来源的砂质沉积物的抗压强度高。这解释了钙质凝结物比较疏松硅质凝结物更加坚硬的原因，颗粒间相互胶结、最终形成刚性连结的钙质凝结物显然比没有胶结、颗粒松散的硅质凝结物更加坚硬。

表 2.5.1　南海海底钙质声学和物理力学参数

	Cp (m/s)	Cs (m/s)	ρ (g/cm³)	ω (%)	n (%)	G	Md (φ)	qu (kPa)
最大值	1.743	322	1.71	150.1	82	2.73	6.813	25.4
最小值	1.651	364	1.31	45.7	51	2.31	3.897	0.8
平均值	1.687	372	1.45	90.2	71	2.55	5.141	10.1

Cp 为压缩波速，Cs 为切变波速，ρ 为湿密度，ω 为含水量，n 为孔隙度，G 为颗粒比重，Md 为颗粒中值粒，qu 为无侧限抗压强

Cp 为压缩波速，Cs 为切变波速，ρ 为湿密度，ω 为含水量，n 为孔隙度，G 为颗粒比重，Md 为颗粒中值粒，qu 为无侧限抗压强

同时，通过对南海钙质样品物理力学性质的分析可知，南海钙质土湿密度值在 $1127\sim1183\text{g/cm}^3$ 之间，比陆源物质为主的沉积物（即石英类沉积物）的湿密度变化范围（$1160\sim2110\text{g/cm}^3$）要小。由于钙质土颗粒本身富含水分，远比石英颗粒要高，因此，钙质沉积物孔隙度较高于以陆源物质为主的近岸沉积物。由此可见，在胶结程度相似的情况下，钙质凝结物的湿密度小于硅质凝结物，孔隙度却高于硅质凝结物，因而其硬度和强度也小于硅质凝结物。

综合以上的因素分析，南海 I 号出水铜器表面凝结物主要含石英（Quartz，SiO_2）、镁方解石（Magnesiumcalcite，$(Mg_{0.03}Ca_{0.97})CO_3$）铁白云石（Ankerite，$CaMg_{0.32}Fe_{0.68}(CO_3)_2$）、石膏（Gypsum，$Ca(SO_4)(H_2O)_2$）、白铅矿（Cerussite，$PbCO_3$）等，说明其凝结物主要是由海洋贝类生物残骸、碎屑等物质组成的钙质凝结物和海洋中泥沙、碎石等含 Si 物质组成的硅质凝结物组成。根据致密程度不同，硅质凝结物又可分为松软和坚硬两种，一般而言，靠近器物部分非常坚硬，外层部分较为松软。根据 XRF 分析结果和样品质地等因素推断，此类凝结物的致密程度与凝结物组成和含量没有直接关系，可能与沉积物沉积过程、沉积时间及沉积环境有关。两类凝结物相比，钙质凝结物普遍比外层较疏松硅质凝结物更加坚硬，但却比内层较坚硬的硅质凝结物稍微松软一些。这与凝结物形成方式、物理性质、胶结程度等因素有关。

另外，由于出水沉船中存在大量的铁器，而所在的环境中有大量的氯离子存在，它能破坏金属表面的氧化膜，尤其针对铁质的金属。因此，铁器在海水中难以建立钝态，而遭遇腐蚀破坏[9]。就在海泥附近与土壤结合不仅产生外围的钙质和硅质凝结物，同时在与铁器靠近的位置会生成大量含铁的腐蚀物，在出水铁器腐蚀产生的铁离子作用下，与周围的泥浆包裹形成红色锈蚀物和铁质凝结物。

由于我国打捞出水的沉船装载的文物种类繁多，包括金属器（如铁器、铜器、银器、铅块等）、陶瓷器、木质文物及其它有机质文物、砖石、玻璃、骨头等。且海泥中的多种物质如沙粒、贝类等胶结在一起，特别是在周围悬浮物存在和含磷微生物的促动下，更加大了腐蚀的进程和胶结的速度，从而形成了坚硬致密的包裹多种材质文物的多相组织——铁质凝结物。

从上面看，铁质凝结物里铁的腐蚀产物不稳定，在放置一段时间后，会发生水解反应，所以，应在最短的时间内对其进行保护处理。且实验选择的样品应该在刚打捞出水后立即送入实验室分析，但由于运输的问题，以及样品制备等问题，实验室分析中的样品至少是出水以后一周左右的。由于样品打捞出水时多孔洞或裂隙的凝结物携

带了海水，在空气中暴露后会因环境的突变导致腐蚀的加剧。

2.6 腐蚀产物

2.6.1 海洋出水铜器常见腐蚀产物的种类

一、有氧海水环境中铜器的腐蚀产物

氯化物

海水环境中铜器最主要的腐蚀产物为氯化物。Bengough 和 May（1924）[10] 最先观察到 CuCl 是青铜器在海水腐蚀中最先形成的腐蚀产物。Gettens（1933）[11] 是确定 CuCl 在铜合金上作为腐蚀产物的第一人。腐蚀产物中最重要的铜的氯化物是氯化亚铜（CuCl）和铜的三羟基氯化物，包括氯铜矿、副氯铜矿、羟氯铜矿和斜氯铜矿，它们是 $Cu_2(OH)_3Cl$ 的同分异构体。澳大利亚西部海岸出水的一批海洋铜器腐蚀产物里不仅存在有氯铜矿（$Cu_2(OH)_3Cl$）、副氯铜矿（$Cu_2(OH)_3Cl$）还有大量的氯化亚铜（CuCl）等。将铜合金在海洋环境中暴露 16 年的实验也证明，绿色铜锈主要为碱式氯化铜和副氯铜矿[12]。

孔雀石（$CuCO_3.Cu(OH)_2$）

通过水胆矾和氯铜矿沉淀的浓度 –pH 曲线猜测[13]，在海洋埋藏环境下，虽然碳酸钙通常和铜矿物共存，但氯化物和硫化物在铜腐蚀层中很常见，孔雀石却很少见。但也有报道称，发现了孔雀石和氯铜矿在海洋出水铜器上并存的现象，但这是极不常见的。在澳大利亚西部海岸出水的一批海洋铜器中也发现了孔雀石，认为孔雀石有可能是出水后形成的[14]。在富氧的海水环境中，孔雀石和铜的三羟基氯化物（如氯铜矿）会发生竞争性的沉淀反应：

$$Cu_2(OH)_3Cl+CO_3^{2-} —— CuCO_3 \cdot Cu(OH)_2+Cl^-+OH^-$$

在 pH=8 时，正常海水中碳酸盐的活度为 $2.4×10^{-6}M$，这种环境至少在理论上有利于孔雀石的形成。但是将 Pourbaix 图应用在解释海水中铜及其合金的腐蚀问题，认为海洋埋藏环境中铜器的主要腐蚀产物是赤铜矿和铜的三羟基氯化物，孔雀石的形成只是例外而不是普遍规律。

氢氧化铜矿物 [$Cu(OH)_2$]

氢氧化铜矿物 [$Cu(OH)_2$] 很少以稳定的矿物相出现，主要在腐蚀过程中作为短暂的中间产物并迅速的转化为其它矿物。"Rapid"号沉船上的铜器中 $Cu(OH)_2$ 曾作为铜合金腐蚀产物出现[15]，一旦干燥，这种凝胶状沉淀就会变成氯铜矿。另外还发现了一种氯铜矿的不同组分 $Cu_7Cl_4(OH)_{10} \cdot H_2O$。

黑铜矿（CuO）

黑铜矿（CuO）是一种罕见的成分，在大部分海洋环境中，最先形成的总是红色的赤铜矿层。黑铜矿的出现通常表明器物在埋藏前遭受过加热过程（火、火灾等）[16]。在澳大利亚海岸沉船遗址的 5000 多件器物中只发现了形成黑铜矿的两个例子[15]：一是"快速号"沉船的一颗铜钉，黑铜矿是主要的腐蚀产物；二是来自"巴达维亚号"（Batavia）沉船的残骸，在一个被烧过的复合材质大炮的铜膛上鉴定出了黑铜矿。

锡的化合物

Rapid 沉船遗址里埋于泥沙下 10cm 处的青铜鸠（或燕）尾榫接头上出现了锡的硫氧化物 $Sn_3O_2SO_4$[15]；在埋于木头的青铜钉上发现了 $Sn_6O_4(OH)_4$、SnO_2、$Sn(CH_3COO)_2$，同时还发现了 $Sn_3O_4(Sn_2SnO_4)$。而在青铜器上常见的有氧腐蚀情况下锡的腐蚀产物为氧化锡（锡石，SnO_2），其它锡的二价腐蚀产物 $Sn_4(OH)_6Cl_2$、$Sn_6O_4(OH)_4$ 和 Sn_3O_4 则较少出现。同样的，在这上千件器物中，也仅有一次发现了的情况。而锡的化合物主要是青铜合金中出现了富铜的 α 相优先腐蚀导致的，且已经通过"Rapid"号沉船遗址出水青铜钟的研究证实[15]。

铅的化合物

沉船遗址中的高铅青铜，如果没有被沉积物掩埋，通常具有良好的抗腐蚀性能。在实验室条件下，海水中铅的主要腐蚀产物有 PbClOH 和 $Pb_3(CO_3)_2(OH)_2$，15 天后还会分解形成 $PbCO_3 \cdot PbCl_2$、PbO、Pb_2O_3 和氯铅矿[17]。在黄铜和青铜器物的腐蚀产物中也都发现有各种铅的化合物存在，常见的有 $PbSO_4$，而 $Pb_2(CO_3)Cl_2$ 和 Pb(OH)Cl 较少见[15]，其它还有碱式碳酸铅 $[Pb_3(CO_3)_2(OH)_2]$，以及铅的氧化物 PbO 和 $Pb_3O_2Cl_2$。

总之，有氧环境下铜合金的腐蚀不仅取决于在含氯介质中铜合金的化学变化，还依赖于主要合金元素如锡、铅和锌，以及痕量金属如砷和锑。而且腐蚀产物多样化，往往在一件铜器上会出现多种腐蚀产物。如西澳大利亚海岸出水铜器中的腐蚀产物包括 Cu_2O、CuCl、$CuCl_2$、CuO 和羟氯铜矿 $[Cu_4(OH)_6Cl_2 \cdot 3H_2O]$，还有 Sn_3As_2、SnO、$Sn_4(OH)_6Cl_4$ 以及 $ZnSO_4 \cdot 4H_2O$、二价铜硫酸盐和碳酸盐等[14]（附录三海水中铜器腐蚀产物的种类）。

二、缺氧海水环境中铜器的腐蚀产物

由于海水停滞、含氧量低，或海盆闭塞，有机质大量供应不足等多种原因所致的缺氧情况，可以发生在从陆表海、陆棚海、大陆斜坡到大洋盆地的各种环境。其沉积物以细粒、薄层和富含有机碳的黑色页岩为主。在缺氧条件下，由于硫酸盐还原菌的影响，腐蚀产物以硫化物为主。

对希腊 Artemision 海角缺氧海水环境中出水的 Marathon 青年雕像和宙斯雕像研究，发现雕像胡子上都覆盖有同样的硫化物的黑色铜锈[18]。在沉没于法国 Grande Congloue 地中海海域的一艘古代沉船上，铜钉的锈蚀物中鉴定出了辉铜矿（Cu_2S）和蓝辉铜矿。对法国西印度群岛舰队 Herminie 号舰艇（1838 年沉没于百慕大群岛）残骸中发现的铜残片里也鉴定出了铜蓝（CuS）[19]，且这些铜残片已经变成脆弱的蓝黑色块状物质。澳大利亚西岸沉船里也出水了对一件处于缺氧环境下的青铜器[8]，用扫描电镜能谱分析法鉴定出了 Cu_2S、$CaCO_3$ 等。且 Rapid 号沉船上一枚含铅的铜钉里也含有铜蓝、辉铜矿和多种铅的硫化物。从 SS Kronan 号沉船（1676 年沉没于波罗的海）打捞出水的一个铜合金罗盘圈，经 X 射线衍射分析鉴定出该腐蚀产物为一种很罕见的硫化物——斯硫铜矿（$Cu_{39}S_{28}$）[20]，同样在这艘船上还发现了铜蓝。

在氧化性海水中铜试样的腐蚀速率约为 0.02mm/ 年，水温每增加 10℃，速率可能会增加 2 倍，这个速率在缺氧海水或沉积物中可能会降低。而实际上由于生物的活动，处在缺氧海水或沉积物中这种还原环境中的铜器未必能很好的保存。微生物造成的腐蚀是海水中金属腐蚀的一个重要方面，但却很少被认真考虑。水下环境中很多种细菌都能与好氧微生物共生，这些好氧微生物消耗局部环境中的氧气，为硫酸盐还原菌的生长提供条件[21]。无氧环境中的铜器，会受大量细菌如硫酸杆菌和硫酸盐还原菌的影响而发生腐蚀（表 2.6.1），生成一系列硫化物，包括铜蓝（CuS）、辉铜矿（Cu_2S）等[22]。

表 2.6.1　海水中会对铜器造成影响的菌种

菌类	需氧情况	影响环境的化合物	主要产物	环境	活性最大时 pH	最适温度（℃）
硫酸盐还原菌	厌氧	硫酸盐 硫代硫酸盐 亚硫酸盐 连二硫酸盐	硫化氢	淡水、海水、土壤、油井、地下水	6.0~7.5	25~30
硫氧化细菌	亲氧	硫、硫化物、硫代硫酸盐	硫、硫酸、硫酸盐、硫代硫酸盐	河水、海水、污水、土壤	0.5~7.0	18~37

MacLeod（1991）[15]认为海水中无氧环境下铜及其合金最常见的腐蚀产物为 Cu_2S，少量的 CuS，另外还有少许硫化铜（$Cu_{1.96}S$、$Cu_{7.2}S$、$Cu_{7.2}S_4$）和蓝辉铜矿（$Cu_{18}S$）等，并伴随着夹带的钙质材料。这是由于环境缺氧的情况下，由海底生物分解产生的二氧化硫会与铜本体发生反应的产物[23]。

另外，即使同一个遗址，甚至同一件器物也会出现有氧下的腐蚀产物和缺氧下的腐蚀产物。如：爱奥尼亚海底 8 米深处浸泡多个世纪的一件 Riace 青铜武士像上就发现有氯铜矿、α- 石英、赤铜矿、黑铜矿、辉铜矿和蓝铜钠石 [Na₂Cu(CO₃)₂·3H₂O] 等多种腐蚀产物共存的现象 [24]。究其原因，应该与沉没处泥沙的覆盖或生物的活动有关。

总之，在缺氧的海洋环境下，铜器中会出现的腐蚀产物主要有：斜方蓝铜矿、辉铜矿、铜蓝、靛铜矿等（附录三国外海水中铜器腐蚀产物的种类性质表）。

2.6.2　国内典型出水铜器的腐蚀产物

南澳 1 号出水铜器的腐蚀产物

从"南澳 1 号"沉船打捞的作业平台上，现场选取了刚打捞出水的铜器样品。饱水运回实验室里用手术刀刮取部分腐蚀物，选择最有代表性的样品，对多个腐蚀部位和不同色彩的腐蚀物（如图 2.6.1 和图 2.6.2）做了形貌和成分分析。

图 2.6.1　南澳 1 号铜盘上蓝色的腐蚀物　　　图 2.6.2　南澳 1 号铜盘上绿色的腐蚀物

从其表面的主要元素成分的结果分析（附录四表 3），"南澳 1 号"沉船出水铜器表面腐蚀产物所含的主要元素为 Cu、Sn、Pb、Si、Ca、P、Fe、Cl、Al、S 等，同一元素的含量在不同的样品中不同且部分差别较大，且同一样品上不同部位检测的元素类别和含量也存在差异。且可以看出南澳 1 号的铜器主要是纯铜和铅青铜。且腐蚀层里铅含量不均在 2%~80% 左右不等。

Cl 在腐蚀产物中普遍存在，基本都在 2%~3% 左右，个别的达到 5% 左右。其中元素 Cl 在"南澳 1 号"沉船出水铜器表面腐蚀产物所含元素中是对器物产生危害最大的元素，其主要形式是以铜的三羟基氯化物 $Cu_2(OH)_3Cl$ 的存在，这也是检测到的腐蚀产物的主要化合物形式。

SiO$_2$ 普遍存在，同时还检测到氧化亚铜 Cu$_2$O 和硅酸钙 CaSiO$_3$ 等。元素 Pb 的含量在不同样品中差异较大，腐蚀产物以 PbCO$_3$、PbSO$_4$、Pb$_3$(PO$_4$)$_2$ 及 Pb$_3$(CO$_3$)$_2$(OH)$_2$ 等形式存在。与此同时，局部的叠压关系或者样品表面凹凸不平导致的缺氧腐蚀使得形成了部分含有少量 CuS 和 Cu$_2$S 腐蚀产物。

对于多个腐蚀产物分析，发现在不同区域取样，同种元素的含量也会发生变化，有的甚至有较大变化（附录四表 4、表 5），为了进一步分析腐蚀产物中元素种类含量及其分布的情况，选择其中比较有代表性的样品，采用扫描电镜能谱分析法对腐蚀层进行分析，分析元素面分布情况（如图 2.6.3 所示）。

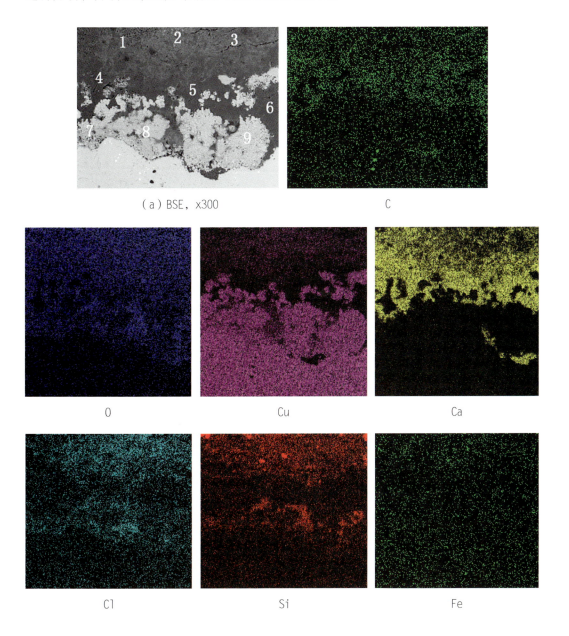

（a）BSE，x300　　　　　　C

O　　　　　Cu　　　　　Ca

Cl　　　　　Si　　　　　Fe

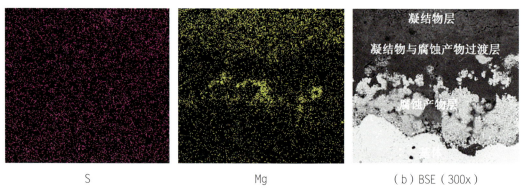

S   Mg   （b）BSE（300x）

图 2.6.3　NATQ-7 腐蚀层微观形貌及元素分布扫描图

图 2.6.3 显示所选区域含有 C、O、Ca、Cu、Cl、Si、Fe、S 和 Mg 共 9 种元素，元素含量（质量百分比）分别为 C12.64%、O12.08%、Ca12.12%、Cu56.76%、Cl1.08%、Si2.72%、Fe0.53%、S0.30% 和 Mg1.77%。其中 Cu 和 Ca 元素分布图可明显的看出凝结层和腐蚀产物层的界限。元素 Cl、Si 和 Mg 的分布情况较为相似；元素 Fe 和 S 在整个图层中分布均匀，并且没有明显发亮的部位，则说明其含量较少。根据其元素分布，绘制了腐蚀样品产物层的结构（图 2.6.4（b））。结合 XRD 和 XRF 结果，所选的样品基体主要是纯铜，腐蚀产物层主要是氯铜矿 $Cu_2(OH)_3Cl$、赤铜矿 Cu_2O，也含有 SiO_2，而凝结物层主要有硅酸钙 $CaSiO_3$。结构分布是：基体 + 腐蚀产物层（氧化亚铜 Cu_2O 和 SiO_2）+ 凝结物层与腐蚀产物层的过渡层（$Cu_2(OH)_3Cl$）+ 凝结物层（$CaSiO_3$）。

再结合金相显微形貌观察和拉曼光谱分析，就可以确定每种色彩的锈蚀的物质组成（如图 2.6.4 所示）。

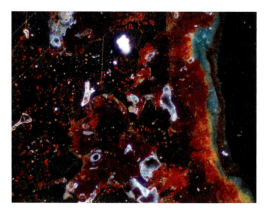

a 金相显微形貌观察

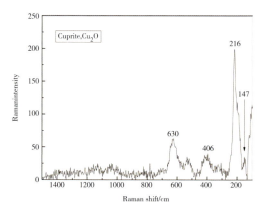

b 具有金属光泽红色点处锈蚀产物赤铜矿的拉曼光谱

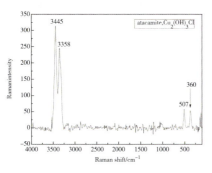

c 绿色锈蚀产物氯铜矿的拉曼光谱

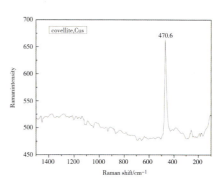

d 具有金属光泽蓝色点处锈蚀产物为铜蓝
（covellite，CuS）

图 2.6.4　南澳 1 号纯铜铜器上发现的赤铜矿（Cuprite，Cu_2O）

铜器的锈蚀产物呈现出明显的层状和夹杂状分布的结构。在显微镜下观察纯铜及其锈的横截面，可以看到红黑色面、红色、玻璃绿色、浅黑色的分层结构。红黑面是基体，红色带和夹杂是赤铜矿，绿色带为氯铜矿，浅黑色带为铜蓝。

南海 I 号沉船出水铜器的腐蚀产物

南海 I 号出水了大量的铜钱和少量铜镜、铜环等铜制品，刚出水时，从外观来看，大多保存完好。有些还可以清晰的辨识出年号。但是采集信息在现场放置几天后，有些铜器就出现了色彩暗淡的现象，甚至有的出现了粉状锈，如图 2.6.5 所示。

a 正面

b 反面

图 2.6.5　南海 I 号出水铜环的腐蚀形貌

选择刚出水时矿化严重的铜钱做分析发现，南海 I 号出水铜钱表面颜色分布不均匀，主要有黑色、褐色、绿色等。表面存在不同程度的斑点、盐分结晶或深色纹理。铜钱内部形成了均匀的相，明黄色部分是铜钱基体，里面含有很多黑色斑点（图 2.6.6）。但是腐蚀产物和最外层的凝结物在基体外面分层堆积，由于铜钱较薄，其凝结物只能位于薄层边缘。铜钱基体里分布着大小不均匀的灰白色斑点，且有很多腐蚀孔洞（见图 2.6.7）。

图 2.6.6 南海 I 号铜钱横截面结构的暗场照片

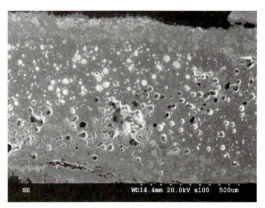

图 2.6.7 南海 I 号铜钱 SEM 照片

选取灰白色斑点位置作元素分布（图 2.6.8~2.6.11），可见，元素 Cu 和 Sn 都较均匀地分布于整个铜钱基体；灰白色斑点处是游离态的 Pb，它不溶于铜 – 锡合金，说明该铜钱材质属于铅锡青铜。

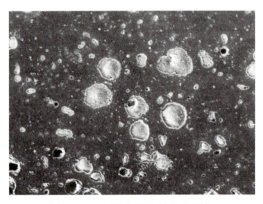

图 2.6.8 铜钱基体扫描电镜照片

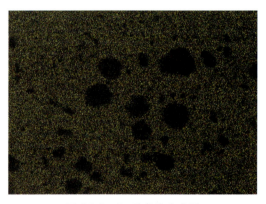

图 2.6.9 Cu 元素的分布图

图 2.6.10 Pb 元素的分布图

图 2.6.11 Sn 元素的分布图

铜钱的基体元素 Cu 含量在 94% 左右，元素 Pb 在 4% 左右，元素 Sn 含量最少，仅 2% 左右，说明南海 I 号属于铅青铜。而其表面主要包含 Cu、Sn、Pb、Si、Ca、P、Fe、Cl 等元素。Cu、Sn、Pb 元素含量分布不均匀，存在于铜钱腐蚀产物中。其中 Ca、Si、S、Cl 等元素普遍存在，存在于表面凝结物，但相对含量不等，差别较大。部分样品含 Fe 较多，这是由于样品表面与金属铁或铁制品相接触，外来铁元素残留在表面，生成铁的氧化物，附着在样品表面，呈现不同的颜色。铜器的化学组成分析结果表明，铜钱的腐蚀产物主要包括 $Cu_2(OH)_3Cl$、Cu_2O、$Cu(OH)_2$、$CuCl$、$CuSO_4$ 等。其中黑色的是 Cu_2O。$Cu(OH)_2$ 斯羟铜矿，是一种无定形的或结晶不好的固体和凝胶，呈鸭蛋青色，容易转变成其他化合物。一旦干燥，就转变为氯铜矿，所以腐蚀还在继续。

丹东 1 号出水铜器的腐蚀产物

丹东 1 号出水了大量的铜器，不仅有致远舰上作战的兵器还有船构件及生活用品。在发掘几个月后保湿运到实验室，表面大多呈绿色，总体保存完好。铜炮表面包裹了一薄层凝结物，选择紧靠格林机关炮基体的凝结物，在取样时整体剥落。肉眼观察可以看到其表面色泽与基体一致。

根据此表面分析，发现铜炮的基体为锡青铜。其中 Cu : Sn=7.98，介于 6~9 之间，为铸造锡青铜的范围。而 Zn 是矿石带入铜中的。从炮的型制及传统制造技术判断，炮体是铸造而成的。

通过微观形貌观察和微区化学成分分析发现，格林机关炮凝结物表面凹凸不平，且分布有不规则的深色物质。靠近基体的凝结物中除主要含 Cu 元素外，按含量依次递减排列，主要含有 S、Sn、Ca、Mg、Fe、Si 等元素。对比肉眼观察结果，这些深色物质应是基体表层的腐蚀产物，主要为 Cu_2SO_4，硫酸亚铜是一价铜的硫酸盐（在 Cu(I) 氧化态中，3d 电子层已全充满），是离子化合物，常温下为灰色固体，属斜方晶系。硫酸亚铜有反磁性。由于 Cu^+ 不稳定，Cu_2SO_4 溶于水会发生歧化反应：

$$Cu_2SO_4 \rightarrow Cu+CuSO_4（2Cu^+=Cu+Cu^{2+}）$$

因此，该物质的存在对于铜器的进一步腐蚀具有加速作用。另外，还在铜炮的锈蚀表面看到了凹凸不平的瘤状物（如图 2.6.12(a) 所示）。由元素分布可见，瘤状物部位主要是锡石 SnO_2。

由于丹东 1 号出水的铜器很多，腐蚀产物多样，如氯化亚铜（图 2.6.13、图 2.6.14）、氯铜矿和铜蓝（图 2.6.15）。

将图 2.6.13 与图 2.6.14 对比可见，氯化亚铜的颗粒很小，有的聚集成球，这与铜的浓度有关。随着铜离子的浓度升高，氯化亚铜的晶核生成速率大于生长速率，有利

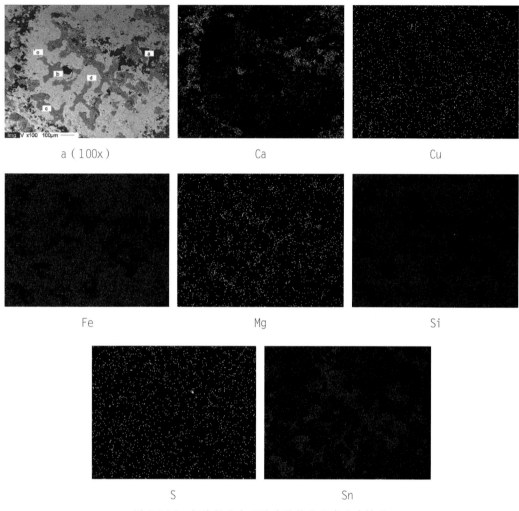

图 2.6.12　铜炮锈蚀表面的瘤状物的元素分布情况

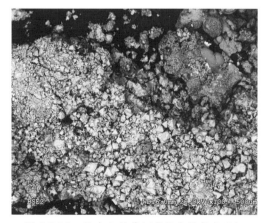

图 2.6.13　丹东 1 号黄铜吊钩上的氯化亚铜
（白色小颗粒）

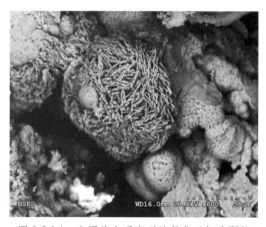

图 2.6.14　左图放大观察到的氯化亚铜球颗粒

于生成小颗粒沉淀，随着晶核浓度增加，晶核之间有形成团聚体以降低表面能的趋势，使形成颗粒的粒径增大[25]。

"青铜病"是一种由氯化亚铜引发的铜合金的渐进性腐蚀。只要金属表面存在，与它紧密接触的氯化亚铜就会导致青铜病的发生。氯化亚铜可能以潜伏状态存在，直到与水分和氧气反应，使这种不稳定化合物的体积膨胀，并转化成一种三羟基氯化铜。这在受影响的器物

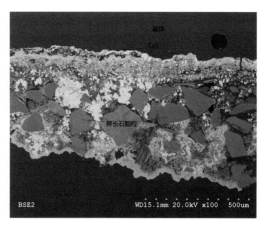

图 2.6.15　丹东 1 号铜锁上的铜蓝

内部产生了物理压力，导致器物出现裂隙或破碎。青铜病最终能使一件非常坚硬的器物分解成一堆浅绿色粉末。如图 2.6.5 南海 I 号出水铜环的腐蚀形貌所示，在铜环表面上这种浅绿色瘤状或疹状物粉末是很明显的，疏松的粉末常常会从器物上掉下来落在周围。

在铜器的铜锈中发现了一些含氯化物的腐蚀产物，并不代表器物一定患上了"青铜病"，可能仅仅代表局部或表面的氯化物腐蚀过程。而真正"青铜病"的特点是在铜器内部或表面铜锈下面积累氯化亚铜，从而导致器物基体的不稳定[16]。由于氯离子经常通过电化学反应而深入腐蚀表层内，因此，氯化物可能会与已经发展为腐蚀过程一部分的赤铜矿过度增长，这样铜器表面就常常覆盖一层碱式碳酸盐或氯化物。

综上发现，我国海洋出水的铜器的基材主有纯铜、黄铜、铅青铜和锡青铜等，表面的腐蚀产物包括有氧环境下生成的 $Cu_2(OH)_3Cl$、$CuCl$、Cu_2O、$Cu(OH)_2$、$CuSO_4$、$CuSO_4$、Cu_2SO_4、SnO_2、$PbSO_4$、$PbCO_3$、$Pb_3(PO_4)_2$ 等，还有缺氧环境下的 CuS 和 Cu_2S 等。虽然只是选取的部分典型样品，且只是针对南海 I 号、南澳 1 号和丹东 1 号上的铜器取样分析的结果，而腐蚀物种类多样，且涵盖范围较广，其中还有诱发"青铜病"的氯化物存在，说明海洋出水铜器的腐蚀情况比较严峻。

2.6.3　腐蚀产物的形成过程

选择对出水几个月的丹东 1 号铜的腐蚀产物做分析，样品切割过程中可以明显感觉到金属基体在边缘部分含量很少，因为边缘较疏松，很容易切割。而越靠近中心部位切割越难，说明样品中心铜基体的残存较多。腐蚀从腐蚀产物表面向铜基体加剧。金属基体保存较好，上面有大的孔洞（图 2.6.16）。

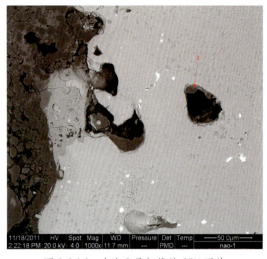

图 2.6.16　南海 I 号铜钱的 SEM 照片

图 2.6.16 中 1 区呈灰黑色，条带状分布，主要含 Cu、Ca、Si、Cl、Mg（如表 2.6.3 所示），应为含氯铜矿的腐蚀层；2 区为含铅、硅和砷的基体；3 区呈黑色，表面质地疏松。主要含元素 Ca、Si 和 Mg，应为凝结物。这是点蚀钻穿基体留下的腐蚀孔，里层被钙质凝结物覆盖。

线扫图谱（每种元素的含量变化由不同色彩的曲线表征）的白色扫描线上，Cu、Mg、Si、Cl 和 Ca 的含量变化很大（图 2.6.17）。Cu 主要分布在白色区

表 2.6.3　南海 I 号铜钱的 EDX 结果

位置	元素含量（Wt%）						
	Cu	Pb	Ca	Si	Cl	Mg	As
1	42.63	0	36.83	10.81	3.32	6.41	0
2	41.33	54.65	0	1.07	0	0	2.95
3	0	0	91.7	1.65	0	0.94	0

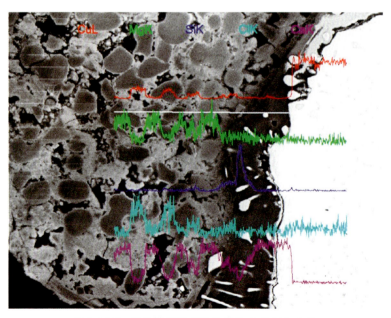

图 2.6.17　铜钱横截面不同元素的含量变化曲线

域，也有部分扩散到腐蚀层甚至到了凝结物层；而 Mg 主要分布在灰白色的凝结物区域；Ca 的含量变化与 Cu 的相反，从凝结物层到腐蚀物层都有分布，而基体里没有出现。Si 仅在腐蚀层，而 Cl 在凝结物里含量很高，到腐蚀层逐渐变少，一直扩散到基体内。

从基体到锈蚀层元素铜的线扫描谱，测量结果是归一化性的，谱线中富铜的峰并不能说明铜含量的增加，而只是一个相对的变化。图 2.6.24 表明，铜钱出现了铜元素大量流失的现象，且 Cl 元素已经深入基体内部。因此，可以推断铜钱的腐蚀与氯离子有关。

结合以上对凝结物和腐蚀产物的分析，发现海水出水铜器刚出水时发生了不同的锈蚀程度，主要有三种类型，其中也可以看出铜器外围生成物质的历程见图 2.6.18。

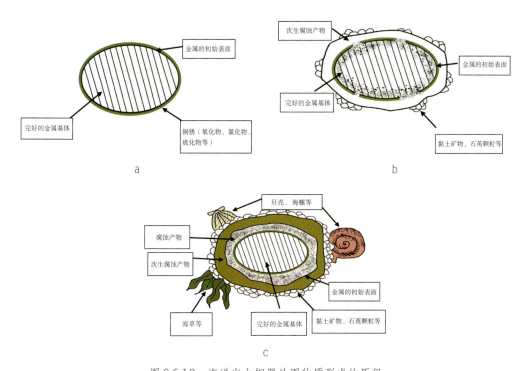

图 2.6.18　海洋出水铜器外围物质形成的历程
a 锈蚀初始时未改变铜器的形状，表面无凝结物　b 锈蚀破坏了铜器的形状，表面粘连少量且疏松的凝结物　C 保存良好的带绿锈铜器，表面覆盖致密且复杂的凝结物

从海洋出水青铜在出水前经历的过程可见，不仅生成了三类不同锈蚀程度的物质，还从海洋中带出了许多腐蚀影响因子，如 Cl、O、水、微生物、泥沙颗粒等。当铜器出水后，在出水暂存区 a 类锈蚀层会变暗，甚至变色，生成新的物质。而 b 类会在表面干燥的同时，造成内部铜器的受力而腐蚀加剧，也有析出现象。C 类表面腐蚀

最严重，疏松多孔的结壳会出现开裂和粉化，不仅给内部铜器造成压力，铁锈和盐分析出现象还很明显。说明环境的突变使得带有不同外围生成物质的铜器腐蚀加剧。为此，需要揭示不同环境条件下铜器的腐蚀机理，探明其腐蚀原因，以便于为后期的保护提供依据。

参考文献

[1]《铸造有色合金及其熔炼》联合编写组. 铸造有色合金及其熔炼 [M]. 北京：国防工业出版社. 1980：130-178.

[2] 路迪民，王大业. 中国古代冶金与金属文物 [M]. 西安：陕西科学技术出版社，1998：15-21.

[3] 孙淑云，韩汝玢，李秀辉. 中国古代金属材料显微组织图谱有色金属卷 [M]. 北京：科学出版社，2011：7-169.

[4] 马清林，苏伯民，胡之德，李最雄. 中国文物分析鉴别与科学保护 [M]. 北京：科学出版社，2001：131-160.

[5] 陈铁梅. 科技考古学 [M]. 北京：北京大学出版社，2008：109-138.

[6] DavidA.Scott. 古代和历史时期金属制品金相学与显微结构 [M]. 田兴玲，马清林等译. 北京：科学出版社，2012：58-59.

[7] 国家文物局水下文化遗产保护中心，广东省文物考古研究所，中国文化遗产研究院，广东省博物馆，广东海上丝绸之路博物馆. 南海 I 号沉船考古发掘报告之二——2014-2015 年发掘南海一号的发掘 [M]. 北京：文物出版社，2018：5.

[8] 魏宝明. 金属腐蚀理论及应用 [M]. 北京：化学工业出版社，1984:141-170.

[9] Ian Donald MacLeod. Formation of marine concretion on copper and its alloys[J]. The International Journal of Nautical Archaeology and Underwater Exploration,1982,11(4): 267-275.

[10] North,N.A. Conservation of Metals[C].In Conservation of Marine Archaeological Objects,edited by C. Pearson,1987:207-252.

[11] Bengough,R.J.,May,J. The experimental studies and theoretical discussion[J]. Metals,1924,(32):81-142.

[12] Gettens,R.J. Mineralization,electrolytic treatment,and radiographic examination of copper and bronze objects from Nuzi[J]. Technical Studies in the Field of the Fine Arts,1933,(1):119-133.

[13] Holm,R.,E. Mattsson. Atmospheric corrosion test of copper and copper alloys in Sweden: 16 years results[J]. In Atmospheric corrosion of Metals,1985:85-104.

[14] Garrels,R. M.,R. M. Dreyer. Mechanism of limestone replacement at low temperature and pressure[J]. Bulletin of the Geological Society of America,1952,(63):325.

[15] MacLeod,I.D.,Taylor,R.J. Corrosion of bronzes on shipwrecks—a comparison of corrosion rates deduced from shipwreck material and from electrochemical methods[J].Corrosion,1985,41(2):100−104.

[16] MacLeod,I.D. Identification of corrosion products on nonferrous metals artifacts recovered from shipwrecks[J]. Studies in Conservation,1991,(36): 222−234.

[17] David A. Scott. 艺术品中的铜和青铜：腐蚀产物，颜料，保护 [M]. 马清林，潘路译. 北京：科学出版社，2009：73.

[18] Beccarie,A.M.,Mor,E.D.,Bruno,G.,Poggi,G. Corrosion of lead in sea water[J]. British Corrosion Journal,1982,(17):87−91.

[19] Zenghelis,G. Study of antique bronze[J]. Studies in Conservation,1930,(33):556−563.

[20] Gettens,R. J. The corrosion products of metal antiquities[J].In Annual Report to the Trustees of the Smithsonian Institution,Smithsonian Institution,1963,547−568.

[21] Nord,A. G.,K. Lindahl,K.Tronner.A note on spionkopite as a corrosion product on a marine copper find[J]. Studies in Conservation,1993,(38):133−135.

[22] 中国腐蚀与防护学会. 自然环境的腐蚀与防护 [M]. 北京：化学工业出版社，1997：7.

[23] Colin Pearson. Conservation of Marine Archaeological Objects[M]. London:Butterworths,1987:68−98.

[24] 杨德钧，沈卓身. 金属腐蚀学（第二版）[M]. 北京：冶金工业出版社，2003：230−231.

[25] B. Cohen. KresilasPerikles and the Riace Bronzes: New Evidence for Schinokephaly[J]. AJA,1986:207−208.

[26] 饶辉，张峰，仲兆祥，等. 陶瓷膜反应器用于氯化亚铜催化剂的制备 [J]. 化工学报，2015，66(8)：3029−3035.

海洋出水铜器腐蚀行为及机制

历经几百年甚至上千年的海底埋藏，直到打捞出水才得以重见阳光，铜器在海水中的这段漫长时间发生的变化属于铜或其合金在海水中的腐蚀。

由于出水场地的限制，在进入室内保护前需要经历从海水环境到海洋大气环境的突变，而这个出水暂存区间可能需要几天甚至几个月，这段时间存放于海洋大气环境中，属于海洋大气环境腐蚀，使得海洋出水铜器遭受到严重的病害。

而在短则一年，长则五、六年的铜器保护期，不同环境条件的保护处理场所，对于文物的影响也有所差别，如阳江所在的现场实验室就属于高温高湿的海洋环境，相较于丹东 1 号铜器处理所在的大气环境（北京出水保护实验室）影响就更显著一些。值得一提的是，南海 I 号发掘现场，由于是在室内考古发掘，相对封闭的高温高湿的环境里，加上沉船海泥及海生物在沉船钢质箱体里腐败产生了大量的有毒气体，使得该环境已经成为污染大气腐蚀环境，所以在长期的保护处理期，铜器还会受到污染大气的影响。

因此，需要研究不同环境下海洋出水铜器的腐蚀行为及规律，以寻找科学有效的保护技术和方法。

早在一千多年前古人对铜器腐蚀就有了一定的研究："铜器入土千年，纯青如翡翠……铜器坠水千年，则纯绿色，而莹如玉。未及千年，绿而不莹。传世古，则不令入水土，惟流传人间，色紫褐而有原砂斑，甚者，其斑突起，如上等辰砂。入釜，以沸汤煮之，良久，斑愈见"。宋代鉴赏家赵希鹄在古籍中详细描绘了铜器的腐蚀行为。而在国外 19 世纪早期，英国皇家海军总部邀请英国化学家 Humphry Davy(1778–1829) 爵士来调查铜在海水中的溶解问题时，开始了对铜腐蚀行为的研究。研究认为海水中的沉淀物是铜的水合氯化物（一种铜的三羟基氯化物），而在无氧环境中，铜不会发生腐蚀。进入现代以来，人们对于铜器的腐蚀行为有了更为详尽的研究，根据铜器所处腐蚀环境分为海水中的腐蚀、土壤环境中的腐蚀和大气环境中的腐蚀等。

3.1 海水中的全面腐蚀行为

在海水中，一般海水含盐量大约为 3.5%。一般认为，铜及其合金在水溶液中的腐蚀受阴极过程控制，发生了氧去极化腐蚀[1]，溶解在海水中的氧分子作为腐蚀去极化剂。铜在海水中腐蚀过程的阴极反应是氧的还原：

$$O_2+2H_2O+4e=4OH^-$$

而氧分子向铜器表面的输送过程，是一个复杂的过程，可以分为下列几个步骤（图 3.1.1）：

（1）氧通过空气 – 溶液界面溶入溶液，以补足它在该溶液中的溶解度；

（2）以对流和扩散方式通过溶液的主要厚度层；

（3）以扩散方式通过铜器表面溶液的静止层（扩散层）而到达铜器表面。

在这些步骤中，第一个步骤一般不会受到阻滞而成为控制步骤。因为当溶解氧由于电极反应而不断消耗时，空气中的氧就自然地不断溶入溶液以维持一定的溶解度。

通常情况下，第二个步骤也比较容易，不会成为速率控制步骤。因为对流过程的速度远较扩散过程的大，尽管溶液主层的厚度很大，但氧通过这一区域并不困难。即使外观静止的溶液，也会由于自然对流而引起液层的显著搅动。发生这种自然对流的主要原因有：（1）溶液的外层由于水从表面蒸发而冷却；（2）由于蒸发而引起的溶液表面层浓度的增加。这两种原因都会导致表面层溶液密度的增大并因而下沉，使自然对流不停地进行。此外，由于其它原因而形成的溶液各部分间的温度差或浓度差所引起的密度差，也都使溶质自高密度处向低密度处进行自然对流。

通常主要受阻滞而成为控制步骤的

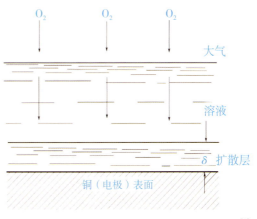

图 3.1.1　氧向海水中的铜器表面输送过程示意图[1]

是第三个步骤，即氧通过静止层的扩散步骤。静止层又称为扩散层，其厚度一般约为 $10^{-2} \sim 5 \times 10^{-2}$ 厘米。虽然扩散层的厚度不大，但由于能只能以扩散这样一种唯一的传质方式通过它，所以一般情况下扩散步骤是最慢步骤，以至使氧向铜器表面的输送速度低于氧在铜器表面的离子化还原反应速度，故此步骤成为整个阴极过程的控制步骤。

因此，铜器在海水中的氧去极化腐蚀与氧的溶解度密切有关，且浓度极化突出，常常占主要地位，即铜器在海水中的全面腐蚀速率受氧扩散控制，与氧扩散电流密度相关，而与铜器中合金成分与杂质种类和数量关系不大。但铜器本身材质对其在海水中的局部腐蚀行为会有明显影响，特别是其腐蚀产生的各种锈蚀产物如氯化亚铜、碱式氯化铜等对其腐蚀行为也有很大影响。搞清锈蚀产物对铜器腐蚀的影响机制，能为铜器的保护处理提供更多的依据。

极化曲线和交流阻抗技术是最常用也是最有效的研究金属材料腐蚀的电化学方法。本章通过模拟海水中的腐蚀环境，采用失重法、极化曲线和交流阻抗结合形貌观察研究了不同铜合金的腐蚀行为，探讨了铜器在海洋环境中埋藏过程中的腐蚀机制。

3.1.1 样品制备与实验设备

鉴于国内打捞出水铜器的种类，以青铜、黄铜和紫铜为主，而白铜是中国较早发现的一种合金，在此作为以上三种铜器对比的参照物，所以实验室选择了这几种材质的铜器进行对比试验。

A 实验材料

实验材料为青铜、黄铜、白铜、紫铜，腐蚀失重实验用试样尺寸为 50mm×60mm，电化学测试用试样尺寸为 10mm×10mm。

B 实验介质

实验介质为不同浓度的氯化钠溶液，用以模拟铜器在海水中的腐蚀，其中，溶液 pH 值用稀盐酸和稀氢氧化钠溶液进行调节。为考察 pH 值的影响，将质量百分比为 3.5%NaCl 溶液分别调节为 pH=3、pH=5、pH=7、pH=9、pH=11。为考察盐浓度影响，分别配制质量分数为 3.5%、15% 以及 26.5% 的氯化钠溶液（pH=7）。另外，为了考察溶解氧浓度的影响，还对比研究了铜合金在充氧与未充氧的去离子水中以及质量百分比为 3.5% 氯化钠中的腐蚀行为。

C 实验方法

腐蚀失重法

腐蚀浸泡实验前，样品表面依次用水砂纸打磨及抛光机抛光，并清洗干净后干燥，然后称量样品浸泡前的初始重量。浸泡时间一个月，在浸泡期间溶液会挥发，每隔一定的时间补加去离子水至指定刻度或更换新鲜溶液，以保证样品是完全浸没在溶液中且浓度不变。浸泡实验结束后，将样品取出，清洗，除去表面腐蚀产物，并干燥后称重，根据样品浸泡前后腐蚀失重计算样品腐蚀速率 V_L。为减小或避免由于对表面腐蚀产物清除过程中带来的误差，用同样清洗除锈方法对未经过腐蚀浸泡的试样（空白样）进行处理，称取清洗除锈处理前后的质量，作为进行误差修正，质量测量精度为：0.001g。

形貌分析法：

用三维显微镜拍下空白样品以及在各种不同条件下的溶液浸泡以后样品表面的照片，观察对比样品在各种不同条件的溶液浸泡以后表面的腐蚀情况变化。

电化学测试：

电化学测测试装置示意如图 3.1.2。测试仪器为武汉科思特仪器股份有限公司 CS350 电化学工作站，采用传统的三电极体系，铜合金试样为研究电极（工作电极），其中工作电极暴露面积为 1cm²，雷磁 260 型电导电极（铂黑）为辅助电极，以雷磁 217 型饱和甘汞电极为参比电极。饱和甘汞电极即 $Hg|Hg_2Cl_2$（固），KCl（饱和溶液），在 25℃ 的标准电极电位为 0.2415℃（相对于氢标电极）。另外，为了减少液接电势，采用鲁金毛细管作为盐桥，参比电极至于盐桥溶液中，这也避免甘汞电极直接与实验溶液接触，受到污染。

铜合金在不同介质中的自腐蚀电位可以采用如图 3.1.2 装置进行测试，在极化电流为零时，测得的稳定电位。腐蚀电位也可以用高阻电位计（如万用表）通过测量工作电极与参比电极之间的电位差获得，即将工作电极金属引线与参比电极金属引线分别与万用表正负极相连。为了保证精确测量，要求测量系统和测试仪表阻抗应相互匹配。

极化曲线（动电位扫描法）和交流阻抗测试皆采用如图 3.1.2 所示装置。其中极化曲线测试时，电位扫描速率为 1.66mV/s。交流阻抗测试时，正弦交流信号幅值为 10mV，测试频率范围从 0.01Hz 至 100kHz，在开路电位下，测试样品在不同介质中的交流阻抗谱。

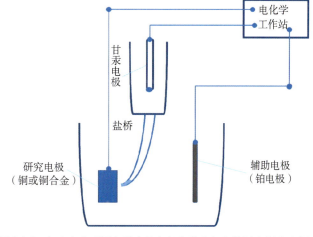

图 3.1.2　铜合金在不同介质中的电极电位及电化学测试装置示意图

3.1.2 铜器在海水中的腐蚀机制

1. 失重法

图 3.1.3 是不同材质的铜在室温下在不同浓度的氯化钠溶液中的腐蚀失重结果。从结果来看，随着盐浓度的升高，青铜、黄铜、白铜、紫铜腐蚀失重的变化趋势一致。对比相同浓度下的腐蚀速度发现：青铜＞紫铜＞黄铜＞白铜。

2. 极化曲线法

极化曲线是表示通过电极系统的极化电流与电极电位的关系曲线，它能帮助了解腐蚀现象、控制因素及控制的程度[1]。图 3.1.4 为青铜在 3.5%NaCl 溶液中的极化曲线。

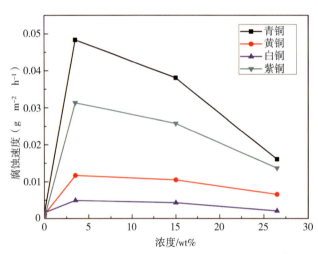

图 3.1.3 不同铜在 NaCl 溶液中腐蚀速率的变化（g/m².h）

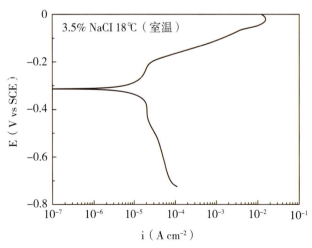

图 3.1.4 青铜在 3.5%NaCl 溶液中的极化曲线
（扫描过率 1.66mv/s）

从图 3.1.4 的极化曲线可知，青铜在 3.5% 的氯化钠溶液中阳极极化过程中能发生钝化，但钝化区间很窄，而阴极极化过程中阴极极化曲线呈现具有较明显的浓度极化控制的特征。一般来说，当极化电流密度很小时，此时溶液中溶解氧能通过扩散传质充分供给电极表面的氧的还原反应，此时阴极过程由氧的离子化反应速率所控制。但随着极化电流的增大，氧的离子化反应速率增大，溶液中溶解氧向电极表面的扩散速率不能充分满足氧的离子化反应的需求，电极表面氧浓度降低产生贫氧，发生了浓度极化，此时阴极过程由氧的离子化反应和氧的扩散控制共同控制。随着极化电流密度的进一步增加，阴极过程逐渐由氧的离子化反应控制向氧的传质过程控制转变。当极化电流达到

氧的极限扩散电流密度（i_d）后，阴极过程
完全由氧的传质扩散控制。

3. 交流阻抗法

交流阻抗法是一种以小幅度的正弦电流
或电位信号为扰动信号的电化学测量方法，
测定交流阻抗可以揭示电极的动力学过程及
其结构和电极表面的现象[2]。图 3.1.5 为青
铜在 3.5%NaCl 溶液中的交流阻抗谱。

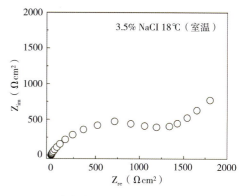

图 3.1.5　青铜在 3.5%NaCl 溶液中的交流阻抗谱

从图 3.1.5 可见，其交流阻抗谱图由一
个半圆弧和 Warburg 阻抗构成，表明青铜在 3.5% 氯化钠溶液中的腐蚀具有明显的
扩散控制特征，这与前面极化曲线测试结果是一致的。因此，青铜在 3.5% 氯化钠溶
液中的腐蚀属于受氧扩散控制的氧去极化腐蚀。

3.1.3　海水腐蚀的影响因素

内因 – 材料本身的影响

决定金属性能的最基本的内在因素是金属的成分、结构和组织。当然，对于铜器
腐蚀也不例外。

铜具有较高的热力学稳定性，且在空气中，铜及铜合金表面会在常温下直接生成
氧化亚铜保护膜，因此在干燥的大气中具有较好的耐腐蚀性。图 3.1.6 是铜 – 水体系
的理论电位 pH 图。由于铜的电极电位比氢的电极电位正，在水溶液中无法发生氢去
极化腐蚀，因此在除氧的淡水中，铜及铜
合金有较好的抗腐蚀能力，但在一些含有氧
或空气的酸及盐溶液，如铵盐、海水等，则
容易发生氧去极化腐蚀。通常，在潮湿的环
境里，铜及铜合金表面容易生成碱式碳酸铜
（俗称铜绿）。

另外，不同类型的铜合金，在海水中的
耐腐蚀能力也有所不同。比较 3.1.7 中阳极
极化曲线可知，四种铜合金材料在海水中的
全面腐蚀速率相差不大。紫铜、黄铜、白铜、
青铜在 3.5% 氯化钠溶液中皆具有一定的钝
化能力，但青铜的较弱。从 3.1.7 阴极极化

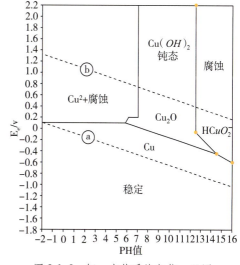

图 3.1.6　铜 – 水体系的电位 –pH 图

曲线可见，青铜与紫铜的阴极极化曲线几乎重合，呈现出明显的扩散控制的特征，而白铜和黄铜的几乎重合，阴极极化电流明显小于青铜与黄铜的，这表明在黄铜和白铜表面的氧还原过程受到明显抑制。

比较 3.1.8 所示四种铜合金在 3.5% 氯化钠溶液中的交流阻抗测试谱，可以看出，阻抗谱图中容抗半圆弧白铜略大，黄铜和紫铜次之，青铜最小。

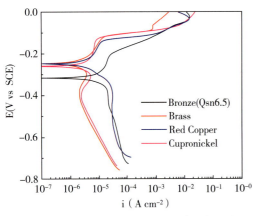

图 3.1.7　不同铜合金在 3.5%NaCl 溶液中的极化曲线（扫描过率 1.66mv/s）

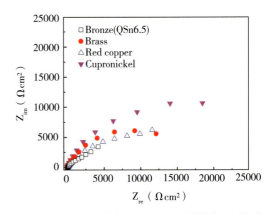

图 3.1.8　不同铜合金在 3.5%NaCl 溶液中的交流阻抗谱

结合以上的极化曲线和交流阻抗结果可知，铜合金在海水中的腐蚀主要是受扩散控制的氧去极化腐蚀，铜合金材质对其全面腐蚀速率有一定影响，相比较而言，在 3.5% 氯化钠溶液中，白铜耐蚀性最好，黄铜和紫铜次之，青铜略差。

外因 – 环境介质的影响

环境是材料腐蚀的外在影响因素。而出水铜器长期处于海洋的沉积环境中，环境的影响不容忽视。海水是一个复杂的环境，受到很多组合变量和相互影响的变量的影响，作用于铜器，使其蚀变。海水中最普通的成分有氯离子、钠离子、硫酸盐、镁、钙、钾离子，它们占海水中盐分的 99% 之多；一般海水含盐量为 35‰，河口区和海港处因有淡水稀释可能降低至 1‰ 以下。地中海（38.6‰）或红海（41‰）这样的环境中盐分比较高。海水的 pH 值变化不大，通常在 8.0~8.2 之间。海水中溶解的气体主要有氧气以及光合作用产生的二氧化碳，水中二氧化碳与碳酸盐或碳酸氢钠离子之间的平衡形成重要且有效的缓冲体系[3]。另外，还有酸碱度、温度、压力、生物活动、悬浮物和沉淀物等等变量。

影响海洋环境中的金属腐蚀的因素有很多，生物、物理、化学和区域因素扮演着各自的角色，并且其影响密不可分，经常互相关联。其中最主要的几个因素有：

从青铜在不同 pH 值的 3.5%NaCl 溶液中的腐蚀速率对比（图 3.1.9）可见：在溶液

pH 为 3 时，青铜腐蚀速度较大。随着酸
性降低（即 pH 值增大），其腐蚀速率显
著下降。之后腐蚀速率缓慢下降。在碱性
NaCl 溶液中，腐蚀速率基本不变。这是
因为铜表面生成的赤铜矿保护膜，溶于酸
但不溶于碱。因此，在碱性较强的 NaCl
溶液中，腐蚀速度就很小。

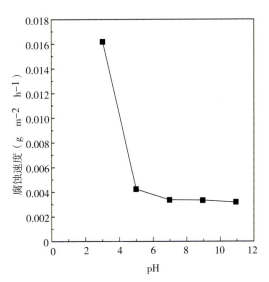

图 3.1.9　青铜在不同 pH 中的腐蚀速率对比图

从图 3.1.10a 中可以看出，青铜在不
同 pH 值氯化钠溶液中，随着 pH 值的增
大，自腐蚀电位有负向移动的趋势，但
阴极极化曲线皆基本相同，呈现明显的
扩散控制特征。而从阳极极化曲线部分
可以看出，pH 为 3 的溶液中，青铜表面没有明显的钝化现象发生，而随着 pH 升高，
青铜表面逐渐发生一定的钝化现象，pH 为 11 时尤为明显。这表明在高 pH 值的溶液中，
青铜表面更容易发生钝化，具有更好的耐蚀性。这从图 3.1.10b 所示的交流阻抗也可以
看出，在 pH 值为 3 时，只有一个扩散控制特征的直线，在 pH 值为 5、7、9 的 3.5%
氯化钠溶液中，青铜的交流阻抗谱皆为一个半圆弧和一个 Warburg 阻抗，且几乎重
合。pH 为 11 时，半圆弧最大，说明腐蚀阻力最大。

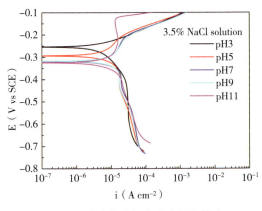

a　pH 值对青铜的极化曲线图的影响
（扫描过率 166mv/s）

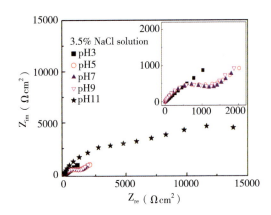

b　pH 值对青铜的交流阻抗谱的影响

图 3.1.10　pH 值对青铜腐蚀的影响

从上述实验结果可知，青铜在海水中的腐蚀主要是氧去极化腐蚀，其腐蚀速率主
要受氧扩散控制，但在一定程度上受到溶液 pH 值的影响，这与青铜表面保护膜形成

有关。在 pH 值较小的酸性溶液中，腐蚀速率较大，随着 pH 值增大，青铜在碱性环境中的腐蚀速率基本维持不变，但在强碱性溶液中铜合同表面更容易钝化，形成保护性的 Cu_2O 膜[4]。

盐浓度

从图 3.1.16 中的腐蚀失重结果可见，青铜在 NaCl 溶液中的全面腐蚀速率是随着盐浓度增加呈现先增大而后减小的趋势，在 NaCl 浓度为 3.5% 左右时，呈现一个极值。这主要是由于青铜在盐水中的腐蚀属于氧去极化腐蚀，其腐蚀速率同时受到溶液电导率和溶液中溶解氧量的影响。随着盐浓度的增加，溶液电导率增加，使腐蚀速度增大；同时，由于溶液中氧的溶解度随盐浓度增加持续下降，而使腐蚀速度降低。在盐浓度较低时，电导率的增大对腐蚀影响其主要作用，而在盐浓度较高时，增加盐浓度对溶液电导率影响不大，而对溶解氧量影响较大，因此，随着盐浓度的增大，青铜的腐蚀速率存在一个极大值（在 NaCl 浓度为 3.5% 左右）（图 3.1.11）。但盐水浓度增大，会持续增大青铜点蚀等局部腐蚀倾向，究其原因，可能是氯离子会破坏铜表面膜，不是生成 $CuCl$，而是对 Cu_2O 的掺杂[5]。Cl^- 的存在对于溶液中 Cu 的表面膜的破裂有着很大的影响。

腐蚀形貌观察发现，铜的空白样品的表面除了有一点物理方面的划痕以外，比较光亮平滑，没有明显的变化；在 3.5% 的 NaCl 溶液中浸泡以后，铜样品表面发生了严重的变化，颜色变成了深褐色，并且产生了很多大小不均的微坑，还有几处较深的沟纹（图 3.1.12a）；在 0.2% 的 NaCl 溶液中浸泡以后，铜样品表面也是变成了棕红色，并且有些颗粒状的小点（图 3.1.12b）。但相对来说，腐蚀较轻。这与腐蚀失重实验结果一致。

从图 3.1.13a 中可以看出，青铜在不同盐浓度的氯化钠溶液中，随着盐浓度的增大，自腐蚀电位自正向负移动的趋势，但阴极极化曲线皆呈明显的扩散控制特征。而从阳极极化曲线部分可以看出，去离子水溶液中，青铜表面有明显的钝化现象发生，而随着盐浓度升高，青铜表面钝化现象逐渐变弱，腐蚀趋势变大；但随着盐浓度继续增加，青铜表面的氧含量降低，腐蚀速度下降。相比而言，3.5% 氯化钠溶液中的腐蚀速度较大。

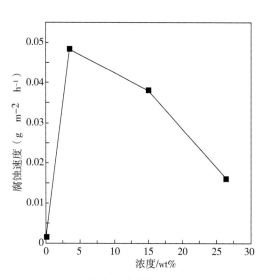

图 3.1.11　盐浓度对青铜腐蚀速率的影响

 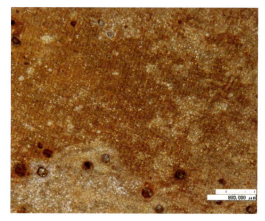

a　3.5%NaCl　　　　　　　　　　　　　b　0.2%NaCl

图 3.1.12　在不同浓度 NaCl 溶液中铜腐蚀情况

　　从交流阻抗（图 3.1.13b）也可以看出，在去离子水中，出现了一个很大的半圆弧。
3.5% 氯化钠溶液中，青铜的交流阻抗谱为一条扩散特征线。其余皆为一个半圆弧和
一个 Warburg 阻抗，且几乎重合。青铜在去离子水中的腐蚀程度要比盐水中的腐蚀轻。
这与极化曲线的结果一致。

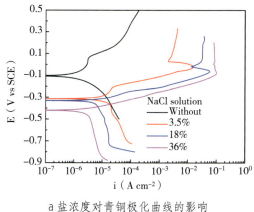 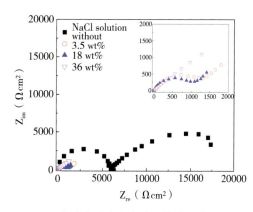

a 盐浓度对青铜极化曲线的影响　　　　　　b 盐浓度对青铜交流阻抗的影响

图 3.1.13　盐浓度对青铜腐蚀的影响

溶解氧

　　溶解氧含量是影响青铜在海水中全面腐蚀速率的重要因素，腐蚀试验观察可见：
在去离子水中浸泡以后，青铜样品表面跟空白样品几乎没有变化，且重量没有变化。
而向去离子水中充氧后，青铜表面出现了腐蚀斑点。

　　同样，在大气条件下和充氧条件下，青铜在 3.5% 氯化钠溶液中的腐蚀行为也差
异。从图 3.1.14a 所示极化曲线可以看出，在充氧或大气环境中，青铜在 3.5% 氯化钠

溶液中阴极极化曲线皆呈明显的扩散控制特征，且溶液中充氧后，腐蚀电位有向正电位移动的趋势。而从阳极极化曲线部分可以看出，青铜表面都有明显的钝化现象发生，但在充氧后，钝化更加明显。

溶解氧的浓度增大时，氧离子化反应的速度加快，氧的极限扩散电流密度增大，因而氧去极化腐蚀的速度要随着增大。但当氧浓度大到一定程度，其腐蚀电流增大到青铜的致钝电流而使青铜由活性溶解状态转为钝化状态时，则青铜的腐蚀速度显著降低。由此可见，溶解氧对铜器腐蚀有着相反的双重影响，但要看谁是主要的控制因素[1]。

该控制因素可以从交流阻抗（图 3.1.14b）中得到说明。在 3.5% 氯化钠溶液中，大气条件下充氧前后都有明显的 Warburg 阻抗。充氧后阻抗半圆弧半径变小，说明充氧后的青铜腐蚀阻力总体上是变小的，加速了腐蚀。这也进一步说明了溶解氧量对青铜的腐蚀影响很显著，氧去极化反应是腐蚀的主要控制因素。

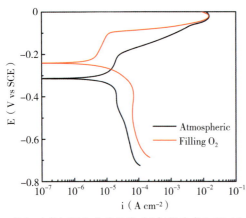
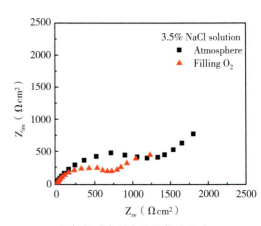

a 氧气对青铜极化曲线的影响(扫描速率1.66mV/s)　　　b 氧气对青铜交流阻抗的影响

图 3.1.14　氧气对青铜腐蚀的影响

可见，铜在海水中发生了氧去极化腐蚀，氧向铜表面的扩散速度决定了阴极反应速度，所以海水中溶解氧是影响腐蚀速度的重要因素，降低溶液中溶解氧量会大大降低腐蚀。这说明可以将脆弱的铜器保存在一个密闭的含有脱氧剂的容器内或充氮环境中，减少氧的介入，从而阻止器物进一步腐蚀。

4. 温度的影响

溶液温度升高将使氧的扩散过程和电极反应速度加快，因此在一定的温度范围内，腐蚀速度将随温度的升高而加快。青铜在不同温度的氯化钠溶液中，阴极极化曲线皆呈明显的扩散控制特征，如图 3.1.15a 所示。随温度的增加，腐蚀电流密度逐渐加大。从阳极极化曲线部分可以看出，随溶液温度升高，青铜表面钝化现象逐渐变弱。整体来看，温度使得的腐蚀趋势变大。这是因为溶液温度升高，电极反应速度加快，同时随温度升高，水的对流和扩散加强，加速了氧向铜表面的扩散，从而加快阳极过程和阴极过程，加速了铜的腐蚀。但值得注意的是，溶液温度升高，同时也会导致溶液中溶解氧量降低，这会使腐蚀速率降低。如在80℃时，从青铜在氯化钠溶液中阴极化曲线可以看出，其阴极扩散电流密度并未持续上升，有些波动，且与45℃时相差不大。这表明在考虑溶液温度对青铜在海水中腐蚀的影响时，需综合考虑温度升高对氧离子化反应速度的影响、氧扩散速率以及氧溶解量降低。

从交流阻抗（图3.1.15b）也可以看出，随着温度的增加，半圆弧的半径越来越小，且皆具有Warburg阻抗特征。这说明青铜在3.5%氯化钠溶液中，一定的温度范围内，腐蚀速度将随温度的升高而加快，而温度升高到一定程度后又会降低氧的溶解度，而使得腐蚀速度减小。这与极化曲线的结果一致。

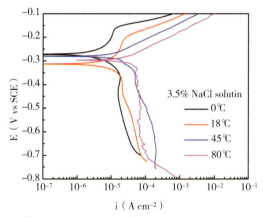
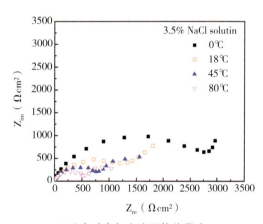

a 温度对青铜极化曲线的影响（扫描速率 1.66mV/s）　　b 温度对青铜交流阻抗的影响

图 3.1.15　温度对青铜腐蚀的影响

需要指出的是，与敞开体系不同，在密闭系统中，溶液温度升高会使气相中氧的分压增大，氧分压增大将增加氧在溶液中的溶解度，这将导致腐蚀速度随温度的升高而增大，但密闭系统中氧量是有限的，随着密闭系统中氧的逐渐耗尽，腐蚀速率又会下降。

5. 搅拌的影响

扩散层厚度 δ 与溶液相对于青铜（电极）表面的切向流速有关，搅拌作用会增加切向流速而使扩散层厚度减小，从而增大极限扩散电流密度，使腐蚀速度上升。图3.1.16a 表明了搅拌作用对青铜极化曲线的影响。青铜在不同搅拌条件下的氯化钠溶液中，阴极极化曲线皆呈明显的扩散控制特征。随搅拌速度的增加，腐蚀电流密度逐渐加大。从阳极极化曲线部分可以看出，随着搅拌速度升高，青铜表面钝化现象逐渐变弱。总体来看，青铜的腐蚀速度随搅拌速度的增加而上升。这是因为加强搅拌作用，促进了氧向其表面的扩散。

从交流阻抗也说明这一点（图 3.1.16b），在不搅拌时，交流阻抗谱有一个半圆弧和一个 Warburg 阻抗组成。当搅拌速度升高，Warburg 阻抗消失，且搅拌速度越大，半圆弧的半径越小。说明随着搅拌速度的增加，腐蚀阻力变小，腐蚀速度增大。这与极化曲线的结果一致。

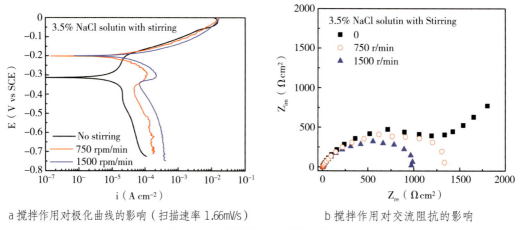

a 搅拌作用对极化曲线的影响（扫描速率 1.66mV/s）　　b 搅拌作用对交流阻抗的影响

图 3.1.16　搅拌作用对青铜腐蚀的影响

区域因素

这里所说的区域因素定义为：海洋中金属被腐蚀部位相对海水的位置。在海洋环境中，金属的腐蚀现象与暴露条件有关联，金属在海洋环境中位置不同，其遭受腐蚀的程度及腐蚀的影响因素、影响机理都可能会有所不同。一般按相对位置的不同分为海水全浸区、海底泥土区。

海水全浸区常年浸泡在海水中，海水成分中的高浓度溶解氧及氯离子，成为造成金属严重腐蚀的主要因素。深海区氧含量可能比表层高，温度接近 0℃，水流速度低，pH 值比表层低。受到得腐蚀比较有限。

海底泥土区含有大量的沉积物，含盐量高，具有较好的导电特性。海底泥土成为良好的电解质，使金属产生腐蚀。此外，海底泥土区的氧浓度很低，生长繁殖有厌氧的硫酸盐还原菌等细菌，对金属造成点蚀、缝隙腐蚀等多种局部腐蚀。和其它区域相比，海泥区腐蚀程度相对较轻。固液两相组成的非均匀体系，常有细菌（如硫酸盐还原菌）。泥浆电阻率很低，有很强的腐蚀性；有微生物腐蚀产物（如硫化物）；海底泥的流动会带来磨蚀。

海洋出水文物表面的凝结物的形成便是在海泥层内，在海水泥沙、海生物、细菌和真菌等多种腐蚀因素的作用下，生成的混合体。

微生物

与海洋内铜器腐蚀相关的还有海洋环境中的生物。其中主要是栖居在金属表面的各种附着生物，包括海洋动物、植物和微生物，我国沿海地区常见的附着生物主要有藤壶、牡蛎、苔藓虫、水螅、红螺等[6]。

多种微生物共生、交互作用会导致铜器在海洋埋藏期间的微生物腐蚀。微生物主要由以下四种方式参与腐蚀过程：

海洋生物的附着会造成破坏情况，主要有以下几种：①在海洋生物附着的局部区域，形成了氧浓差电池导致局部腐蚀，如藤壶的外壳与金属表面形成的缝隙，会造成缝隙腐蚀。②海洋生物的生命活动，海水的介质成分受到生物活动的局部改变，如藻类植物附着后，由于光合作用增加了局部水域的氧气浓度，加快了腐蚀速度；生物呼吸排出的二氧化碳以及生物遗体分解形成的硫化氢，对腐蚀也起到了加速作用[6]。③在海平面下 20~30 米处，由于太阳光无法穿透海水，植物不能进行光合作用，一般只有动物和细菌存在。在海底缺氧条件下，铜器腐蚀的主要原因是硫酸盐还原菌[7]。"南澳 1 号"沉船上的出水铜器的少许样品检测出铜的硫化物如铜蓝（CuS）、辉铜矿（Cu_2S）等，这可能是与微生物腐蚀有关。而海洋中铜器所处的位置与其腐蚀状况也有很大的关系。在海洋环境中，铜器的腐蚀现象与暴露条件有关联，铜器在海洋环境中位置不同，其遭受腐蚀的程度及腐蚀的影响因素、影响机理都可能会有所不同。与沉船沉积位置相关的有海水全浸区、海底泥土区。

协同作用

铜器常年浸泡在海水中，海水成分中的高浓度溶解氧及氯离子，成为造成铜器严重腐蚀的主要因素。导致 $Cu_2(OH)_3Cl$、$Cu(OH)Cl$ 出现在南海 I 号出水铜器的表面。而海底泥土区含有大量的沉积物，含盐量高，具有较好的导电特性。海底泥土成为良好的电解质，也会使铜器产生腐蚀。此外，沉船遗址有大量的海生物，对船及文物造成了很大的破坏，如南海 I 号沉船遗址中的海洋无脊椎动物对船体及文物带来的危害主要为附着类和钻穴类两类。遗址中发现的营附着生活的贝类，会附着于船体或文物表面，导致在铜器表面及凝结物表面被海生物覆盖。另外，海底泥土区的氧浓度很低，生长繁殖有厌氧的硫酸盐还原菌等细菌，对铜器造成点蚀、缝隙腐蚀等多种局部腐蚀，导致产生微生物腐蚀产物（如硫化物）。且泥浆电阻率很低，有很强的腐蚀性，可能形成泥浆海水间腐蚀电池；海底泥的流动会带来磨蚀。"南澳 1 号"沉船上的出水铜器中少许样品检测出铜的硫化物如铜蓝（CuS）、辉铜矿（Cu_2S）等，可能在埋藏于海泥后，由于局部叠压或者样品表面凹陷导致出现了缺氧环境，在微生物的作用下发生了厌氧腐蚀。另外，在海水中，碳酸盐的含量一般能达到饱和状态，这就为沉积在金属表面形成保护层提供了可能。深海处，pH 值略有降低，此时不利于铜器表面生成保护性碳酸盐；河口与海口交汇处的水域，电解质本身的腐蚀性尽管不强，但是其含有的碳酸盐没有达到饱和状态，也达不到在铜器表面形成保护层的条件，所以加重了腐蚀程度。硫酸根的存在也会加速铜器的腐蚀。这应是南澳 1 号出水铜器表面检测出的碳酸铅（$PbCO_3$）和硫酸铅（$PbSO_4$）、南海 I 号出水铜器表面检测出 $CuSO_4$ 以及丹东 1 号出水铜器出现 Cu_2SO_4 的原因。

总之，铜器在海洋中的腐蚀是各种物理、化学、生物和区域因素协同作用的结果，是一个复杂的过程，需要结合起来分析。

3.2 海水中的局部腐蚀

3.2.1 局部腐蚀的条件

若要局部腐蚀发生，"必要"和"充分"两个条件缺一不可。

其中必要条件是：铜器表面不同区域的腐蚀遵循不同的阳极溶解动力学规律，即具有不同的阳极极化曲线。这使局部表面区域的阳极溶解速度明显地大于其余表面区域，由此局部腐蚀才能得以开始。

充分条件是：随着腐蚀的进行，铜器表面不同区域的阳极溶解速度的差异不但不会减小，甚至还会加强。这使局部腐蚀持续进行，最终形成严重的局部腐蚀。

如果只有必要条件而没有充分条件，如铜器内含有 Sn 或 Zn 夹杂物形成的少量细小的阳极，尽管一开始 Sn 或 Zn 的溶解速度要比其余表面的溶解速度大得多，但随着腐蚀的进行，Sn 或 Zn 反应后消失，此时表面各部分的阳极溶解速度不再有较大的差异，该位置就不能因 Sn 或 Zn 的溶解最终形成严重的局部腐蚀。

3.2.2 局部腐蚀电池的特点

全面腐蚀中的电池，是由大量的微阴极、微阳极组成的。阴、阳极尺寸非常小，相互紧靠难以区分，它们在铜器表面会随机分布，因而可把铜器的自溶解看成是在整个电极表面均匀进行。与全面腐蚀相比，局部腐蚀差异在于：

1. 阴阳极截然分开

局部腐蚀中的电池，阴阳极区毗连但截然分开。大多数情况下，具有小阳极大阴极的面积比结构，而且随 S阴/S阳面积比的增大，阳极区的溶解电流密度随之加大，这要比全面腐蚀的速度大得多。例如，孔蚀中的孔内（小阳极区）和孔外（大阴极区），晶向腐蚀中的晶界（小阳极区）和晶粒（大阴极区），缝隙腐蚀中缝内（小阳极区）和缝外（大阴极区）等。

2. 闭塞电池的形成

局部腐蚀中的电池，其阳极区相对阴极区要小得多。因此，腐蚀产物易堆积并覆盖在阳极区出口处，这就会造成阳极区内的溶液滞留，与阴极区之间物质交换困难，这样的腐蚀电池又称闭塞电池。

引起铜器局部腐蚀破坏的腐蚀电池是"供氧差异电池"，而不是"氧浓差电池"。因为虽然二者都是由供氧差异而形成，而且铜器表面氧浓度高的区域为腐蚀电池的阴极，而铜器表面氧浓度低的区域为腐蚀电池的阳极。但"供氧差异电池"会引起铜器局部腐蚀区的阳极溶解动力学行为改变，使腐蚀加剧，最终发生严重的局部腐蚀。

3.2.3　自催化效应

随着腐蚀过程的不断进行，遵循相同阳极溶解过程动力学规律的铜及其合金表面，应次生效应导致不同区域之间阳极溶解速度产生差异，而且这种差异不仅不会随腐蚀过程进行而消失，甚至还可能有所加强。这种局部腐蚀的条件由腐蚀过程进行的本身所引起的现象，称之为局部腐蚀的自催化效应（或现象）。许多重要的局部腐蚀过程都与局部腐蚀的自催化效应密切相关。

3.2.4　局部腐蚀的影响因素

1. 化学成分的不均匀性（或杂质的存在）

铜及铜合金表面上存在许多极微小的电极，由于电化学不均匀性导致形成的电池称为微电池。这种电化学不均匀性很常见，其中最典型的是铜及铜合金化学成分的不均匀性。在海水中，铜器中因铸造掺入的杂质或合金元素，会以微电极的形式与铜基体构成许许多多短路了的微电池系统。若杂质或合金元素作为微阴极存在，它将加速铜基体的腐蚀（图3.1.17）。反之，若杂质或合金元素是微阳极，则铜基体会受到保护而减缓腐蚀，而杂质或合金元素会优先腐蚀。海水中，黄铜的脱锌腐蚀就是因为发生了锌的选择性优先溶解，从而留下了铜基体。而脱锌不仅会导致铜器内会出现晶间腐蚀之外，还会出现应力腐蚀开裂，这也就解释了丹东1号黄铜锁内部出现的腐蚀现象。类似地，白铜也可能发生脱镍现象。

铸铜合金中的合金元素或杂质元素对海洋出水铜器的性能也会产生一定的影响。由于铅在海水腐蚀中能与硫酸根生成具有良好保护作用的$PbSO_4$沉淀膜，从而减缓基底铜器的腐蚀。因此，一般含铅铜器能够较好的保存下来。如

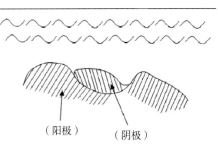

（阳极）　　（阴极）

图3.1.17　青铜中化学成分不均匀性

加入了铅、锡元素的宋代南海 I 号出水铜钱，历经几百年后，大多数的腐蚀深度不到1mm，表面基本保留了文字。

另外，铜合金中如存在分散的黑色铁颗粒，由于铁很容易受到海水的优先腐蚀，导致铜器表面上产生小孔穴并提供孔蚀活性位点，促进了整个文物的腐蚀。如来自于巴达维亚遗址的系列含有 2.1% 铁的青铜门钉，发现了铁和铜的腐蚀产物充填的深孔，虽然含有大量的砷和锑，但存在大量的点蚀（一些凹坑直径为 3 毫米，深度为 3 厘米）和均匀腐蚀现象[8]。

铜合金中添加 Zn 元素，可以提高其耐海水能力，如生产于英国阿姆斯特朗船厂的丹东 1 号的出水铜炮添加了 Zn 的锡青铜，不仅提高了武器装备的机械性能，又提高了其耐蚀性能。这也从侧面说明了在制作时致远舰就属于当时最"新式"舰只。但是 Zn 在黄铜中却会导致黄铜脱锌。

2. 物理状态不均匀

在铜器加工之初，常常会出现金属各部分变形，而且在沉船过程中，也会由于外力的作用导致其变形，这些因素导致材料表面受力状态的不均匀。而变形和应力集中的部位一般情况下会成为阳极，而未变形部位作为阴极，从而形成微电池（图3.1.18）。另外，铜器在制作、修复过程中常常造成各部分变形和受应力的不均匀性，一般的情况是变形较大和应力集中的部位成为阳极。如铜皮弯曲处（图3.1.19）、铜铆钉头的部位发生的腐蚀就是这个原因。

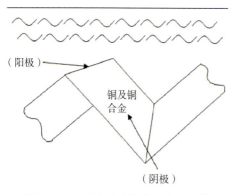

图 3.1.18　形变导致的物理状态不均

图 3.1.19　铜皮的弯曲变形情况

3. 组织结构的不均匀性及缺陷

组成铜器的微观粒子种类、含量和它们的排列方式统称为组织结构。在同一种铜器内部一般存在着不同组织结构区域，因而有不同的电极电位值。例如晶界是原子排列较为疏松而紊乱的区域，在这个区域容易富集杂质原子，产生所谓晶界吸附和晶界沉淀。这种化学不均匀性一般会导致晶界比晶粒内更活泼，具有更负的电极电位值，会优先腐蚀，这种晶界的优先腐蚀称为晶间腐蚀（图 3.1.20）。而在铸造过程中，容易导致树枝晶偏析和晶内偏析的产生。这就给晶间腐蚀提供了内在条件。如丹东 1 号黄铜炮弹壳内就发生了这类晶界腐蚀和晶内腐蚀形貌。

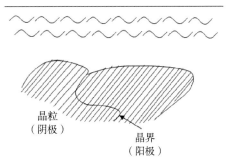

图 3.1.20　组织结构不均匀性形成的微电池

4. 文物表面的不完整性及其对文物腐蚀的影响

为了保持文物的原貌，文物表面的腐蚀产物基本不予去除或者不全部去除，因此，已有腐蚀状况对金属文物后续保存过程产生重要的影响。有些腐蚀产物能形成连续的表面膜而具有保护性，有些则不能形成连续的保护膜。如果这种膜不完整，有孔隙或破损，则孔隙下或破损处的铜器相对于表面来说，

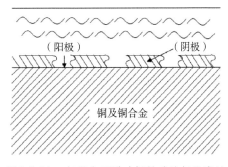

图 3.1.21　铜器表面膜破坏导致的铜器腐蚀

具有较负的电极电位，成为微电池的阳极，故腐蚀将从这里开始（图 3.1.21）。如丹东 1 号紫铜文物最初在表面形成的赤铜矿保护膜，也会因为其不连续性和不完整性而发生这种腐蚀破坏。

在一些情况下，沉淀物形成的膜并不直接发生在铜器表面受腐蚀的阳极区，而是在溶液中——即从阳极区扩散过来的金属离子和从阴极区迁移过来的氢氧离子相遇的地方形成 $Zn(OH)_2$ 淡白色的膜。阴、阳极直接交界的铜器在腐蚀过程中，难溶性沉积物可直接在铜器表面处形成紧密的、具有一定保护性氢氧化物膜并粘附在铜器上。这种膜在一定程度上可阻滞腐蚀过程的进行。腐蚀过程的许多特点与膜的性质变化有关，必须指出，在铜器上形成的难溶性产物膜，其保护性比起氧在铜器表面上直接发生化学作用时生成的初生膜要差得多。

表面锈蚀层的性质也对铜器的腐蚀有很大的影响。如：青铜器上最常见的表面锈蚀层最外层会形成富锡层，这是由于此层形成了锡石 SnO_2，或者形成了结晶程度不同的锡的水合化合物，这些锡矿物起到了强化保护锈蚀层面金属的作用，而且它们在很大程度上是形成光滑且有光泽的古代青铜器表面的直接原因，这种青铜器表面的光泽锈蚀称为"水锈"。自然形成的含锡的锈与电镀锡层相比，对铜器基体的保护性差。与青铜相比，含锌量大的黄铜可能不如青铜稳定，它们通过脱锌腐蚀而失去锌，导致

黄铜器表面凹凸不平，锌的优先腐蚀不会形成均匀的锌氧化物保护膜，基体强度也极大地减弱。

另外，还有一种分隔金属与外界环境的外围产物层，如海洋环境中的铜器在腐蚀后还会与海水中的矿物、泥沙、海洋生物等物质结合生成凝结物，导致部分替代了铜的腐蚀产物。它的不均匀性和不完整性同样对铜器的保存有影响。

3.2.5　局部腐蚀的严重性危害

由于局部腐蚀集中在个别位置，它具有急剧发生、腐蚀破坏快速、隐蔽性强、难以预计、控制难度大、危害性大等特点，对于铜器来说，可能会导致铜器产生开裂、孔洞和粉化等病害，甚至造成整个铜器碎裂成片或碎成粉末。

3.3　出水暂存期内的大气腐蚀行为

铜器出水之后多直接暴露在大气之中，因此大气环境腐蚀也会造成铜器的腐蚀，研究铜器在大气中的腐蚀具有重要的意义。

大气腐蚀（海洋、污染大气）铜器的大气腐蚀可以认为是发生在薄液膜下的一种溶解过程，具有电化学的特性。铜器的腐蚀与其成分、结构等具有较大的关系，也与其所处环境有密切关联。

大气腐蚀的类型有三种[1]，如图 3.3.1 所示。

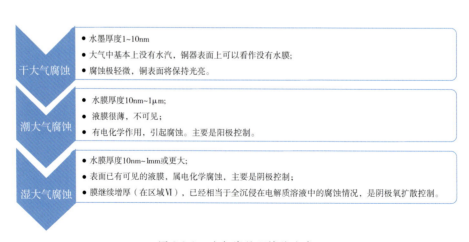

图 3.3.1　大气腐蚀环境的分类

将不同腐蚀区的腐蚀速率与水膜的关系绘于图 3.3.2。

可见，在大气环境下，潮大气腐蚀和湿大气腐蚀会对文物造成很大的影响。

研究大气腐蚀初期的腐蚀机理发现，当铜器表面形成连续电解液薄层时，就开始了电化学腐蚀过程。

阴极过程主要是依靠氧的去极化作用，通常的反应为：

$$O_2+2H_2O+4e=4OH^-$$

一般来说，在薄液膜下，金属阳极过程受到阻滞都比较小，而阴极过程是氧去极化过程。在膜层很薄，即潮的大气环境下，由于氧很容易透过薄液膜，电极表面有充足

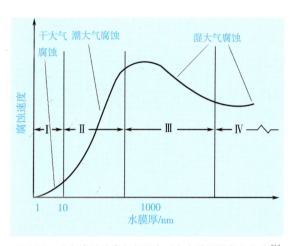

图 3.3.2　大气腐蚀速度与铜器表面上水膜层厚度的关系[1]

氧，氧去极化过程主要受到氧离子化过程控制，而不是氧扩散过程控制。当液膜达到一定厚度之后，溶解氧在液膜中的扩散成为速度控制步骤，此时与浸没在电解液中的腐蚀情况相同。

而铜器刚出水时，表面多孔的凝结物里填满了海水，而且不带凝结物的铜器也已经有不同厚度的锈层，铜器在初期会发生湿大气腐蚀。当铜器在出水现场保存几天甚至几个月的暂存期后，铜器会从潮大气腐蚀逐渐向干大气腐蚀情况转变。铜器在这段期间会由于氧浓差电池的形成导致发生均匀腐蚀或全面腐蚀，同时也会在局部生成小孔腐蚀。

3.3.1　氧浓差腐蚀

铜器刚刚出水时，其凝结物的固体颗粒含有砂子、泥渣和生物残骸等，各种形状如粒状、块状和片状的凝结物颗粒是无机和有机的胶质混合颗粒的集合，里面有许多弯弯曲曲微孔。肉眼看凝结物也有许多大大小小的孔洞。海洋中带出的水分和盐分就留在凝结物的孔洞里。大气中的空气可以通过这些孔洞到达凝结物的深处。盐类溶解在这些水中，凝结物就成了电解质。凝结物的导电性与干湿程度及含盐量有关。土壤愈干燥，含盐量愈少，其电阻就愈大。凝结物中的氧气，有一些溶解在水中，有些存在于凝结物的微孔、大孔洞和缝隙内，它们都对凝结物的腐蚀有影响。

凝结物中的氧含量与凝结物的湿度和结构都有密切的关系。在干燥的凝结物中，因为氧比较容易通过，所以氧量较多，在潮湿的凝结物中，因为氧较难通过，氧含量较少。而在潮湿且表面致密的凝结物中，氧通过非常困难，氧含量最少。所以这就会导致由于充气面不均形成氧浓差电池的腐蚀，导致铜器发生腐蚀破坏。

如图 3.3.3 所示，在凝结物外层的金属部分，由于氧容易渗入，电位高，成为阴极；

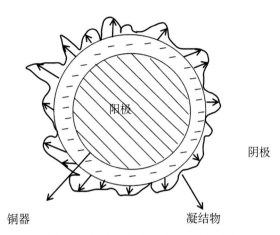

图 3.3.3　凝结物内外形成的氧浓差电池

而处在凝结物内部中的金属部分，由于缺氧，成为阳极，它们之间构成氧浓差电池。在凝结物多孔（氧浓差电池）均匀腐蚀的交互作用下，增大了电流密度，加速了腐蚀。这也说明了 Colin Pearson 发现的凝结物覆盖是边缘上的铜（阳极反应）腐蚀加剧的原因[9]。

3.3.2　供氧差异电池

铜器在刚出水时，表面湿润。其锈蚀层厚度、物理特性、组成变化很大，并且从微观水平上观察是不连续的，铜锈层是趋向于开放的结构而不是致密的结构，并且聚集有来自空气中的颗粒物。这些物理特性意味着锈蚀层是多孔的。里面有来自海洋中的盐分和水。大气中的氧可以通过孔到达铜器基体。

在铜器表面往往可以发现浅绿色瘤状或疹状的锈蚀物，氯化亚铜或氯铜矿。这是患有"青铜病"的铜器表面现象。分析其生成原因发现，铜在表面最初形成了一层可见的薄膜，对铜基体起到一定保护作用，降低了铜腐蚀速度。氧化亚铜层在最初的那层薄膜的薄弱区出现并取代它，逐渐变厚且不均匀。在氯化亚铜上形成的赤铜矿起到了闭塞作用，使得孔内外形成了供氧差异电池，使得锈蚀坑内的阳极反应加剧，导致腐蚀破坏加重。

其中发生的反应：

孔外的阴极反应：$O_2+2H_2O \rightarrow 4OH^-$

孔内的阳极溶解反应：$Cu \rightarrow Cu^++e$

另外，孔内还会发生的反应：

$$Cu^++Cl^- \rightarrow CuCl$$

$$2Cu^++H_2O \rightarrow Cu_2O+2H^+$$

$$4CuCl+O_2+4H_2O \rightarrow 2Cu_2(OH)_3Cl+2H^++2Cl^-$$

随着孔内氧的消耗，Cl⁻不断进入，铜离子不断增加，铜离子水解，导致孔内酸性增强，强酸性环境又会加速孔内铜基体的溶解，铜离子水解又导致孔内酸性进一步增强，即酸自催化效应[9]。结合 Colin pearson 的研究，绘制了铜器内活性孔蚀示意图（如图3.3.4所示）。

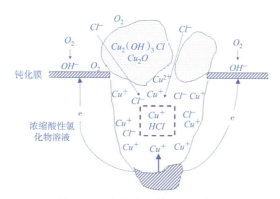

图3.3.4　铜器内活性孔蚀示意图

可见，由于小孔腐蚀反应的进行，铜器孔内外阳极溶解速度的差异不但没有减小，而是不断加强。这使得局部腐蚀持续进行，最终形成严重的局部腐蚀。这就导致铜器上"青铜病"发生并进一步腐蚀破坏。由此，更加证明了局部腐蚀反应时，"必要条件"和"充分条件"缺一不可。

3.3.3　大气腐蚀的影响因素

由于海洋出水铜器一般出水后会在现场实验室或博物馆中，主要暴露于室内的大气环境，所以影响其腐蚀的大气腐蚀因素主要是相对湿度、温度和湿度的变化，还有海洋大气环境下的氯化钠等盐类及污染大气中的污染物质 [NO_x、SO_2、NH_4^+] 等。铜器的大气腐蚀是这些因素的部分或总和的协同作用结果。

相对湿度

湿度直接影响金属表面上液膜的形成和保持时间，故对大气腐蚀的影响最大，某个金属在腐蚀时都有一个临界湿度。如低于临界湿度，金属表面没有水膜，属纯化学腐蚀，腐蚀速度很小；一旦超过临界湿度，金属表面水膜形成，化学腐蚀转变为电化学腐蚀，腐蚀速度突然增大。临界湿度决定于金属的种类，也取决于表面状态及表面污染的程度，如表面粗糙、裂缝和小孔愈多。临界湿度愈低，表面有吸潮的盐类或灰尘，临界湿度也较低。

相对湿度对铜和青铜的大气腐蚀影响也较大。大气中湿度越大，水汽越容易在裸露金属表面结露，表面生成的电解质薄液膜存在的时间也越长，发生腐蚀的程度也越大。在中等湿度或者高湿度条件下，铜的表面往往容易形成水膜[10]，容易发生与在本体溶液中相类似的电化学溶解过程，所以有锈层的铜器置于湿度超过 70% 的环境中时，表面就发生快速的反应。因此，对于一般铜器而言都必须置于湿度低于 55% 的条件下[11]。著名的腐蚀科学家 Leygraf[12] 对暴露在含不同湿度空气中的铜的腐蚀进行了原位监测，实验结果表明提高相对湿度可以提高铜氧化物的结核速率，因此提高了 Cu_2O 的生成速率。因此及时对刚铜器进行防潮隔气处理至关重要。

另外，在大气环境下，氯离子能增加腐蚀产物的溶解性，增加金属表面的润湿性和导电性[13]。且环境的突变会加速其腐蚀的作用力，如 Cl 元素从出土青铜器进入潮湿空气中，环境的突变使其锈化加剧[14]。而海洋出水铜器是携带着大量海洋氯离子从海洋环境进入海洋大气环境的。打捞出水瞬间，环境的突变同样会导致氯离子对腐蚀产物的溶解性，从而使腐蚀加剧。

温度

一般来说，温度的影响不及湿度的影响大，只有在高温雨季时，温度才起较大的作用。

温度差对腐蚀的影响很大，因此铜器应尽可能避免剧烈的温度变化。

空气中的温度对铜和青铜的大气腐蚀有比较大的影响，温度的变化往往影响凝结在水膜中的气体和盐类的溶解度，水膜电阻以及腐蚀电池中阴阳极过程的反应速度。根据化学反应动力学知识，温度每升高 20℃，化学反应的反应速度约提高 3~4 倍。暴露在东京的铜器表面生成的腐蚀产物说明夏季与冬季的产物不同，夏天生成的腐蚀产物主要为 Cu_2O 和 $Cu_4[SO_4](OH)_6 \cdot H_2O$，而在冬天只检测到了 Cu_2O，而且在夏天生成的腐蚀产物厚度比冬天的厚[15]。

海洋大气中的盐分

氯离子主要存在于海洋气候环境中。铜及合金在含氧的氯离子本体溶液中会发生很快的腐蚀反应，腐蚀机理也比较复杂，对它的腐蚀行为研究最为广泛[11]，相对于本体溶液中的腐蚀研究，铜和青铜在大气环境下的腐蚀行为的研究少很多。在大气环境下，氯离子主要破坏作用可归因于氯离子能增加腐蚀产物的溶解性，增加铜器表面的润湿性和导电性。一般在含氯大气环境下生成 CuCl，$Cu_2(OH)_3Cl$ 和 $Cu_2(OH)_2CO_3$[12]。长期的腐蚀过程表明钝化层在氯的作用下继续转化为具有疏松结构的 $Cu_2(OH)_3Cl$。在文物界，$Cu_2(OH)_3Cl$ 被认为是青铜病的主要根源，它的存在会使得青铜继续腐蚀[16]。不过 Cl⁻ 对青铜合金的腐蚀行为和对铜的腐蚀行为并不完全一致。锡虽然首先发生腐蚀，但是含锡腐蚀产物并不溶解到本体溶液中，而是以非晶态形式沉积在金属表面形成了一层含 Cu_2O 和含锡腐蚀产物的钝化层[11]。而青铜中的铜腐蚀发生的是一个选择性的溶解过程，又名去铜化过程。

污染大气中的污染物质

NH_4^+ 一般存在于工业环境和城市环境，它以浮游粒子的形式存在，主要产生于污染物或者废物的排放。工业环境中的铵盐主要以 $(NH_4)_2SO_4$、NH_4HSO_4 或者 NH_4NO_3 等化合物形式存在。早在 90 年代，就研究发现铜和青铜暴露在含 NH_4^+ 大气环境中，NH_4^+ 对一价铜的络合和氧化亚铜的再生起了决定性的作用[17]，也影响硫化物的形成过程。而且只有经过了长期的腐蚀过程，含硫化合物才可能产生，而且是在 NH_4^+ 或者 NH_3 依然存在于电解质溶液中的情况下，才能生成氨 – 铜 – 硫酸盐化合物。

另外，NH_4^+ 能和一价铜离子络合形成 $Cu[NH_3]^{2+}$，在弱酸性的环境中 $Cu[NH_3]^{2+}$ 不稳定，能在阳极部位生成具有保护性的 Cu_2O 钝化层，从而降低了铜的在含氯环境中的腐蚀速率。

SO_2 或 SO_4^{2-} 的影响

SO_2 作为一种特别强的腐蚀性气体由于其易溶性和酸化效应也特别容易导致铜和青铜的腐蚀。反应过程是 SO_2 和吸附在铜表面的水发生化学反应，生成亚硫酸氢根离子，然后和水化的亚铜离子发生快速交换反应生成亚硫酸盐，最后再氧化生成硫酸盐[18]。而 SO_4^{2-} 一般认为是一种低腐蚀性介质，对铜或者青铜的腐蚀较弱，不过 SO_4^{2-} 对铜和青铜的腐蚀行为并不一样。对青铜所形成的结构一般被称为类型 I 结构，即双层结构，表面一层含锡钝化层，第二层为基底。

海洋出水文物在出水后，会在实验室或博物馆保存和处理。而博物馆中的主要的气体污染物除了 NO_2、SO_2 外，还有 H_2S、O_3、$HCOOH$、CH_3COOH 以及 $HCHO$ 等，对铜器都具有潜在的影响，直接或者是作为催化剂参与铜器的腐蚀。

大气环境下腐蚀介质的协同效应

协同效应是指两种或者两种以上腐蚀性气体或者离子对金属腐蚀的促进或者加速效应。早在上世纪 90 年代初就发现 NO_2 和 SO_2 对铜的大气腐蚀有协同效应。主要因为 NO_2 会加速 SO_2 氧化生成硫酸电解液，从而破坏表面生成的钝化膜，促进了电化学腐蚀过程的发生。NO_2 和 SO_2 对青铜的大气腐蚀也有强的协同效应，其协同腐蚀机制和纯铜基本一致[19]。O_3 或 NO_2 也对 SO_2 诱导的铜的大气腐蚀反应有加速作用。

含硫物质和氯离子对铜或者青铜的协同作用近年来也有一些研究，但到目前为止争议依然存在。在大气腐蚀体系，纯铜在 $NaCl$ 和 SO_2 体系里并没有出现腐蚀协同效应，$NaCl$ 加入到含 SO_2 的大气中时降低了金属铜的腐蚀速率。但是硫化钠加入到氯化钠体系中能轻微的促进铜的腐蚀[20]。因此，关于硫化合物和氯离子对青铜或者铜如何产生协同效应还有待于进一步研究。

3.4 腐蚀控制的建议

尽管海洋出水铜器的腐蚀现象和机理比较复杂，影响因素众多。但只要在腐蚀发生、发展和进行过程的各个步骤和环节上设置障碍，对腐蚀速度的降低均有效。因此，腐蚀的控制途径也是多方面的。对于海洋出水铜器来说主要有以下几种：

1. 铜器打捞出水后，尽快清洗去除凝结物、脱盐、除锈等，以除去铜器上影响腐蚀的因素；

2. 尽量缩短出水暂存期的时间；

3. 添加缓蚀剂。结合文物保护的原则以及铜器在不同环境条件下的特点选择适宜的缓蚀剂；

4. 表面封护。将耐腐蚀材料主要用涂、喷等施工方法，覆盖在铜器表面。

科学的防腐化管理涉及记录、施工、操作规程、运行维护、档案的统一管理等，也是腐蚀控制是否良好的关键因素。

另外，在具体选择防腐蚀方案时，应综合考虑并遵循"科学、合理、经济、环保、可行"的原则，并联合多种防腐蚀方法的优点，结合多学科的优势解决铜器的腐蚀问题。

参考文献

[1] 林玉珍，杨德钧编. 腐蚀和腐蚀控制原理 [M]. 北京：化学工业出版社，2014：6.

[2] 曹楚南. 腐蚀电化学 [M]. 北京：化工出版社，1994：169-207.

[3] Schumacher,M. Seawater Corrosion Handbook[M]. N.J.Noyes Data Corp,1979:107-108.

[4] Colin Pearson. Conservation of Marine Archaeological Objects[M]. London:Butterworths,1987: 85-86.

[5] F.W. 芬克,W.K 博.伊德.海洋中金属的腐蚀 [M]. 北京：科学出版社，1976: 17.

[6] CesmondTromans,Ru-hong Sun. Anodic Behavior of Copper in Weakly Alkaline Solutions[J]. Electrochem Society. 1992,139(7): 1945-1950.

[7] 潘传智，杨迈之，蔡生民，等. 氯离子对铜或黄铜表面膜半导体性质的影 [J]. 物理化学学报，1993，9（1）：99-102.

[8] 杨德钧，沈卓身.金属腐蚀学（第二版）[M]. 北京：冶金工业出版社，2003:230-231.

[9] Colin Pearson. Conservationof Marine ArchaeologicalObjects[J]. Butterworth Series in Conservation and museology,1987: 87.

[10] GraedelT. Copper patinas formed in the atmosphere—II. A qualitative assessment of mechanisms[J].

Corrosion Science,1987,27(7):721−740.

[11] Scott D A . Bronze Disease: A Review of Some Chemical Problems and the Role of Relative Humidity[J]. Journal of the American Institute for Conservation,2013,29(2):193.

[12] Aastrup T,Wadsak M,Schreiner M,Leygraf C. Experimental in situ studies of copper exposed to humidified air[J]. Corrosion Science,2000,42(6): 957−967.

[13] Morcillo,Chico,Mariaca,et al. Salinity in marine atmospheric corrosion : its dependence on the wind regime existing in the site[J]. Corrosion Science,2000,42(1):91−104.

[14] 范崇正，吴佑实，王昌燧，等. 青铜器粉状锈生长过程的动力学研究 [J]. 中国科学：化学生命科学地质学，1992(5)：470−477.

[15] Watanabe M,Higashi Y,Tanaka T. Differences between corrosion products formed on copper exposed in Tokyo in summer and winter[J]. Corrosion Science,2003,45(7):1439−1453.

[16] 许淳淳，潘路. 金属文物保护—全程技术方案 [M]. 北京：化学工业出版社，2012：66−75.

[17] Lobnig R E,Frankenthal R P,Siconolfi D J,Sinclair J D,Stratmann M. Mechanism of Atmospheric Corrosion of Copper in the Presence of Submicron Ammonium Sulfate Particles at 300 and 373 K[J]. Journal of the Electrochemcial Society,1994,141(11): 2935−2941.

[18] Schreiner M,Woisetschlager Q Schmitz I,Wadsak M. Characterization of surface layers formed under natural environmental conditions on medieval stained glass and ancient copper alloys using SEM,SIMS and atomic force microscopy[J]. Journal of Analytical Atomic Spectrometry,1999,14(3): 395−403.

[19] Strandberg H,Johansson L C,Lindqvist O. The atmospheric corrosion of statue bronzes exposed to SO2 and NO2[J]. Materials and Corrosion,1997,48(11): 721−730.

[20] Cao X,Xu C. Synergistic effect of chloride and sulfite ions on the atmospheric corrosion of bronze[J]. Materials and Corrosion,2006,57(5): 400−406.

第四章

凝结物的去除

凝结物包裹在铜器及腐蚀产物外面，由于它疏松多孔、富含大量的海洋微生物及海盐成分，刚出水时，内外会因氧浓度差异造成氧浓差腐蚀，且其多孔的结构为盐的结晶析出提供了通道，从而加速铜器的腐蚀。为此，必须尽快除去凝结物。如铜器存在于大块凝结物中，首先应对其所处凝结物进行分解，然后再选择恰当的去除方法除去其表面的凝结物。

4.1　清洗

海洋环境中的铜器一经打捞出水必须采取适当的措施以预防其加速腐蚀。表面有凝结物包裹的器物出水后必须浸泡在一定的清洗液中，尽量除去凝结物表面的析出物，直到采用适当的保护方法。否则，文物会在大气环境中加速破坏，导致表层凝结物干裂、变形甚至脱落。另外，还会出现严重的析盐现象，且铁锈色也会加重等。

国外清洗处理铜器凝结物的典型的案例是对英国皇家海军舰船"HMS 胜利"号军舰上的 2 门青铜大炮的处理。它是来自英吉利海峡西部打捞出的 1744 年沉没的军舰。2008 年从海底打捞出水后，大炮表面有少量的凝结物。在奥德赛公司的打捞船上，就将其浸泡在清水中。运到陆地上后，将其浸泡在不锈钢槽中，并用木头将其固定，防止其移动造成擦伤。钢槽留有小孔，以便于清除沉积的泥沙和碎片等[1]。

我们针对南澳 1 号出水的大块凝结物（表面有铜钱）采用的是整体保护模式。对它的清洗，首先采用水循环喷淋的模式（图 4.1.1），在清洗表面浮锈后再进行脱盐处理。

图 4.1.1　内部含铜器的南澳 1 号出水凝结物

4.2　凝结物内部结构探查

对于凝结物的划分，前面提到了 MacLeod 将其划分为三类。结合我国海洋出水的特点，发现还有一类，属于混合成分凝结物。如凝结物中含有大量铁的锈蚀产物，主要有针铁矿、磁铁矿、纤铁矿、四方纤铁矿等，还包裹有大量瓷器的凝结物，或其他材质文物（如图 4.1.2）。文中提到要分解的凝结物便属于这一类。

采用 6 兆粒子加速器和 CR 高敏感成像系统，对凝结物进行 X 射线探伤透视检查，确定内部结构和被海洋生物附着后的内部影像，作为分解和后续处理的依据。通过对 CR 高清影像的数字解析，已得出进一步的分层信息，再对内部结构做相应的测量。以丹东 1 号沉船提取的格林机关炮为例。

从内部探伤的结果可以看到炮管内部凝结物填充的现象和铜管的分布情况。利用软件解析，统计波线的波峰得到铜管的数量为 10 个。说明该凝结物在 10 个枪管里填充。鉴于表面观察和以上的检测分析结果，铜器内部的凝结物基本矿化，已经胶结为一体，不

图 4.2.1　丹东 1 号沉船格林机关炮的内部探伤影像

易再度分解（同图 4.2.2）。从图 4.2.2 可以看到边缘蛋壳残损的痕迹，内腔直径约有 46.7mm，且都已经被凝结物填充。同时也可以看到，凝结物填充的厚度不均且分布不均。

图 4.2.2　残损蛋壳内部被凝结物填充

对于有些较厚的凝结物，内部探伤可能无法探测到内部的物质，所以需要采用各种分解方法对其进行切割或分解，再对分解后的小块凝结物再行探测。

4.3 凝结物的分解

机械切割的选择

在现代工业制造领域中，新型工业燃气火焰切割、等离子弧切割、激光切割、电火花线切割、水射流切割等，被广泛应用于切割金属材料、非金属材料、复合材料、陶瓷材料等等。而包裹着铜器或其他文物的凝结物若要成功去掉凝结物，需要采用精巧的机械方法将其分解开，尽量将里面的文物取出来分别保护。为此，对现代切割技术进行对比分析，以寻求适宜凝结物切割的技术和方法。

从适宜切割的材料、可切割的厚度、投资成本、投资成本等角度对比分析[2~5]，结果表明：

1）从加工精度、切割质量、加工材料的范围来说，等离子弧切割、激光切割、水射流切割均比火焰切割效果好。其中等离子切割、激光切割、火焰切割等技术只适合单纯金属的切割。而金刚石线切割、高压水射流切割技术比较适合复杂凝结物的切割。

2）从加工材料的厚度来看，火焰切割技术、金刚石线切割等技术可以切割厚的凝结物。对于较薄的凝结物，可以选择等离子弧切割技术、水射流切割技术等。

3）从设备投资和维护费来看，火焰切割＜等离子弧切割＜水射流切割＜激光切割，而线切割设备高低档价位差异较大。

4）从环保角度比较，激光切割对环境的污染程度最小，水射流切割和线切割技术次之，其余污染较大。

从上面的分析看，对于包裹着铜器的大块凝结物可以采用金刚石线切割、高压水射流切割技术切割，尝试性地打开缺口，逐渐深入，从而实现大块凝结物快速有效的切割。

现场试验证明，广东天弟集团有限公司生产的液压型线锯切割设备。在电压380~420V、功率25kw时能够满足对于大块凝结物的切割。而对于最小三维尺寸在25cm以下的小块凝结物可以采用水刀切割。对于最小三维尺寸在15cm以下的小块凝结物可以采用手动的角磨机或YBT-1200普通型手动切割机等设备切割。而对于精度要求较高，且提取特别小（20mm以下尺寸）的铜器时才需要用到激光切割。

图 4.3.1　线锯对 100cm×80cm×50cm 凝结物分块切割效果

冷冻干燥物理分解

对于机械切割难以入手的凝结物可尝试采用物理分解实验。如将钙质凝结物放在零下 20 度的冰箱冷冻两个小时之后再放入加热到 200 度的烘箱里面两小时作为一个循环。经过大约 40 个循环可实现样块的分解。

二氧化碳化学分解

对于机械方法和物理方法都不宜实施的大块钙质凝结物，可尝试用二氧化碳分解方法（二氧化碳先与水反应生成碳酸，碳酸再与氢氧化钙发生中和反应）。本项目组制作了 50cm×50cm×50cm 钢化玻璃水槽，通入二氧化碳 6 个月后，将南海 I 号沉船表面存在缝隙的钙质凝结物从缝隙处成功分开。

图 4.3.2 二氧化碳化学分解装置

整体浸泡分解

对于机械方法和物理方法都不宜实施的大块凝结物，且不宜置于酸性溶液浸泡处理的，可以将其置于浸泡池，选择用中性或弱碱性脱盐试剂浸泡处理。如在南海 I 号现场选择了一大块铜钱堆叠的凝结物，并为其专门制作了循环脱盐池（约 1m³），以便于在浸泡过程中脱除凝结物的盐分。通过定期换水并监测其电导率变化及其形貌观察，监测其脱盐效果。

在浸泡一段时间后，内部的盐分会不断析出，且较致密的组织会随着盐分的脱离而逐渐软化。再结合机械方法使得表层的凝结物更容易脱离本体。

低温液氮分解法[6]：

低温液氮法利用的是金属与凝结物的热膨胀系数的差异，对器物进行低温 – 高温循环处理，使得凝结物脱落或易于去除。

具体操作过程：将器物放入液氮的敞口聚苯乙烯箱内，然后将器物放入冷冻的液氮中（–196℃）。浸泡一定时间后，再放入 100℃的去离子水中继续浸泡一段时间，然后用钳子将器物取出。取出后再结合机械方法去除表面凝结物。该方法对于较厚的凝结物有很好的去除效果，但对于薄层凝结物效果不明显。该方法中涉及的时间，需要根据器物大小以及凝结物的厚度、结合强度综合考量。

4.4　表面凝结物的清除方法

为了使青铜器保持稳定并防止其进一步腐蚀，清除海洋沉积物并揭示沉积物下面真实的面目并将其以最佳的保存状态展示给观众，需要将其全部或部分去除。目前常采用的方法包括物理方法、化学方法和电化学方法等。其中物理方法中最常用的为机械法和激光清洗法。

4.4.1　机械法

文物表面凝结物既影响了器物原貌，还遮盖了表面信息，需要采取有效的措施清除。一般使用小型清除工具，如手术刀、牙签、竹签、棉签、小刷子、小锤子、剔刀、刻刀、牙科器具等去除。像辉铜矿（Cu_2S）、铅矾（$PbSO_4$）和锡石（SnO_2）这三种铜合金表面的凝结物用酸性溶液较难除去，必须采取机械法清除。像 SnO_2 和 $PbSO_4$ 与铜器基体的附着力不是很强，相对来说较软，可以用刷子从表面去除；Cu_2S 与基体的附着力较强，通常要借助于像锐口牙刮匙或相似的工具等牙科器具清除。

国外用机械法清洗海洋出水青铜器的一个成功范例是凝结物覆盖的"Getty 运动员"青铜雕像[7]。这尊青铜雕像是 1964 年在意大利境内由渔夫从海里打捞出水的，高 151.5cm，是一件镶红铜的空心铸造青铜器，人们称它为公元前 4 世纪末期希腊最精美的青铜雕像之一。出水时上面覆盖着锈蚀、沉淀和海洋生物构成的厚厚硬壳，现为盖蒂博物馆所藏。

"南澳 1 号"沉船出水铜器样品都是残片，样品上没有文字与纹饰等具有重要价值的信息，表面凝结物的形成只是遮盖了其表面形貌，没有影响其蕴含的历史信息；同时 X 射线荧光（XRF）、X 射线衍射（XRD）和扫描电镜分析表明凝结物中含有害元素 Cl 含量较少，大多数样品表面凝结物中甚至无 Cl 元素的存在，这层凝结物不会对器物的保存构成潜在威胁，而且之后会进行脱盐处理，理论上会用化学试剂长期浸泡这些铜器样品，所以主要采用机械法去除铜器表层凝结物。

图 4.4.1   南澳 1 号凝结物清理前后

4.4.2   激光清洗

激光清洗技术的优点与传统清洗技术相比是显而易见的，在不损伤基底的情况下，可有效地清洗基底表面微米和亚微米尺寸的颗粒；由于激光波长、脉宽、光斑大小、作用时间和作用方式等的灵活可调性，可适用于各种清洗对象，并可实现精确定位清洗；不使用有毒有害试剂，不污染环境，对人体健康无损，是一种"绿色"无污染的清洗方式；非接触式的作用方式，不会给基底带来附加污染和损伤；可采用大光斑、扫描方式清洗，清洗效率高；为在线清洗提供了一种可能性；可利用光纤传输，实现远距离清洗，洗到传统方式不能到达的地方；成本低等。因此，激光清洗技术相比于其它清洗技术具有很多优点。

目前在清洗铜器方面已有尝试性的应用，如国外有用其成功清洗了博物馆纺织品里的银线和铜线的案例，国内用其对鎏金青铜造像清洗的案例，并结合三维视频显微镜观察，对激光清洗效果做了可靠性评估。

本世纪初 Pini R、Siano S 对意大利著名的青铜鎏金文物"天堂之门"（佛罗伦萨主教堂洗礼堂东门）主持开展了激光清洗研究。但激光清洗应用于青铜文物上有时会使其表面颜色及其他一些物化性质发生改变。其原因主要包括铅微粒在激光脉冲高温下的熔化偏析，熔化导致的微观形态变化和光学反射变化，锈蚀物和金属在表面的再沉淀，以及激光引起铜锈蚀物向氧化亚铜和氧化铜的化学转变，例如碱式氯化铜分解为氧化铜、碱式碳酸铜分解为氧化亚铜和氧化铜等，而这些转变即便有时在化学层面上有稳定缓蚀的作用，却可能会与保留文物原表面和原风貌的理念产生冲突。而将琼脂凝胶—激光联用作为一种优化手段，在实验的文物样品上取得了理想的清洗效果，兼顾了操作的效率性和安全性，是在今后的应用中可被考虑的手段。

由于有些出水铜器表面有非常精美的纹饰和重要的文字，如丹东 1 号格林机关炮的铭牌，在机械法去除后，仍有少量的凝结物嵌刻于文字。因此尝试了激光清洗法并取得了良好的效果。

4.4.3 化学方法

化学试剂法通常作为机械法的一种辅助方法，对于粘结致密或十分坚硬的凝结物，单独使用机械法清除比较困难，可与化学方法结合使用。曾用于清除铜合金表面凝结物的试剂，如碱性甘油、碱性罗谢尔盐、氯铂酸钠以及稀硫酸等，对金属基体会造成一定的伤害，这和文物保护的原则相违背。

当前，国外处理海洋出水铜器最常用、最安全有效的化学方法是：按重量比例在蒸馏水中加入 5~10% 的柠檬酸溶液和 1~2% 的硫脲，其中硫脲的加入起到了缓蚀剂保护的作用，防止酸腐蚀铜或铜合金基体。这也是澳大利亚西部博物馆去除出水铜器表面凝结物最典型、最常用的方法，它可以除去铜器表面大部分的凝结物。

"胜利号"军舰上的两门青铜大炮也是采用该处理方法。因为表面凝结物非常少，若用机械法很容易造成残留青铜基体的破坏，同时由于其凝结物和青铜基体有明显分界，这对去除沉积物提供了有利的条件，用该方法足以应对这层表面凝结物[1]。但柠檬酸在使用时应小心谨慎，因为它会溶解铜合金中的含铜化合物。当一件器物非常薄、非常脆弱、表面纹饰精美、并且几乎完全矿化时，任何的酸性溶液对它来说都是致命的伤害。在这种情况下，将其浸泡于 5~15% 的碱性六偏磷酸钠溶液，可将表面凝结物中不溶的钙或锰盐变成可溶性物质，以便于进一步去除。

针对铜器表面的凝结物，我们曾做了化学去除对比试验，研究发现：对于表面主要含钙质的凝结物，柠檬酸溶液的清洗效果较佳；对于凝结物含量较少，铜器暴露面较大的，倍半碳酸钠溶液和 EDTA 二钠溶液的清洗效果较佳；对于表面含铁质的凝结物，柠檬酸 + 硫脲溶液的清洗效果较佳；对于表面主要含硅质的凝结物，最好的清洗剂是冰醋酸溶液。

化学清洗虽然周期长，但对绝大多数铜器凝结物都有效，只是无法准确的控制清洗时间。清洗时间过短会起不到较好的清洗效果，清洗时间过长又会导致铜器可能被再次腐蚀，损害了其原有的样貌。另外，化学清洗剂的使用会对环境造成污染，所以需慎重选用。

4.4.4 电化学方法

传统的电化学清洗在化工工业应用较多，在清洗过程中，将金属作为阴极，通入电流后，电极上发生电化学反应。

酸性溶液中，阴极发生析氢反应，产生氢气，反应式为：

$$2H_2O+2e^- \longrightarrow 2OH^-+H_2\uparrow$$

碱性溶液中，阴极发生析氧反应，产生氧气，反应式为：

$$4OH^- \longrightarrow O_2\uparrow+2H_2O+4e^-$$

金属位于阴极，表面产生氢气，产生的气泡可以使凝结物从金属表面脱落，从而达到清洗的效果。但所加电位的不同会导致氢气的产生量不同，进而导致清洗效果不同。

在进行电化学清洗之前，首先要确定进行电化学清洗所需要外加的电位范围，因此需要对铜或铜合金进行极化曲线的绘制，通过分析极化曲线来确定电化学清洗的电位范围以及之后的外加电流保护的电位范围。

绘制极化曲线的步骤如下：首先要配 3.5mol/L 的 NaCl 溶液；将铜或其合金基体表面打磨干净，将铜导线与其表面连接，用环氧树脂封固，用万用表进行检测导线是否接通；研究电极为铜或其合金工作电极，辅助电极为铂片，参比电极为饱和甘汞电极。将研究电极、参比电极、辅助电极、放入装有 NaCl 溶液的烧杯中（模拟海洋环境），按恒电位仪使用方法连接好试验线路；先测定开路电位，即为自腐蚀电位；设定初始电位为 –1V，终止点位为 2V，扫描速度为 0.1V/S，画出极化曲线。

从铜在 3.5mol/L 的 NaCl 溶液中的极化曲线可以看出，铜的自腐蚀电位约为 –0.2V，而它的析氢电位大致为 –0.8V，故选择以 –0.8V 电位为基准对铜器表面凝结物进行清洗。通过不断减小电位，观察阴极气泡冒出程度，发现在 –1.2V 后的气泡冒出现象明显，所以设计实验方案分别选取在 –1.2V、–1.5V、–1.8V 电位下做电化学清洗。

同样选择以上化学清洗实验选择的清洗溶液（过氧化氢溶液、冰醋酸溶液、柠檬酸溶液、EDTA 二钠溶液、柠檬酸＋硫脲溶液、倍半碳酸钠溶液），将包裹铜的凝结物样品置于浸泡溶液并在固定的电位下进行清洗，时间为一个小时，每五分钟记录一下电压和电流的数值。试样经清洗后，再用去离子水清洗，最后用热风干燥，应该尽可能快地作扫描电镜检查。如果试样需要保存，应放置在干燥器中。清洗前后都要对铜器表面凝结物进行称重，记录的质量变化，算出腐蚀速度。

清洗结果发现在过氧化氢溶液和冰醋酸溶液的清洗后，凝结物表面凹凸不平处变

图 4.4.2　凝结物电化学清洗前三维显微图（20X）　　图 4.4.3　凝结物电化学清洗后三维显微图（20X）

得很光滑，效果显著（图 4.4.2 和图 4.4.3）。其中冰醋酸更加稳定，更适宜铜器表面凝结物的电化学清洗。

　　与其他清洗方法对比可见，电化学清洗法更简单、有效，也更经济，且有较宽的应用范围。但是对文物进行清洗，通电的电流密度不宜过大，因此，在选择该方法时，需要谨慎操作。而且该方法只适合于存在铜芯的凝结物清洗，否则没有导电介质，起不到清洗作用。另外，传统的电化学清洗是在电解液槽（池）中进行，但对大型器物会受到电解池的形状和尺寸以及电源设备所能提供的电流量的影响。目前有一种不采用电解槽（池）而使用"清洗头"的方法 [8]，可消除以上因素的影响。这可以为大型的铜器以及其他金属文物的电化学清洗，提供新的思路。

参考文献

[1] Frederick Van de Walle. Balchin's Victory: Bronze Cannon Conservation Report. [J]. Odyssey Marine Exploration,2010,(16): 1−8.

[2] Guy Pilot,Sylvain Fauvel.Dismantling of evaporators by laser cutting measurement of secondary emmission[A].2010 Proceedings of the 18th International Conference on Nuclear Engineering[C].203−210.

[3] Neimeyer R,Smith R N,Kaminski D A.Effects of operating parameters on surfacequality for laser cutting of mild steel[J].Journal of Engineering ForIndustry,1993,115:359−362.

[4] 郭建，兰天亮，陈康. 激光切割钣金件时的工件变形分析方法 [J]. 激光杂志，2011，32（1）：47−48.

[5] Macro Troncossi,Enrico Troiani,Alessandro Rivola.Design optimization of a laser cutting machine by elastodynamicmodeling[A].2008 ASME Process of the 9th Biennial ASME Conference on Engineering

Systems Design and Analysis[C].1-9.

[6] 许淳淳，潘路. 金属文物保护—全程技术方案 [M]. 北京：化学工业出版社，2012：200-201.

[7] David A. Scott. 艺术品中的铜和青铜：腐蚀产物，颜料，保护 [M]. 马清林，潘路译. 北京：科学出版社，2009：311.

[8] 王茂全. 不锈钢表面电化学清洗新方法 [J]. 材料保护. 2018，51（2）:125-126.

第五章

脱 盐

　　对于海洋出水铜器来说，仅仅除去表面凝结物是远远不够的，去除凝结物后呈现出的金属表面，存在大量肉眼看不见的裂缝和缺陷，这就给酸溶液和氯化物的残留提供了条件。如果不脱除这些有害物质，铜器的病害在短时间内（一般为 6 个月）可能不会产生，即使在 100%RH 的环境中放置 7 天也安然无恙，但是放置 3 ~ 6 年时间后，大范围的"青铜病"会蔓延开来。这可以由澳大利亚西部博物馆海洋出水铜器遭受破坏的实例为证。为此，去除海水铜器表面凝结物后必须经过脱盐（主要是除氯）这一步骤。

　　而脱盐步骤不仅涉及到脱盐材料的选用，更需要选择安全高效的脱盐设备。本章便在国内外脱盐材料研究和应用的基础上，结合国内铜器的特点筛选了脱盐材料，并设计和研发了一套科学高效又安全的脱盐设备。

5.1　出水铜器脱盐方法及材料

目前，应用于出水铜器脱盐处理的方法主要分为三类：化学脱盐法、电化学脱盐法和物理脱盐法。

5.1.1　化学脱盐的方法

化学脱盐的方法有很多种，如倍半碳酸钠法、蒸馏水/去离子水循环清洗法、碱性连二亚硫酸钠清洗法、柠檬酸清洗法、50%（v/v）的乙氰（CH_3CN）水溶液、氧化银法、PbO 法、锌粉转化法、NH_4OH/甲醛法、CH_3OH/NH_4OH 法、离子交换树脂法、NaOH 或 LiOH 溶液清洗法、碱性亚硫酸盐还原法、普通浸泡法等。

每种脱盐方法采用的脱盐方式和材料都不同，在以往的保护应用中都有所侧重。其中前五种清洗法在铜器清洗方面应用较多。

蒸馏水/去离子水循环清洗法

用去离子水或蒸馏水浸洗腐蚀青铜器，能达到清除污垢和溶解腐蚀层中可溶性无机盐的两个目的，在清洗的过程中不断检测氯离子含量，直至检测不出氯离子为止，有时也可在冷热环境中交替浸泡，增大离子的迁移率，还可加入缓蚀剂如 $NaNO_2$、Na_2CrO_7 等预防在清洗过程中发生腐蚀。

Artemision 海角发现的两件青铜雕像 "Marathon 青年雕像" 和 "宙斯神像" 就是经过该种方法脱盐的[1]。在不断更换的蒸馏水中浸泡几个月后，再经热蒸汽流软化后，结合机械法局部去除残留的沉积物。Riace 青铜器表面的深色硫化物铜锈进行机械处理后[2]，随后在去离子水中浸泡 60 天后，发现浸泡液中的氯离子明显减少。但是铜器里的脱盐，需要 2~4 年的时间去除[3]，但这么长的浸泡周期，其腐蚀产物也许会发生反应，这将是不可控的。

碱性连二亚硫酸钠清洗法

该方法最初是为保护腐蚀银器而设计[4]，为了保护海洋出水青铜器又加以改进，使用的处理液为 40g/L 的氢氧化钠和 50g/L 的连二亚硫酸钠溶液，将待处理的青铜器迅速放入这种溶液中，密封并尽可能的排出氧气，几分钟内可观察到青铜器的颜色从碱式碳酸铜的蓝绿色，变为中间产物氢氧化铜的黄棕色，最终变成粉末状金属铜的巧克力色，对上述现象的解释如下：

$$3Cu_2(OH)_3Cl+S_2O_4^{2-}+OH^-\text{——}6[Cu(OH)]+3Cl^-+2SO_4^{2-}+4H^+$$

$$6Cu(OH)+S_2O_4^{2-}\text{——}6Cu+2SO_4^{2-}+2H_2O+2H^+ ;$$

$$3Cu_2O+S_2O_4^{2-}+OH^-\text{——}6Cu+2SO_4^{2-}+H^+ ;$$

如果器物表面的锈层不重要，同时有适合的密封容器，则可以考虑使用连二亚硫酸盐，因为它可以在短时间内有效快速地除去氯离子。但是使用碱性连二亚硫酸钠时必须非常小心，虽然该方法能够加固严重腐蚀的青铜器，而且可能会重新加固器物的原始表面，但一些非常脆弱的青铜器在碱性连二亚硫酸钠溶液中浸泡时可能会分解。

倍半碳酸钠（$NaCO_3 \cdot NaHCO_3$）溶液

按照每升蒸馏水中溶解20g碳酸钠和20g碳酸氢钠的标准配制成倍半碳酸钠溶液，碳酸钠溶解较慢，需要缓慢搅拌均匀。刚开始清洗时溶液会因为一些腐蚀产物的析出而慢慢变蓝。这种处理方法的原理是氯化亚铜与水反应，尽管反应很慢，但溶液中氯离子会随时间稳定增加。X射线衍射分析证实，生成的固态产物是赤铜矿和副氯铜矿（斜氯铜矿）。发生的基本反应如下：

$$2CuCl+OH^-\text{——}Cu_2O+2Cl^-+H^{+[5]}$$

各种浓度的倍半碳酸钠溶液都在青铜器上广泛使用。比较常见的是使用5%（w/v）的倍半碳酸钠溶液去除青铜器中的氯化物[6]，发现在反应刚开始时它的速度是1%（w/v）倍半碳酸钠溶液速度的5倍，但该浓度的溶液不仅能去除腐蚀产物中的铜，还会去除金属基体中的铜。当需要在器物表面留一层锈时，应选择低浓度的倍半碳酸钠溶液，在清洗过程中周期性的进行检查。当对大面积腐蚀的青铜进行预处理，只需除去上面多余的碳酸盐和碳酸氢盐时，用1%浓度的倍半碳酸钠溶液即可。

2008年，奥德赛公司打捞的两门青铜大炮就是用5%（w/v）的倍半碳酸钠溶液进行脱盐处理的。虽然用的时间较长，历经12个月，但清洗效果还是很理想的，并且经倍半碳酸钠溶液清洗后其表面仍保留着原来的绿色，外观没有发生变化。同时，在清洗的过程中，为了节约成本，在最开始的时候用的是自来水，直到清洗液中氯离子浓度和普通自来水基本一样之后，才改为蒸馏水或去离子水浸泡[7]。

柠檬酸清洗法

柠檬酸 [$HOC(CH_2COOH)_2COOH$]，由于其酸性，会溶解大量 Cu（I）和 Cu（II）的腐蚀产物，如 $Cu_2(OH)_3Cl$、$Cu_2(OH)_2CO3$、CuO 和 Cu_2O。硫脲的存在改变了酸溶解 Cu_2O 形成不稳定的物质，形成一种稳定的化合物。

$$Cu_2(OH)_3Cl+2H_3L \longrightarrow 2CuH_3L+Cl^-+H^++3H_2O$$

注：H_3L 是 $HOC(CH_2COOH)_2COOH$）

华盛顿博物馆研究发现，简单的柠檬酸清洗对青铜器的长期保存是不够的（其效果不超过 7 年），在真空条件下以乙醇为溶剂的 BTA 溶液也存在同样的问题。因此最好先将青铜器用柠檬酸处理，再浸泡入 1% 的倍半碳酸钠溶液中一段时间，这样不仅可以除去氯离子，中和酸性物质[8]，同时也为铜（II）柠檬酸盐的去除提供了适宜的环境。

用 2% 的硫脲和 10% 的柠檬酸溶液清洗澳大利亚西岸 Batavia 号沉船的一些青铜残片[3]后发现：青铜颜色在几分钟内就开始发生变化，两小时后变成了暗棕色，处理两周后，再用 2% 的倍半碳酸钠溶液处理了 40 周，在此期间氯离子的释放速度分别为每小时 3.7ppm 和 2.5ppm。MacLeod 同时还研究发现，器物的类型不同，氯化物去除速率也有很大的差异，在海洋出水青铜器中，氯离子浓度最高的是富氧环境腐蚀的青铜器，这是因为器物的选择性腐蚀与其表面氯离子吸收相对应。

50%（v/v）的乙氰（CH3CN）水溶液

用 50%（v/v）的乙氰水溶液处理海洋出水青铜器，发现乙氰对一价铜的腐蚀产物非常有效，可以除去患有"青铜病"器物上的 $CuCl$[9]，经检测发现清洗液中铜和氯离子的摩尔比为 1:1，说明发生下列反应：

$$CuCl+4CH_3CN \longrightarrow Cu(CH_3CN)_4^++Cl^-$$

然而，由于氧气在溶液中的溶解度较大，洗涤时间超过六个星期，赤铜矿可能会转化为黑铜矿，导致铜锈变色。

脱盐方法的对比研究

随着各种脱盐清洗方法的不断发展更新，新方法的问世对旧方法提出了质疑和挑战，到底采用何种方式才最有效、最安全，这是目前各国文物保护工作者共同面临的一个难题。多年来，已有大批学者致力于各种方法的对比研究，在不同的条件下，得出的结果也各不相同。

澳大利亚西北部 Rowley 海岸沉船出水的一批铜器作为研究对象，对 7 种铜器脱盐方法进行了比较[8]，七种方法为：5%（wt）的倍半碳酸钠溶液、50%（v/v）的乙腈水溶液、蒸馏水、1% 的苯并三氮唑、碱性的连二亚硫酸钠溶液、1%（wt）的倍半碳酸钠溶液、柠檬酸缓冲液。其中，蒸馏水循环清洗法最大的优点是不会改变器物外观，可是它需要的时间太长，在实际中往往不采用。连二亚硫酸盐法存在的实际问题是高纯度的化学试剂相对昂贵，而商业试剂可能会含有一些刺激性气味的杂质，并且它的废液处理也存在一定的问题。柠檬酸价格便宜，实验所需设备简单，所以常被采用，柠檬酸清洗后再用倍半碳酸钠溶液清洗，这是处理大型青铜器常用的方法。乙氰溶液洗涤时间超过 6 个星期，可能导致铜锈变色，同时，乙氰有一定毒性，在使用时必须小心，应在密闭容器或通风橱中使用。

以上的脱盐试剂和方法在国外取得了很好的脱盐效果，因此针对国内出水铜器的脱盐做了筛选实验。在室温下，配制了 5 种脱盐溶液，1% 倍半碳酸钠（$Na_2CO_3 \cdot NaHCO_3 \cdot 2H_2O$）溶液、3% 倍半碳酸钠（$Na_2CO_3 \cdot NaHCO_3 \cdot 2H_2O$）溶液、5% 倍半碳酸钠（$Na_2CO_3 \cdot NaHCO_3 \cdot 2H_2O$）溶液、5% 柠檬酸硫脲缓冲液和 5% 碱性连二亚硫酸钠溶液，同时也做了蒸馏水静置法和冷热水交替清洗法的对比。选取南澳 1 号相同的铜样，去除表面凝结物并清洗干净后，浸泡于以上 7 种脱盐溶液。每周记录一次电导率数据。通过观察现象和记录脱盐溶液中电导率的变化对比评价了其脱盐效果（图 5.1.1）。

图 5.1.1　电导率随时间变化图

从图 5.1.1 发现，7 种脱盐方法的效果有明显的差别。蒸馏水静置法和冷热水交替清洗法效果都不是非常明显，清洗耗时较长，速度较慢。虽然出水铜器一般都可以经受住长时间的浸泡，但这两种方法耗时太长，所以不建议采用。

对于不同浓度的倍半碳酸钠溶液的清洗效果来看，浓度越高清洗的速度越快。但比较 3% 和 5% 这两种浓度的电导率变化，可以看出 3% 浓度已经完全满足清洗的要求，同时清洗过程也比较缓慢。考虑到文物的安全，建议采用 3% 浓度的倍半碳酸钠溶液对铜器脱盐。

另外，5% 柠檬酸硫脲缓冲液清洗法是 7 种方法中最高效的一种方法。与其他方法相比，它可以在短时间内快速有效的除去腐蚀产物中的盐分，使清洗液中电导率不再发生变化。

从电导率的角度来看，5% 碱性连二亚硫酸钠也具有脱盐快，效率高的特点，它是这 7 中脱盐方法中速度脱盐速度仅次于柠檬酸硫脲缓冲液的方法。但从样块本身发生的变化来看，此方法比较剧烈，清洗完之后文物表面外观改变太多，已经看不出最原始的形貌；再者连二亚硫酸钠粉末本身具有毒性，带有强烈的刺激性气味，对人体有危害，在试验过程中必须严格密封；同时高纯度的连二亚硫酸钠价格也比较昂贵，若大量使用其废液的处理也是必须考虑的因素，所以不建议采用此方法。通过对上述这 7 种脱盐方法的对比，最终选定 3% 倍半碳酸钠溶液为铜器脱盐的最佳溶液。而且选用该脱盐方法在南海 I 号出水铜器、丹东 1 号出水铜器、南澳 1 号出水铜器及河北曹碑店出水铜器保护中都起到了良好的保护效果（其中涉及到至少 10000 多件商贸铜钱和 300 多件战舰上的铜器）。

在选定了脱盐方法后，在实施过程中还可以通过改进方法加速脱盐（如图 5.1.2 所示）。

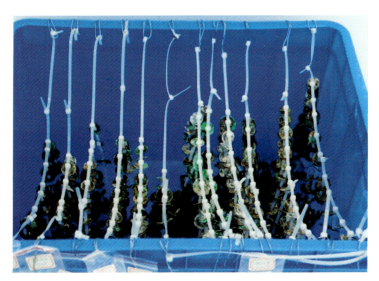

图 5.1.2 南海 I 号馆藏铜钱的加速脱盐照片

总的来说，上述每种方法都有自己的优缺点以及适宜的使用条件，在实际的运用中一定要严格筛选，以求达到最佳的脱盐效果。

5.1.2 电化学脱盐

海底发现物中，大体积金属物，比如说炮管和锚，经常是很难处理的，而电化学技术能稳定此类物体，并保证长期维护。电化学方法实现彻底的盐析平均持续一到五年，并需要动用庞大的处理空间。

19 世纪末，电解还原法代表着科学技术在艺术品中应用。通过将器物用金属线与电源相连，作为阴极，用铂或添加钼的不锈钢板作为阳极，接通低电流，将氯化物从器物中除去。如采用 2% 的氰酸钾水溶液作为电解液，用 Pt 做电极，除去了青铜器上不稳定的 CuCl。在电解液中处理小型铜合金器物，如硬币，几小时就能清洗干净；而对于大型器物，如大炮之类，要几个月时间才能清洗干净。另外，该方法起到的作用有限。它不能除去大多数海洋出水铜器中的 SnO_2 腐蚀产物[5]。

由于该方法操作时需要严格控制电流电位，否则会造成器物表面层的过度剥离现象，甚至可能损害器物的原始形状。因此，在进行电解还原之前，应先用 X 射线照相对金属进行检测，以确定其金属基体是否良好。只有当金属的基体芯相对完整且器物的机械强度没有问题时，再根据具体的情况，选择适当浓度的电解液[10]。

为了改进电解脱盐方法，法国已经开发出了一种网络监控电解处理技术（KPAKEN：远程监控电化学处理）[11]，它能通过 CRS 全球定位系统、无线网和以太网交换数据，实时调控参数。完全自动化使日常操作更为便捷（电解参数监控、连续数据追溯、溶液搅拌和更换、技术警报……），保障了处理的安全性和可靠性。在初步的处理中参数稳定得更快，所有处理的时间也缩短了几个月。这个设备现在已经成为新研究的主体，以实现压缩模式处理并最终缩短处理时间。这套设备不仅能在发掘地附近处理物体，也能用于教学目的，通过远程协助向国外同行业者传授技能优化处理。

该技术很好地完成了去杂质工作，并且没有造成任何损坏，全面完成脱氯处理。之后对参数进行月检测，并把物体从浸泡的溶液中取出，测量析出的氯含量。根据含量不同，为了优化脱氯时间，可有规律地更换处理溶液。借鉴该电解脱盐技术，也可以实现铜器的电化学脱盐。

5.1.3 物理脱盐法

传统的化学脱盐技术需要大约五年来稳定大体积的炮和锚，19 世纪 80 年代，就开始了电化学脱盐技术，大大减少这个处理时间，而且效果更持久。而 21 世纪，次临界技术的出现可能会逐渐成为前景广阔的金属器稳定方法。

流体的次临界状态是一个介于液态和气态的物理中间状态，流体保留了其液态特征，也兼有气态性质（更好的挥发性、更小的黏度和密度、更弱的表面压强）。具体来说，考古物品被置于装满化学溶液的槽中，然后加压加温（直到沸点）。流体一旦进入次临界状态，就会渗透到腐蚀的物体中，瞬间引起盐析反应。溶液剂量实时变化。其间要更换一次溶液，如若需要则更换两次。当盐析完全时，槽被清空，稳定的物体被取出。

根据法国克来姆森维护中心（CCC）最初的测试[11]，所有的特质都能有效减少析出金属腐蚀的主要氯化物。例如，克莱姆森维护中心已证明一件通常耗费 3 个月才能稳定的物体如若使用次临界流体只需耗费 72 小时。这项新技术拥有广阔的前景，因为该技术能够有效缩短稳定时间，将稳定溶液容积减小到最低限度，并且重新定义处理的各个步骤。这项新技术的开发会给预防性维护和维护复原带来深刻的影响。

因为对于出水文物来说，在海洋矿物的清除期间，对物体进行稳定，使其在干燥的环境下储存，免去了金属物在装满溶液的水槽中储存的步骤，这些溶液不仅昂贵，并且实际使用中很难管理，也会带来生物污染。重要的是，一旦物品被稳定，它就能在适宜的环境中长期储存。虽然该技术主要针对铁器的脱盐和稳定，但同样可以引入到铜器的保护中来，进而寻求更佳的保护技术。

5.1.4 氯离子含量的检测

处理海洋出水器物最频繁执行的一项工作就是分析并检测氯离子含量。对海洋铜器进行脱盐处理，需要随时检测清洗液中氯离子含量，以确定清洗程度。North（1987）[12] 建议规律的检测清洗液中氯离子的含量，最好一周检测一次，检测氯离子的方法要具有比较高的灵敏度，误差为 ±2ppm。脱盐溶液中氯离子含量检测方法大多借用检测水和废水中氯离子含量的分析方法，目前，国内外对脱盐溶液中氯离子的测定方法主要有摩尔法、分光光度法、离子色谱法、氯离子选择性等[13]（每种方法的特点如图 5.1.3 所示）。

对比可见，硝酸银及硝酸汞、氯离子选择性、氯离子测试条和摩尔法操作方便，其中硝酸银及硝酸汞和摩尔法还会存在污染问题。而分光光度法和离子色谱法测量精准。上述不同的氯离子测量方法各有其优缺点和适用范围，在实际应用中应根据需要进行改进或对其测量精确度等进行研究。只有选取合适的检测方法，才能对脱盐溶液中氯离子含量以及清洗终点的确定有一个准确的认知。

5.1.5　脱盐效果的评价

在海洋出水金属脱盐过程中，应定期监测溶液中的氯含量，同时应以清洗时间的平方根为横坐标，总脱氯量为纵坐标作图。在清洗初期，图中的曲线应为一条直线，当图开始变平缓时，表明溶液需要更换，此时溶液中的氯含量接近器物[14]。还应根据金属离子的浓度、pH 值的变化，随时对溶液和器物进行观察检测，以防一些不利的现象发生。

检测清洗效果的标准方法之一是：清洗完之后，将处理完的青铜器，置于

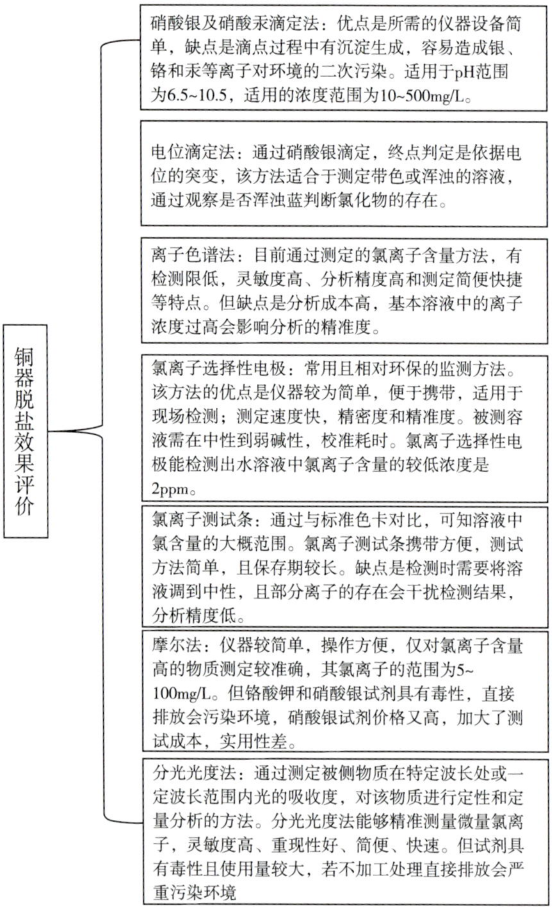

铜器脱盐效果评价

硝酸银及硝酸汞滴定法：优点是所需的仪器设备简单，缺点是滴点过程中有沉淀生成，容易造成银、铬和汞等离子对环境的二次污染。适用于pH范围为6.5~10.5，适用的浓度范围为10~500mg/L。

电位滴定法：通过硝酸银滴定，终点判定是依据电位的突变，该方法适合于测定带色或浑浊的溶液，通过观察是否浑浊蓝判断氯化物的存在。

离子色谱法：目前通过测定的氯离子含量方法，有检测限低、灵敏度高、分析精度高和测定简便快捷等特点。但缺点是分析成本高，基本溶液中的离子浓度过高会影响分析的精准度。

氯离子选择性电极：常用且相对环保的监测方法。该方法的优点是仪器较为简单，便于携带，适用于现场检测；测定速度快，精密度和精度高。被测容液需在中性到弱碱性，校准耗时。氯离子选择性电极能检测出水溶液中氯离子含量的较低浓度是2ppm。

氯离子测试条：通过与标准色卡对比，可知溶液中氯含量的大概范围。氯离子测试条携带方便，测试方法简单，且保存期较长。缺点是检测时需要将溶液调到中性，且部分离子的存在会干扰检测结果，分析精度低。

摩尔法：仪器较简单，操作方便，仅对氯离子含量高的物质测定较准确，其氯离子的范围为5~100mg/L。但铬酸钾和硝酸银试剂具有毒性，直接排放会污染环境，硝酸银试剂价格又高，加大了测试成本，实用性差。

分光光度法：通过测定被侧物质在特定波长处或一定波长范围内光的吸收度，对该物质进行定性和定量分析的方法。分光光度法能够精准测量微量氯离子，灵敏度高、重现性好、简便、快速。但试剂具有毒性且使用量较大，若不加工处理直接排放会严重污染环境

图 5.1.3　各种氯离子测定方法的特点

100%RH 的密闭环境中，几周后看是否有"点状绿锈"产生，如果没有，则说明青铜器处于稳定状态，反之则需再次清洗。澳大利亚博物馆对 7 种铜合金器物除氯方法进行比较时采用的就是这种方法来鉴定清洗效果[3]。由于该方法会造成文物的破坏，而长时间脱盐也会对文物造成不利影响，所以应该结合脱盐浓度的监测和检测结果，当脱除的总氯变化很小，日平均脱氯量基本稳定；且溶液中的氯离子浓度较较低时（浓度因文物含盐情况不同而存在差异），可以停止脱盐处理，继续进行后续的保护操作。

5.2　海洋出水文物脱盐设备的研发和应用

由于以往的脱盐工作只是针对小尺寸的个别样品，且主要在烧杯、试管等小容量器皿，而对于大尺寸文物和大批量的文物的脱盐处理，特别是，已经摆在面前的"南海Ⅰ号"、"南澳1号"大量出水的铜器以及沉船本身的现场保护，亟需在大型的脱盐

处理设备里操作和脱盐保护处理。

尽管国内外学者在出水文物脱盐保护时，个别的采用了简单的处理槽，如 HMS 胜利号军舰上的 2 门青铜大炮的不锈钢处理槽[7]。但并未给出处理槽的设计和加工的技术参数，更未对脱盐槽本身进行过研究。由于脱盐结果与脱盐处理条件、脱盐时文物所处的环境等因素有着密切的关系，所以，脱盐槽的设计和技术参数直接影响到脱盐效果。因此，亟需建立一套科学的脱盐系统来规范脱盐处理条件、设定统一的脱盐处理环境因素。

5.2.1　设备的设计

从第三章对海洋出水铜器腐蚀因素的探讨和腐蚀行为来看，其腐蚀与氯离子含量、pH 值、温湿度和流速等有关，为此，监控浸泡脱盐液中氯离子含量、温度、pH 值及流速情况，便可以了解脱盐的进程。

为此，制定了两套设计方案，以实现对大批量不同材质出水文物的高效脱盐；能够对主要控制参数（如温度、进 / 回水流量、电导率、pH 值等）实现在线监控、存储和显示历史数据；能够为开展相关的科学研究和处理效果的分析提供客观、真实、准确的长程数据支持；通过合理的组态，将相关参数在同一图表中显示，便于分析和发现相关联参数的内在规律。

设计方案的选定：

根据以上设计目的，脱盐系统拟分为清洗区、加热区和在线控制区。根据出水实验室内设备放置位置的尺寸和脱盐操作的可操作性，制定了两个方案。方案一是将设备内合理布局清洗区和加热区合并在一起；方案二是将清洗区和加热区分开，并通过管道连接。根据脱盐设备应用的灵活性，与用水量的可控性，最终选择清洗槽和加热槽分开的方案二。

该出水文物自动清洗脱盐设备，最终完成的设计图的具体说明如下：主要包括清洗槽和加热槽。其中：清洗槽和加热槽的底部和顶部均通过管道连接；清洗槽连接 pH 检测仪、温度检测仪和液位检测仪；清洗槽内设有活动隔板，通过调整活动隔板形成多条流道；清洗槽内安装有多个进水口，每个进水口设有进水控制阀，进水口数量和位置与多条流道的数量和位置相对应；总进水管上安装有电导率检测仪、流量计量；冲洗管路上安装有流量计量；清洗槽内的出水口处设置有过滤装置；加热槽内安装有加热器和潜水泵组。设备结合物理脱盐、化学吸附脱盐等多种手段，实现盐浓度、pH 值等参数在线监测、数据实时采集，具有温度可调、流速可控等多种功能。

设备的选材：

一、选材和元器件配置原则

1. 由于设备内主要介质为以 Cl^- 为主的可溶盐及辅助性化学吸附药剂，且文物清洗运行周期较长，所以整体材质必须具有较高的防腐性能。为避免金属材料与试验器件发生电化学反应，导致对器件产生类似电镀的反应现象出现，整个水循环清洗过程中严格控制金属材质管道管件的出现；

2. 文物样品需精心操作，且大批量的文物较长时间置于设备内脱盐，整体材质需选择既具有高强度又有一定韧度的材料；

3. 根据整体外形和工艺特征，清洗槽采取分区分格的灵活方式，取放文物方便。每格尺寸大约 0.5m×0.5m，整体布局 3m×3m。设备内设置适当的箱体固定装置，防止箱体移位或振动等破坏性动作。器件需固定在箱体内；

4. 为保护文物不被意外破坏，需要制作一批塑料网眼箱，水可以通过网眼自由流动，网眼箱内需在各边保留足够的液体通道，进而在操作上可以便于固定和保证足够的液体接触面和置换面积；

5. 清洗台底部设计有可活动的小盖板（每单位格配两块：密闭式和网眼式），可根据实物形状选择不同的折流方式以及是否底部进水，尽可能实现 360 度环绕清洗；

6. 为控制合理的流型，提高过水除盐的效率，所有单位格间预留卡槽，可插放不同尺寸的挡板，合理控制水速、水型，减少水耗，提高清洗效率。

二、槽体及槽内配件的选配

磁力泵：

按循环周期 1 小时设计，则选择额定流量 2m³/h，扬程 <2m 的液下磁力泵 2 台。清洗区为单通道时，平均流速为 0.4mm/s；清洗区为双通道时，平均流速为 0.8mm/s；清洗区为三通道时，平均流速为 1.2mm/s；设计中，选择了多台备泵，根据实际效果调整控制流速。

加热器：

加热器单元考虑设计两台电加热管，因介质为含盐水，所以加热方式选钛管电加热管。其中一台为升温大功率加热器，另一台为小功率恒温调节加热器。4000kg 水升温阶段（不计热损失），不同升温，所需加热器功率不同（见图 5.2.1）。

考虑电气负荷和安全，推荐 20KW 电加热管。

热损失估算：

由于槽体材质为非金属，保温性能较好，可按加热功率 1/4 考虑，选择 6kw 左右即可。在升温阶段，两台加热器一同工作，可以缩短升温时间。

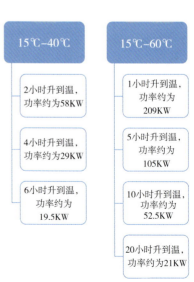

图 5.2.1　升温与功率的关系

搅拌器：

根据设计要求，搅拌器须选择大流量、低速、低剪切的推进式搅拌。同时，在搅拌外部需要安装防护罩，避免损坏器物。考虑到器件的不确定性，采用活动式搅拌方式，即可在某一方向上调整位置和轴杆入水角度，选择好后可快速固定。在搅拌叶外设置保护性罩网，避免高速桨叶意外破坏试验器件。多选配几台搅拌，合理组合，效果可能更好，处理弹性也较大。

搅拌器形式：三桨叶，推进式轴流桨叶。

搅拌直径：槽体预计标准单通道宽度大约 500mm，搅拌头总外径按 1/4 考虑，约为 125mm，去除防护罩间隙，螺旋桨叶轮实际外径选 80mm。

转速控制：线端最大速度 <5m/s，则最大转速 20 转 / 分钟，因此推荐选择 0-20rpm 无级变速搅拌。选择单层桨叶形式，搅拌轴长度约 40cm，固定在槽侧壁或辅助支架，角度和深度均可灵活调节固定。搅拌桨及搅拌轴需经防腐涂层处理。

容器内冲洗水泵选型：

考虑到可能会处理异型器物，局部循环不良，需要定点循环或容器内冲洗，特增设内冲洗泵及相关管线。按预留 9 路冲洗分管，总供水能力 <1m³/h，扬程 2m。总管设压力表，分管设控制阀，并设计一个回流管 / 阀。

材质及型号选择

1. 主体材质

根据使用条件，本设备需要满足耐盐水腐蚀、在中低温长期操作不变形，加工性能良好等要求。参考材质耐蚀性能表采用聚丙烯板材（PP 板）作为主体结构的材料（pp 板材即聚丙烯，是一种综合性能极好的工程塑料。pp 板材 / 片材是指用共聚或均聚 pp 通过挤出方法制得的 pp 片、板材材，根据厚度不同可以划分为片材和板材材。其特点是表面光滑平整，具有高强度、高刚度、高硬度、难燃、绝缘、防潮、隔热、防腐蚀、抗冲、不变形、抗光照、防褪色耐候性好等优点。在化工、机械、食品、医药、电器、电子工业等广泛应用）。

2. 配件材质

根据介质特性，其它配件材质须满足耐盐水腐蚀的要求，主要配件选材情况如表 5.2.1 所示。

在线测试系统的建立：

将传感器（电导率、温度、pH 值、流量等参数测试配件）与电控制箱及上位机电脑连接，建立了在线测试系统（海洋出水文物脱盐设备在线系统测试流程图见图 5.2.2）

表 5.2.1　主要配件选材情况

序号	名称	材质（接触部分）	说明
1	加热器	套管为钛材	
2	搅拌	聚四氟乙烯	
3	循环泵	PP	
4	温度计	聚四氟乙烯套管	
5	流量计	钛电极，三电极结构，聚四氟乙烯内衬	
6	液位计	材质聚四氟乙烯	探入式
7	循环主管 / 管件	PPR	
8	冲洗软管	硅胶管	
9	底座	碳钢	海水防锈漆

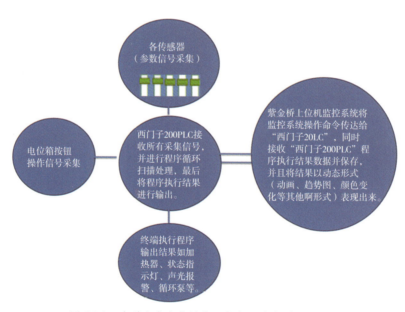

图 5.2.2　海洋出水文物脱盐设备在线系统测试流程图

通过在线测试系统可以在上位机电脑显示多种功能，其主界面如图 5.2.3 所示。在主界面上又可以进行参数设定，趋势查询，报警记录查询和数据记录查询、存储、打印等。

经过以上的设计和建立流程，最终设计施工完成的出水脱盐设备如图 5.2.4 所示（其清洗槽结构示意图见图 5.2.5，a、b、c、d 清洗槽各形式流道示意图见图 5.2.6，加热槽结构示意图见图 5.2.7）。

图 5.2.3 海洋出水文物脱盐设备电脑显示主界面

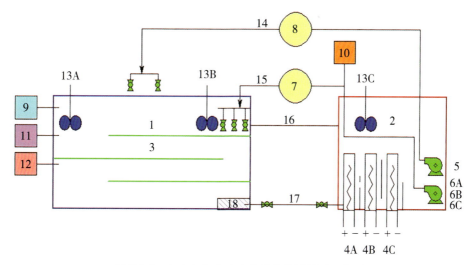

图 5.2.4 出水文物自动清洗脱盐装置原理示意图

具体说明：

清洗槽 1 和加热槽 2 为聚丙烯材质制成。清洗槽和加热槽的上部连接一溢流平衡管 16。清洗槽内的流道可以形成蛇型流道、U 型流道或平行流道。活动隔板 21 的上部采用辅助定位板 22 形成体型支撑，保证流道的稳定性。清洗槽内设有固定物件的多孔悬空隔板，在多孔悬空隔板的支撑板上开有确保底部水的流动性的孔。加热槽内的加热器为垂直安装。pH 检测仪 9、电导率检测仪 10、温度检测仪 11、液位检测仪 12 和加热器 4A/B/C 均连接至控制台。控制台为计算机。

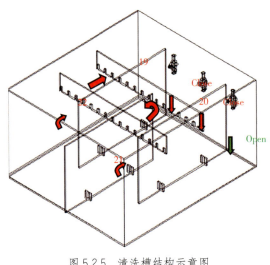

图 5.2.5 清洗槽结构示意图

附图说明

1：清洗槽 2：加热槽 3：工作区 4A/B/C：电加热器 5：清洗泵 6A/B/C：循环泵 7：进水流量计 8：冲洗流量计 9：PH检测仪 10：电导率检测仪 11：温度检测仪 12：液位检测仪 13A/B/C：活动搅拌 14：局部清洗管路 15：进水控制阀 16：溢流平衡管 17：连通控制管 18：过滤器 19：出水过滤区 20：进水控制区 21：活动隔板 22：辅助定位隔板 23：电加热器（A/B/C）24：低隔板 25：高隔板 26：潜水泵 27：侧隔板

具体实施方式：

清洗槽 1 和加热槽 2 是矩形结构，在清洗槽 1 和加热槽 2 的顶部以及底部均设有各自的进水口和出水口，并安装连通总阀，以实现清洗槽 1 和加热槽 2 之间连动或独立工作。工作中，清洗液由循环泵或冲洗泵 26 由预热槽 2 传递到清洗槽 1，清洗槽 1 通过流道末段的平衡连通控制管 17 回流到加热槽 2 内，实现水的总体循环。在清洗槽 1 和加热槽 2 的上部连接一溢流平衡管 16，主要作用为防止误操作时，将加热槽 2 中的水打空或清洗槽 1 满槽溢流。

加热槽 2 内设置有低隔板 24 和高隔板 26，交错排布，能更好地提高水的流动均匀性，使加热器 23A/B/C 加热效果更均匀迅速。侧隔板 27 可用于固定潜水泵 26 或离子吸附棒。

清洗槽 1 如图 5.2.6 所示，内部空间设有进水控制区 20 和出水过滤区 19，在出水过滤区 19 处安装有可拆卸的过滤器 18，用于清洗的水质过滤除污。清洗槽 1 工作区内设有活动隔板 21，根据具体操作要求可以通过调整活动隔板 21 的布置形式形成多种流态的流道（如图 5.2.6a、b、c、d 所示的水平蛇形流道、U 型流道、三平行流道、垂直蛇形流道），也可以对某一流道进行局部尺寸调整，以满足更复杂的操作要求。活动隔板 21 底部设计有垂直交叉型足筋板，用于改善活动隔板 21 底部的支撑性能，可稳定活动隔板 21 避免位移。活动隔板 21 的上部采用开有槽间隙的辅助定位板 22 形成体型支撑，保证整体流道形状的稳定性。

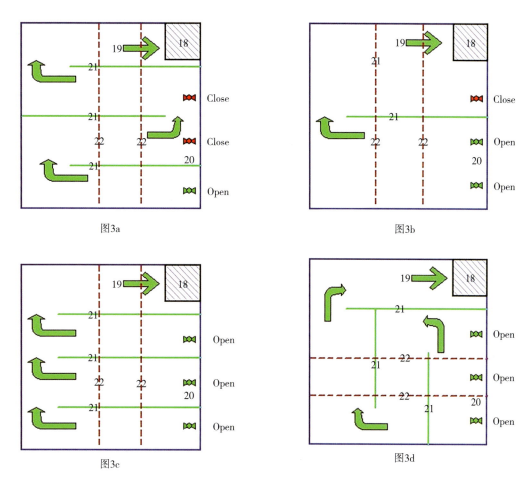

图3a　　　　　　　　　　　　图3b

图3c　　　　　　　　　　　　图3d

图5.2.6　a、b、c、d清洗槽各形式流道示意图（图5.2.5的俯视图）

以三路流道为例，在清洗槽1的进水控制区20设置三路进水控制阀15，以实现不同流道的进水控制，调节总循环水流量。

由于需要处理的出水文物材质多样，体量不一，可采用若干多孔悬空隔板对物件进行固定，多孔悬空隔板的悬空高度视物件的高度而定，支撑多孔悬空隔板的支撑板在迎水方向适当开孔，确保底部水的流动性。

加热槽2如图5.2.7所示，加热槽内垂直地设有加热器23，采用钛质加热管作为加热器，以防止盐水的腐蚀。从清洗槽1引来的水，经过垂直方向的折流加热区进行升温或热补偿操作，以维持系统设定的工作温度。温度现场取值点选择在清洗槽，以更好的反映工作区的温度情况。

加热槽2内安装有清洗泵和循环泵26，清洗泵和循环泵26为液下磁力泵，材质为PP，具体功率视具体需要而定。清洗泵与循环泵26独立运行。

循环泵为整体循环流场的动力输出来源。

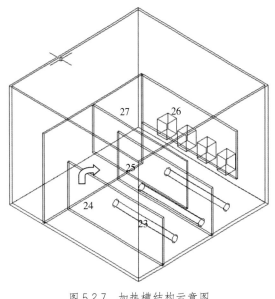

图 5.2.7　加热槽结构示意图

清洗泵主要用于需要定点清洗的死角或死区位置，以得到更好的清洗效果，该泵出口为软管，便于机动定位。同时，还可作为槽体清洗时的临时冲洗水来源。

根据具体操作需要，循环泵设计为两用一备，可选择单台或双台运行，即可实现 0-3.6m³/h 范围内（理论流量）的选择。同时，结合进水区域选择阀的开度控制，还可实现在给定流量范围内的微调。实际流量通过在线流量计进行显示。

为彻底避免以上误操作导致的问题，要求在设备启动时，两槽的初始液位一定要达到说明书给定的最低值。

该设备能够实现的功能包括：

1. 对大批量不同材质出水文物的高效脱盐；

2. 对不同体量的文物灵活控制循环水量；

3. 能够对主要控制参数（如温度、进 / 回水流量、电导率、pH 值等）实现在线监控、存储和显示历史数据；

4. 能够为开展相关的科学研究和处理效果的分析提供客观、真实、准确的长程数据支持；

5. 通过合理的组态，将相关参数在同一图表中显示，便于分析和发现相关联参数的内在规律。

5.2.2　脱盐设备的动力学仿真计算

从牛顿定律公布的 1687 年到本世纪 50 年代初以来，有两种方法主要研究流体运动规律：一种是实验研究方法，研究手段是试验；第二种是理论分析方法，使用简单流动模型的假设，给出某些问题的解析解。第一种方法耗资巨大，而第二种方法对于较复杂的非线性流动现象目前却无能为力。20 世纪 70 年代以来，以计算流体力学为实验研究和理论的研究飞速发展并起到了促进作用，同时为简化流动模型奠定了坚实的基础，使得许多分析方法得到发展和完善。当前研究流体运动规律的三种基本方法是实验研究、理论分析方法和数值模拟。

利用数值计算方法，建立仿真模型，运用计算机对控制流体流动的数学方程进行求解，进而研究流体的运动规律，这就是计算流体力学学科（CFD）。

虽然流动规律满足质量守恒定律、动量守恒定律和能量守恒定律，但流体力学与固体力学不同，流体的流动过程中会发生巨大的形变，通常使得问题求解变得较为复杂，这就是其根本原因。其控制方程属于非线性的偏微分方程，除了少许简单问题，一般都较难求得解析解。所以，研究流体流动的一个重要的研究方向和方法是把具体问题建立仿真模型，从而进行数值求解，其基础就是计算流体力学。

数值模拟

数值模拟方法是一种离散化的方法[15]。其基本思想是利用计算流体力学Computer Flow Dynamic（CFD）原理进行数值模拟。CFD是一门具有强大生命力的边缘科学，是近代流体力学、数值数学和计算机科学结合的产物。它以各种离散化方法（有限差分法、有限元法、有限分析法、边界元法和有限体积法等）建立各种数值模型，并通过计算机进行数值计算和数值实验，得到在时间和空间上离散的数据组成的集合体，最终获得定量描述流场的数值解。

随着计算流体力学方法在近几十年来的迅速发展和应用，发达国家对各种工程流体力学问题的研究大多采用以计算为主、实验为辅的方法，大体上能避免实验盲目性问题。

伴随计算机技术的飞速发展，偏分方程理论及各种数值解法的完善，数值模拟这种研究手段应运而生。与实验研究相比，数值模拟具有以下巨大的优越性：

（1）耗费少、时间短、省人力，便于优化设计；

（2）能对实验难以测量的量做出估计；

（3）能为实验研究指明正确的方向，从而减少投资、降低消耗；

（4）模拟研究的条件易于控制，再现性好。

正是数值模拟具有巨大的优越性，这种方法一经出现就能得到广泛的应用。但是从另一方面来看，数值模拟同样有一些局限性：

（1）数值模拟需要准确的数学模型，由于很多问题机理没有完全理清，数学模型的准确化较难实现。例如高速水流的气蚀现象、多相流各相间的相互作用、非牛顿流体的本构关系等都不可能用准确的数学模型描述出来，从而需要借助半经验的模型，数值模拟的准确性和可靠性便受到了极大的影响；

（2）数值模拟中对数学方程进行离散化处理时，需要分析计算中碰到的稳定性、收敛性问题。这些分析方法对于线性方程是有效的，而对于非线性方程却没有完整的理论支持，对于边界条件影响的分析就难上加难了。因此计算方法自身的正确性也要通过实际计算验证，为了验证模拟结果的正确与否，还必须与相应的实验研究进行对比；

（3）数值模拟自身还受到计算机条件的限制，有些问题虽然有了成熟的模型，但由于计算机运行速度和容量大小的限制，完全实现模拟并不太可能。所以，数值模拟的发展需要大力发展计算机，并改进计算方法从而提高效率。

流体仿真模型的应用

随着近年来计算机的普及和计算处理能力的显著提高，根据数值分析技术的新计算流体力学法的影响，改变了传统的化工过程设计的方法。促进这一改变的背景是，计算机的成本在减少，实验的成本在增加，因此设计越来越依赖计算机的预报。虽然计算方法并不能取代实验测试，但可显著降低其依赖性。实验方法将逐渐退步为证明计算流体力学程序精度与可靠的一种方法。

流体力学的基础研究，设计复杂流动结构的工程，燃烧过程中的化学反应，分析实验结果等都可以通过 CFD 实现。在较短的时间内，花费较少的资金就能获得大量的有价值的研究成果是其主要优点，突出表现在投资大、周期长、难度高的实验研究。所以，把 CFD 与工程研究结合起来，既能改进工程设计，又能减轻实验过程中的工作量。CFD 可以说是一种有效的经济的研究方法。且 CFD 的流体仿真模型研究涉及到多领域。目前普遍认为对于大中型水泵进水流态问题切合实际的解决方案是大中型泵站将进水池和进水管整合为连贯一体的进水流道[16]。将进水流道形态从流道内在流体力学特性上进行分类，建立起了以流体力学为理论基础，以 CFD 数值模拟计算为主要研究方法辅以物理模型试验的研究新思路[17]，并根据进水流道水动力学特性提出进水流场基本流态的概念。

相比于模型试验，数值模拟（数值试验）具有花费少、周期短、信息完整、可直接对原型进行计算等优点。伴随计算机技术的发展和 CFD 软件的完善，人们越发看重利用数值模拟的方法来预测水流流动。随着计算流体力学研究的深入，以三维湍流流动理论为基础，把先进的流体计算软件进行流动计算与研究应用于工程设计中已经非常广泛。当前广泛运用于泵站进水流场的三维紊流数值模型，在钟形、簸箕形等复杂型线流道内流场的数值模拟中表现的更为突出。

可见，采用数值模拟与实验研究相结合的方法，仿真模型技术与流体力学相结合的仿真模型作为科学研究的一个重要手段，应用广泛，可直观展示所仿真流体的温度场、速度场、压力场等数据，使得数值计算为优化流体设备提供理论依据。作为实验研究的先导，模拟研究为实验研究提供了指导，从而减少实验经费，缩短实验周期；而实验研究更加直接的验证了所建立的模型的正确性及合理性。

流体仿真模型的建立方法：

目前国内外有两大类关于流场分布研究主要方法：即模型实验方法和数值模拟方法。数值模拟方法与模型实验方法相互依赖、互为补充。一方面，数值计算的结果必须经过模型试验或原型实测进行验证其正确性；另一方面，流体力学计算使我们能更全面、更深刻地认识到研究的流动现象，使得实验的工程量极大减少、缩短了研究周期、提高了研究水平。如果某种计算方法或某些计算结果在实践中通过检验，就可以应用于工程实践。这两种方法目前还不能互相取代，但随着计算结果持续地得到验证、各种计算方法持续地加以完善，数值模拟方法在应用中占比不断增加。

模型实验方法

1. 模拟实验准则

依据相似原理，模拟实验模型与设备原型两者必须达到几何相似、运动相似、动力相似、边界条件相似和初始条件相似。利用相似转换法能推导出五个参数相似，见表 5.2.2。

表 5.2.2　无因次参数表

参数	名称	符号	意义
$\dfrac{\rho u l}{\mu}$	雷诺数	Re	$\dfrac{惯性力}{粘滞力}$
$\dfrac{\Delta p}{\rho u^2}$	欧拉数	Eu	$\dfrac{压力}{惯性力}$
$\dfrac{u^2}{lg}$	弗劳德数	Fr	$\dfrac{惯性力}{重力}$
$\dfrac{u}{c}$	马赫数	M	$\dfrac{流体速度}{声速}$
$\dfrac{\rho u^2 l}{\sigma}$	威伯数	W	$\dfrac{惯性力}{表面张力}$

注：ρ—流体密度；u—流体速度；l—流体通道截面的当量直径；$l=4A/U$；A—流体通道的截面；U—湿润边界的周长；μ—流体粘度；Δp—压力降；g—重力加速度；c—流体介质中的声速；σ—表面张力。

对流场模型进行研究时，雷诺数和欧拉数是最具意义的参数，弗劳德数只有在模拟试验时才考虑，对于马赫数和威伯数可不考虑。

雷诺准则数（Re）是用来表征流动状态准则数的。粘性流体在受迫的情况下运动时，雷诺准则数（Re）对流动状态起决定性作用。所以，模型中的雷诺准则数（Re_m）要求与原型中的雷诺准则数（Re）相同。但是，只有在一定的条件下，雷诺准则数

（Re）才能起到决定性作用，而超出这种条件其作用不明显，甚至消失。当雷诺准则数（Re）小于"第一临界值"时，流动为层流状态。流体的流动状态、流态分布在层流状态范围内与雷诺准则数（Re）无关。这种现象称作"自模性"。当雷诺准则数（Re）大于"第一临界值"后，流动进入过渡状态。流体的湍流程度及流速分布在过渡状态范围内都随雷诺准则数（Re）的增加而变化，在初始时变化较大，之后渐渐变小，流动进入稳定湍流区。当雷诺准则数（Re）持续增加超过"第二临界值"时，流体的流动状态及流速分布就不受雷诺准则数（Re）变化的影响，流动再次进入自模化状态，称作"第二自模化区"。其特征表现为当雷诺准则数（Re）增加时，欧拉准则数（Eu）也不会变化。

综上可知，保证模型与原型几何相似及实验过程处于第二自模化状态是使用模型进行流场分布模拟实验的关键。

2. 模型的几何相似

模型与原型两者需按一定几何比例缩小，则要求包括进、排水管和溢流管在内的清洗池模型本体按几何相似模拟。

三维流动数值模拟仿真模型建立基础

1. 理论基础

湍流又称作乱流或紊流。当前，湍流流动还没有一个切确的定义，只是习惯以湍流流动的特点来解释湍流。一般来说，湍流流动的特点如下：

（1）湍流流动是流体的一种不稳定的流动形态。偶发因素引起的扰动，会在湍流中得到发展，直到在流体内摩擦的作用下，衰减而转化为热。

（2）湍流流动是杂乱无章的，必须通过统计平均的方法来研究和描述其运动规律。

（3）由于流体的内摩擦，湍流流动的机械能会不断地转化为热能。因此，要维持统计意义上"平稳"的湍流流动，必需保持具备外力做功的条件。

（4）湍流流动是大雷诺数的流动。

（5）湍流流动是有旋的，而且本质上是三维运动，一些二维的理论研究是形式上的近似，并不代表实际情况。

（6）湍流运动的一个显著特点是具有很强的混合能力，一般比分子热运动造成的混合要强几个数量级。

2. 模拟方法

对湍流运动的数值模拟，是目前计算流体力学中最困难也是最活跃的领域之一，对已采用的数值模拟方法可大体上分为三类：直接模拟、涡流模拟、Reynolds平均法。

CFD 的实现过程包括（如图 5.2.8 所示）：

3. CFD 的结构

CFD 的结构是：

（1）提出问题：流动性质（内流、外流；层流、湍流；单相流、多相流；可压、不可压……），流体属性（牛顿流体：液体、单组分气体、多组分气体、化学反应气体；非牛顿流体）；

（2）分析问题：建模——N–S 方程（连续性假设），Boltzmann 方程（稀薄气体流动），各类本构方程与封闭模型；

（3）解决问题：计算格式的构造 / 选择：有限元、有限差分、有限体积、谱方法等；程序的具体编写 / 软件的选用，后处理的完成；

（4）成果说明：形成文字，提交报告。

脱盐设备物理模型的建立：

对文物自动清洗脱盐系统建立清洗池试验模型，研究其内部液体的流场，把建立的流场仿真模型和按照大型清洗池等比缩小的清洗池试验室模型进行比较，在仿真模型的流场与试验模型测量数据大体吻合的情况下，分析仿真模型的各种工况，把握影响流场分布的规律，减少文物清洗脱盐时间，降低清洗池的运行成本。

清洗池试验模型是长 1.8m、宽 1.8m、高 1m 的箱体结构。内部组装可移动的隔板，隔板左右两端分布着进水管，清洗池中放入需要清洗脱盐的文物。清洗池顶部有 1 个溢流管，底部有 1 个排水管。用三维建模软件 Pro/E 对清洗池建模，如图 5.2.9 所示：

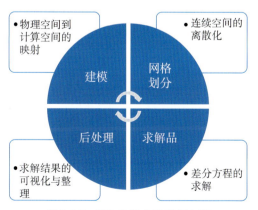

图 5.2.8 CFD 的实现过程框架图

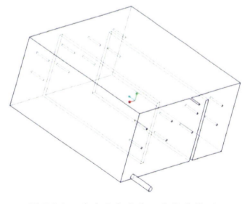

图 5.2.9 清洗池内液体三维仿真模型

把完成的三维模型分别植入 CFD 仿真软件前处理软件 GAMBIT 中，进行网格划分。采用 Tgrid（混合网格）对三维模型划分，由四面体组成的 Tet/Hybrid 单元作为网格单元，网格间距为 20mm。

本书是利用标准的 k—ζ 湍流模型做得数值计算。其中：清洗池模型仿真时所用的流场参数为：流体实验物系选用 38℃的水，水的密度为 $1×10^4kg/m^3$，粘度为 $1.003×10^{-3}kg/（m·s）$。设模型所受重力为 $9.8m/s^2$。边界条件设为 FLUENT 中的速度进口，各水管入口流速约为 0.067m/s，速度均匀分布；出口边界条件设为 FLUENT 中的压力出口和速度出口，压力出口截面为清洗池水面和溢流管截面，表面净压为大气压，且均匀分布；速度出口为排水管的流速，为 0.1m/s。收敛条件：为了确定计算结果收敛，把方程组中各项结果的残差定为 10^{-3}。将脱盐设备物理模型输入仿真条件，利用流体仿真软件 FLUENT 建立脱盐设备的仿真模型。

仿真结果输出与实测结果对比：

将建好的模型读入 FLUENT 软件进行模拟仿真。池内水流速度分布的仿真结果如图 5.2.10、图 5.2.11 所示。在清洗池内，离液面分别深 0.3m、0.45m、0.6 米的三层截面，分别在每一平面取 9 个点，测其流速，与仿真结果相比较（见图 5.2.12）。

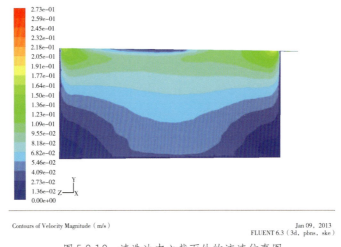

图 5.2.10　清洗池中心截面处的流速仿真图

从图 5.2.10 可以看出，清洗池内的流速由高处至低处依次阶梯形减小，在顶部溢流管处的流速最大。从图 5.2.11 可以看出，在距清洗池液面 0.45m 处的截面流速分布为：在每个隔间内，中心流速大，两侧流速小。因此，在此种布置的清洗池内，将出水文物置于池内靠上和隔板中心处，清洗效果最好。

从图 5.2.12 可知，各平面测量点的仿真流速与实测流速趋势大体相吻合，以及流场趋势大体相吻合，但是数值上存在差异。存在差异的原因如下：

（1）仿真模型是简化的理想模型，隔板与清洗池箱体连接处设置为没有缝隙，而

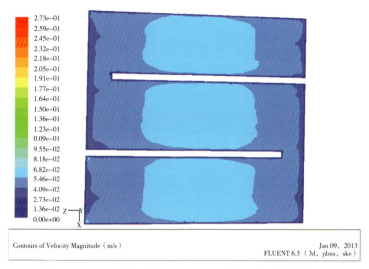

图 5.2.11　距清洗池液面深 0.45m 处截面的流速仿真图

实际测量时隔板与箱体连接处存在缝隙；即仿真模型与实际情况有差异。

（2）实测流速数据有误差。

（3）尽管脱盐设备内部流场的仿真模拟结果与实测数据在数值上有一定的差异，但两者流场趋势大体相吻合，即仿真模型能够定性地预测脱盐设备的内部流场。因此可以设定不同工况的脱盐设备仿真模型，选取在最佳的工况条件下进行文物清洗。

脱盐设备的仿真优化：

仿真工况划分

依据脱盐设备实际情况，保证进出水管流量相同的状况下，将清洗池分为 8 种工况（表 5.2.3），每种工况建立的三维模型分别见图 5.2.13~ 图 5.2.20：

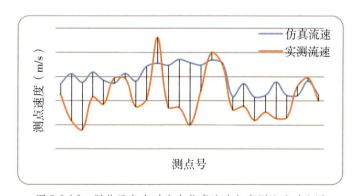

图 5.2.12　脱盐设备内对应点仿真流速与实测流速对比图

对于脱盐设备每种工况的三维模型读入 FLUENT 软件后并设置边界条件后建

表 5.2.3   仿真工况划分表

工况号	清洗池通道数	进水管布置一侧/两侧	水管数	图示
一	三通道	两侧	两层	图 5.2.13
二	三通道	一侧	两层	图 5.2.14
三	三通道	两侧	三层	图 5.2.15
四	四通道	两侧	两层	图 5.2.16
五	四通道	一侧	两层	图 5.2.17
六	四通道	一侧	三层	图 5.2.18
七	三通道	两侧	三层	图 5.2.19
八	四通道	两侧	三层	图 5.2.20

立模型，如图 5.2.21 所示。三层截面分别离液面 0.3m、0.45m、0.6m，在各个截面上分别取 9 个点，计算其 27 点流速的平均值 V，最优工况为平均值最大的工况。

在图 5.2.21 所示的 x、y、z 三坐标轴方向取得三维模型的各区间，x 平面范围为 [-0.9，0.9]，y 平面范围为 [0，0.9]，z 平面范围为 [-1.8，0]。清洗池仿真流场结果以各截面显示。前三种工况及工况七顺次截取平面为：x=-0.45 平面，x=0 平面，x=0.45 平面；y=0.2 平面，y=0.4 平面，y=0.6 平面，y=0.8 平面；z=-0.2 平面，z=-0.6 平面，z=-1 平面，z=-1.4 平面。

工况四、五、六、八顺次截取平面为：x=-0.675 平面，x=-0.225 平面，x=0.225 平面，x=0.675 平面；y=0.2 平面，y=0.4 平面，y=0.6 平面，y=0.8 平面；z=-0.2 平面，z=-0.6 平面，z=-1 平面，z=-1.4 平面。

分别在进水管水量为 1.21m³/h、4.39m³/h、8.69m³/h 时，对工况 1~工况 8 进行仿真模拟。

仿真结果分析：

清洗槽仿真模型中四个水平平面的中心流速进行仿真分析，如表 5.2.3 所示；不同工况下的仿真模拟速度分析结果如表 5.2.4 所示。

从表 5.2.3 可见，清洗池内的流速由低处至高处依次阶梯形增大。因此，在此种布置的清洗池内，将出水文物置于池内靠上处，清洗效果更好。

从表 5.2.4 可知：

1）清洗池分为四通道，两侧均有进水管布置，布置为 2 层水管，这种工况条件

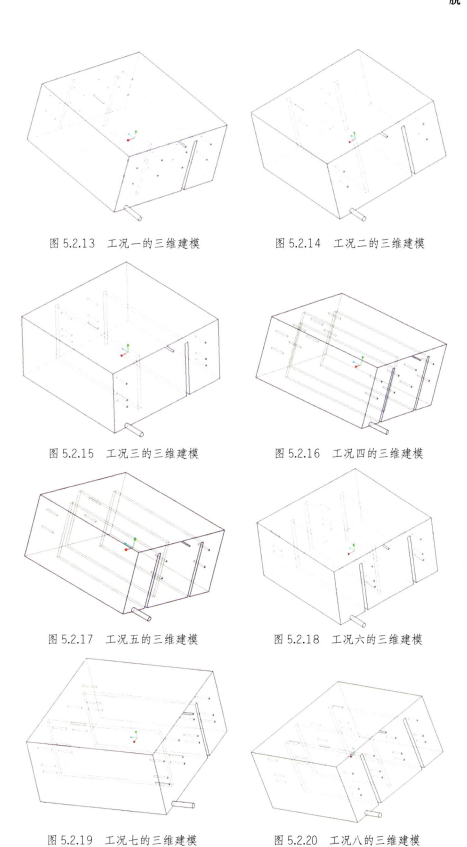

图 5.2.13　工况一的三维建模　　　　图 5.2.14　工况二的三维建模

图 5.2.15　工况三的三维建模　　　　图 5.2.16　工况四的三维建模

图 5.2.17　工况五的三维建模　　　　图 5.2.18　工况六的三维建模

图 5.2.19　工况七的三维建模　　　　图 5.2.20　工况八的三维建模

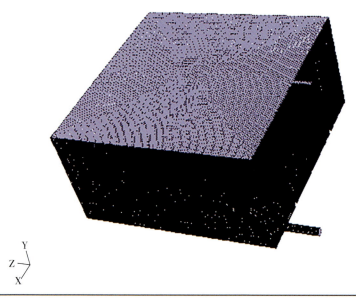

Grid

Oct 29，2012
FLUENT 6.2（3d，segregated，ske）

图 5.2.21　清洗池三维模型读入 FLUENT 软件后并设置边界条件后的模型

表 5.2.3　清洗槽仿真模型中四个水平平面的中心流速

水平平面 y	中心流速 v（m/s）			
	y=0.2m	y=0.4m	y=0.6m	y=0.8m
工况一	0.04	0.05	0.07	0.09
工况二	0.04	0.05	0.07	0.09
工况三	0.04	0.05	0.07	0.09
工况四	0.04	0.05	0.07	0.09
工况五	0.04	0.05	0.07	0.09
工况六	0.04	0.06	0.07	0.1
工况七	0.04	0.04	0.04	0.4
工况八	0.04	0.04	0.04	0.44

下的流速平均值 v 最大；

　　2）工况 1、工况 3 的流速平均值 v 相差不大，但明显大于工况 2 的流速平均值 v（工况 4、工况 6 相对于工况 4 同理）。表明在清洗池进水流量相同的状况下，进水管数量越多，文物清洗脱盐时间越少；

表 5.2.4　八种工况流场仿真结果表

工况	工况 1	工况 2	工况 3	工况 4	工况 5	工况 6	工况 7	工况 8
通道数	3	3	3	4	4	4	3	4
进水管个数	16	8	12	16	8	12	24	24
布置进水管层数	2	2	3	2	2	3	3	3
每通道进水管布置方式	双侧	单侧	单侧	双侧	单侧	单侧	双侧	双侧
进水管流速（m/s）	0.067	0.134	0.09	0.067	0.134	0.09	0.045	0.045
排水管流速（m/s）	0.1	0.1	0.1	0.1	0.1	0.1	0.1	0.1
流速平均值 V（m/s）	0.0585	0.0560	0.0587	0.0589	0.0539	0.0586	0.0532	0.0429

3）对比工况 2 与工况 3（工况 5、工况 6 同理），知道：若每个通道只在一侧布设管道时，水管层数越多，清洗效果越好，文物清洗脱盐时间越少。

4）工况 7 与工况 8 的流速平均值最小，分别与单侧进水得同等条件比，此两种工况的清洗效果不好。

综上可见，清洗槽内的流速由低处至高处依次阶梯形增大。因此，将出水文物尽量往高处放置，清洗效果较好，而置于清洗槽内 0.6m 处，清洗效果最均匀。在清洗槽进水流量相同的状况下，进水管数量越多，文物清洗脱盐时间相对越少。当每个通道只在一侧布设管道时，水管层数越多，文物清洗脱盐时间越少，清洗效果越好。但是当每个通道两侧都进行布管时，水管层数越多，清洗效果反到不理想。所以，清洗槽为四通道，两侧都布置进水管，布置为 2 层水管，这种工况文物清洗脱盐时间最少，工况条件最佳。

5.2.3　设备的应用

为了充分合理地整合利用现有资源，发挥各种脱盐方法的优势，降低保护工作人员劳动强度，在提高脱盐操作效率的同时，降低对出水文物潜在的二次损伤风险，在将该设备用于海洋出水铜器文物的脱盐操作中时，需要设定适当的运行参数以满足铜器文物脱盐工作的需要，此外，还要将之前实验中建立的监测方法和标准，应用到对该设备在运行过程中的实时监控，对脱盐效果进行及时有效的监测，以及评估出水文物保护中自身的安全性中来。

脱盐设备的运行参数：

首先，根据以上数值仿真模拟的结果，将样品置于清洗槽内 0.6m 处，再加入脱盐溶液。

根据"前期研究"的成果，实验中加热加速法的条件为每次加热 8 小时，保温温度 50℃，这样的条件需要加热的温度较高，不利于降低能耗，且脱盐效率提升效果有限，但考虑到冬天气温低不利于海盐类物质的溶解扩散，因此系统温度设定为 35℃。循环系统流速设定为 8m³/h，这样的流速相对缓和，一方面可以保证将溶解出的海盐类物质带走保持适当的浓度差，另一方面可以使整个脱盐设备系统内部保持一定的稳定性，避免对铜器表面造成不必要的损伤。脱盐池水箱内液位的设定满足没过所有铜器的要求，这既与待脱盐的铜器在内部的放置有关，又可以保证脱盐溶液充足不至发生过饱和现象影响脱盐效果。在出水铜器的安放方面，充分考虑了脱盐效率和设备容积，使二者达到平衡，并为保证样品安全而留有一定的间隔。

脱盐过程历时 90 天，其中更换脱盐溶液两次，分别为第 27 天和第 42 天，此后海洋出水文物脱盐设备又加装了脱盐溶液净化装置，提高了脱盐操作的自动化程度和水资源的利用率，保证了脱盐溶液质量的稳定性。

脱盐设备运行监控：

在脱盐过程中，设备监测系统每小时自动记录一次设备运转监控参数，包括时间、温度、液位、pH 值、电导率五项，将温度、液位、pH 值、电导率相关监控数据以天为单位取平均值，得到有效监控数据 60 天，绘制成时间曲线，分别如图 5.2.22~图 5.2.25 所示。

由图 5.2.22 可知，在设备运行过程中系统内的温度始终维持在 35℃左右，其间所发生的少数几次温度降低，或为换水所致或为设备调校所致。反应出，整套设备具有良好的加热、控温能力。此外，从图中也可以看出设备升温速度平和，

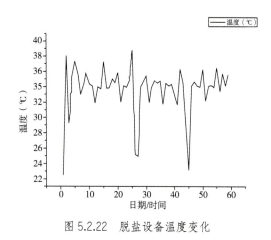

图 5.2.22 脱盐设备温度变化

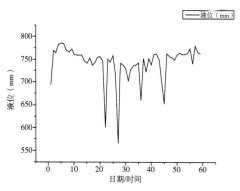

图 5.2.23 脱盐设备液位变化

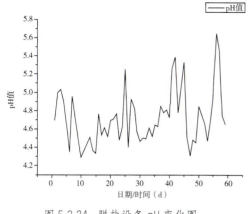

图 5.2.24 脱盐设备 pH 变化图

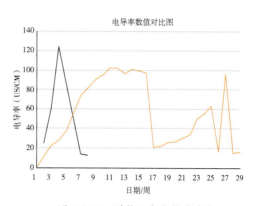

图 5.2.25 脱盐设备电导率变化
注：黑线—脱盐设备内；红线—浸泡

避免了加热过快造成系统内部局域温度过高，从而保证了系统内的温度平衡和文物的安全。

图 5.2.23 所反应的是脱盐期间的清洗池水箱内液位的变化。由于蒸发作用的存在，清洗池水箱内的脱盐溶液总量会逐日减少。为了保证脱盐操作实施期间内，脱盐溶液能浸泡所有铜器，脱盐设备将液位报警设定为 700mm。除换水、调校等操作造成的液位降低外，脱盐设备运行过程中均维持在安全液位以上。

从图 5.2.24 中不难看出，在脱盐设备运行过程中，系统内始终维持着弱酸性环境。铜通常具有良好的耐腐蚀性能。但因其化学成分、物相以及腐蚀介质等原因，在任何情况下都耐腐蚀的铜是不存在的。在与电解质溶液接触时会形成原电池，故其腐蚀是由电化学过程引起的。而在不同的腐蚀环境中，其耐腐蚀能力相差很大。铜器保护处理时一般选择在偏碱性环境中进行。因此，本系统运行过程中加入了脱盐溶液 3% 倍半碳酸钠，同时加入适量的 NaOH 以使得溶液在 pH 值范围之内。

脱盐电导率的变化：

通过脱盐设备在运行过程中对系统内部脱盐溶液电导率的监控，在出水铜器脱盐操作开始后，系统内脱盐溶液的电导率随着文物内部海盐类物质的逐渐溶解而缓慢升高，这与"前期研究"中脱盐溶液电导率值和文物内部海盐类物质溶解的变化规律是相吻合的；运行 30 天后对脱盐溶液进行了更换，由于脱盐溶液品质的提升造成了电导率值的骤降；直到运行 50 天后，系统的电导率值才呈平缓下降的趋势（如图 5.2.25 所示）。对比在设备外，通过浸泡液浸泡脱盐的铜器来说，可以看到，达到同样的电导率需要的时间缩短了约 2/3，说明海洋出水文物脱盐设备在铜器文物脱盐方面的应用效果良的好。

　　基于该设备循环脱盐的技术成果，已推广应用到南海Ⅰ号现场建立了多种文物的脱盐池，另外还建立了小白礁1号木材脱盐池、华光礁1号木材脱盐池等。该设备已经在现场实现了铜器、木材和瓷器的加速脱盐，并已取得了较佳的脱盐效果。

参考文献

[1] ZenghelisG. Study of antique bronze[J]. Studies in Conservation. 1930,(33):556−563.

[2] Carol Cressey. Mattusch.Casting techniques of the Greek Bronze sculpture: foundries and foundry remains from the Athenian Agora with reference to other ancient sources[D]. North Carolina. Dissertation−−University of North Carolina,1975.

[3] Ian Donald MacLeod. Conservation of Corroded Copper Alloys: A Comparison of New and Traditional Methods for Removing Chloride Ions[J].Studies in Conservation,1987,32(1):25−40.

[4] MacLeod I.D.,North N.A. Conservation of corroded silver[J]. Studies in conservation.1979,(24):165−170.

[5] Marx R. F. Shipwrecks of the Western Hemisphere[M]. New York:The Word Publishing Company.1971:1492−1825.

[6] Oddy W A ,Hughes M J . The stabilization of 'active' bronze and iron antiquities by the use of sodium sesquicarbonate[J]. Studies in Conservation,1970,15(3): 183−189.

[7] Frederick Van de Walle.Balchin's Victory: Bronze Cannon Conservation Report. [J]. Odyssey Marine Exploration,2010,(16):1−8.

[8] Gonzalez,S.,Alvarez,S. V.,Arevalo,A. Inhibitory character of the citrate anion in electrode processes[J]. Elect rochimicaActa.1983,(28):1777−1779.

[9] MacLeod,I.D. Identification of corrosion products on nonferrous metals artifacts recovered from shipwrecks[J]. Studies in Conservation.1991,(36): 222−234.

[10] Ian Donald MacLeod. Formation of marine concretion on copper and its alloys[J]. The International Journal of Nautical Archaeology and Underwater Exploration 1982,11(4):267−275.

[11] Nordgren(e),goncalves(p),schindelholz(e),brossla(s),yunovich(m),corrosion as−essment and implementation of techniques to mitigate corrosion of large artefacts from the USS Monitor(1862),Proceedings the interim meeting of ICOM−CCMetal[C]. Amsterdam: 2007: 55−61.

[12] NorthN.A. Conservation of Metals[C].In Conservation of Marine Archaeological Objects. edited by C. Pearson,1987:207−252.

[13] 国家质量技术监督局. GB/T3050−2000 中华人民共和国国家标准−无机化工产品中氯化物含量测定的通用方法−电位滴定法 [S]. 北京：中国标准出版社，2000.

[14] Semczak,C. M. A comparison of chloride tests[J]. Studies in Conservation,1972，22(1):40−41.

[15] 刘超. 排灌机械 [M]. 南京：河海大学出版社，2000.

[16] 陆林广，张仁田. 泵站进水流道优化水力设计 [M]. 北京：中国水利水电出版社，1997.

[17] Wei Wang.A.Hydrograph−Based Prediction of Meander Migration[D].Texas:Texas A&M University，2006.

第六章

除　锈

　　去除表面凝结物时会同时去除部分腐蚀产物，脱盐的过程也会分解或转化一部分腐蚀产物。但是若还有"传染"能力很强的"有害锈"残余，在表面存在水膜的情况下，会导致铜器加剧甚至损毁。因此，对出水铜器彻底除去有害锈是非常紧急必要的步骤。

　　目前，铜器的铜锈主要有物理除锈、化学除锈。另外，本文还尝试用电化学方法结合化学方法除锈。

6.1　物理除锈

物理除锈法是最基本的方法，主要是采用手术刀、微型牙钻和超声波震动等来除去铜器的结垢及锈蚀物。物理除锈法主要包括手工除锈、喷砂除锈、超声波除锈、激光法除锈和干冰除锈等[1]。

手工除锈：文物保护工作者采用各种手工或机械工具等通过剔除、打磨、敲震等方法去除铜器表面的泥污、硬结物或锈蚀产物[2]。主要是使用毛刷、不锈钢针、锤子、雕刻刀、凿子、錾子、不锈钢手术刀、多功能刻字笔、电动牙刷、洁牙机等工具将暴露在铜器表面的粉状锈及下面掩盖的灰白色氯化亚铜除去[3]。修复者在铜器上直接除锈的时候必须仔细的剔除粉状锈。手工除锈操作简单，宜于掌握，方便灵活，适用范围广。在除锈过程中可以随时对除锈程度进行判断，随时停止、改变处理方法。南海I号现场和馆藏的铜器大多采用牙科工具去除表面锈蚀。在对韩国泰安郡达塞姆岛、玛多沉船上出水的青铜器物[4]，如青铜碗、青铜勺子、青铜硬币等，对于其上的海洋凝结物，都是利用工具轻轻去除的，对于硬币上覆盖的较小凝结物，放在显微镜下观察并手工去除，流水冲击下用刷子刷去青铜鼎足内残留的凝结物和沙子。在大面积除锈时，手工除锈耗时较长，通常和其他除锈方法配合使用。丹东1号的格林机关炮炮身表面的凝结物与基体上的锈蚀结合紧密，采用该方法成功地将二者一起去除。

喷砂除锈：利用压缩空气带动一定尺寸的砂粒，喷射到锈蚀的青铜器表面，通过砂粒与锈蚀层的物理碰撞摩擦、冲击和切削来将锈层剥离，达到清除金属表面上的硬结物和腐蚀产物的目的。这种方法方便快捷，除锈面积灵活，还能除去有些青铜器上面洞隙深处的锈[5]。

超声波除锈：超声波的作用包括超声波的能量作用、空化泡破坏时释放的能量作用以及超声波对媒溶的搅拌流动作用等。当铜器的尺寸大小跟超声波波长接近时，产生共振现象，通过共振产生较高的压力，把铜器表面的锈蚀层振动去除。洛阳出土的一件汉代青铜镜经超声波清洗约8分钟后，铜镜纹饰外观显露明显且没有出现刮痕[6]，取得较好的清洗效果。

激光除锈：通过激光机发射出来的激光束，瞬间产生较高的能量，能量使铜器表面的温度迅速升高，产生热效应，使锈蚀物与基体脱离[7]。

虽然它突出的优点（如图 6.1.1 所示），近 10 年来，在文物和艺术品清洗方面得到了迅速发展。但是对于大面积的除锈，这种方法不太适用。

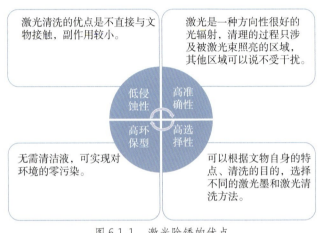

图 6.1.1　激光除锈的优点

目前，文物清洗的激光设备研发的目的是使工业上的激光清洗工具在保护修复人员手里更加灵活，保证在条件下都适用。陕西省文物局和兵器工业部 212 所曾联合使用激光技术对 26 件文物进行除锈，其中的金属文物表面锈蚀去除效果比较理想，并且能够做到定向去除有害锈。中国文化遗产研究院拥有国内第一台激光清洗仪，丹东 1 号出水铜器表面清洗就是采用这台设备做得表面除锈，保留了表面的文字，起到了很好的除锈效果。

蒸汽除锈：基本原理是水通过完全密封的蒸汽机加热形成蒸汽，在加热过程中，缸内压力会相应渐渐提高，喷射出的饱和蒸汽温度可高达 180 摄氏度，利用饱和蒸汽高温及外加高压，清洗器物表面的油渍污物，并将其汽化蒸发。同时，过饱和蒸汽可以进入任何细小孔洞和裂缝，清洗一般工具到达不了的部位。国家博物馆[7]曾对西周大盂鼎和司母戊鼎表面和缝内的污渍和锈蚀产物进行蒸汽清洗，效果良好。在实验室尝试采用蒸汽法清洗丹东 1 号铜器表面的锈层，发现对于表面的铁锈清除效果良好。

干冰除锈：干冰喷射除锈和喷砂除锈类似，高密度的干冰颗粒随着压缩空气冲击被喷射物表面。干冰喷射到物体表面时动量消失，瞬间气化，与清洗表面发生剧烈的热交换，迫使附着物骤冷收缩、脆化。同时干冰在千分之几秒的气化过程中体积骤增 800 倍，这样就在冲击点造成"微型爆炸"，有效击落附着物。从铜器上清除非金属污垢时效果明显。

将物理除锈法总结列于表 6.1.1：

表 6.1.1　物理除锈法总结表

方法	适用范围	优缺点
手工除锈	适用范围广泛。	操作简单，宜于掌握，方便灵活。除锈过程要动作熟练、轻巧，不能有刮痕，大面积除锈时耗时较长。
喷砂除锈	适用范围广，通常用于大面积锈蚀的去除。	成本低，对大面积的硬垢清除比较有效。使用时噪音较大，使用过程中要注意防止在铜器表面留下明显的印痕、磨痕和损伤。
超声波清洗	适用于质量较好的铜器的清洗	操作简便，清洗效率高，隐蔽处也能进行清洗。
激光清洗机	常用于局部清洁除锈，大面积除锈时速度较慢，工作量较大。	具有可控性、选择性和无害性，有较高的清洁效果，对脆弱铜器的清洗不需事先加固，可直接用激光进行清洁。除锈后基体容易变色，仪器价格昂贵，对操作者要求高。
干冰清洗机	常用于大面积锈蚀的去除，对有机质附着物的去除尤其有效。	安全环保，无污染，不会对被清洗物体造成冲击和磨损。目前还处于研究阶段。

物理除锈时，要遵循文物保护的最小干预原则，不能因过度干预而造成人为的破坏。因此，除锈过程要动作熟练、轻巧，不能有任何刮痕现象，更不能用力过猛或操作不当。例如第四章机械法除凝结物时提到的"Getty 运动员"，虽然已成功地除锈，基本保留了锈的原始形状。但是在清洗和去芯时所造成的干预也比较多。在除锈过程中，直接将不牢固的左胳膊卸下，除去空心胳膊中的部分粘土再将其安装上，这种方式在今天看来是比较粗鲁的[8]。

6.2　化学除锈

化学除锈法，是通过配制的化学试剂或电化学方法，通过化学反应达到清除、转化有害锈的目的。当锈蚀物致密坚硬，使用物理方法去除比较困难或者为了避免物理除锈法对纹饰和铭文造成伤害时，可先用化学试剂对锈蚀物进行处理使其软化、溶解脱落。此外，化学除锈法更为重要的作用就是清除、转化"有害锈"，清除、转化或封闭铜锈，使其与氧气、水分隔开，使铜器处于稳定的状态。将各种化学除锈法的特点列于表 6.2.1。

表 6.2.1 化学除锈法总结表

化学试剂配方	适用对象及机理	备注
1%~10% 倍半碳酸钠溶液	使氯化物（氯化亚铜、碱式氯化铜）转化	浸泡时间过长器物表面会变绿、变蓝。
过氧化氢溶液	将氯化物（氯化亚铜、碱式氯化铜）氧化，除去氯离子。	处理后器物易变黑，可用稀草酸溶液擦拭。
氧化银，用乙醇或异丙醇调成糊状	与氯化亚铜生成膜	只可用于斑点状未蔓延开的有害锈蚀，处理后变为深褐色。
锌粉，用乙醇调成糊状	与氯化亚铜生成膜	只可用于斑点状未蔓延开的有害锈蚀，处理后变为灰褐色。
三聚磷酸钠或六偏磷酸钠溶液，常用 1%~5% 浓度	与钙镁盐（表面沉积物）作用生成螯合物，使其溶解或软化。	三聚磷酸钠对孔雀石等碳酸铜类腐蚀产物安全，不会改变颜色。
2%~5% 的 EDTA 二钠盐溶液	常用于鎏金青铜器表面的除锈处理；与二价铜化合物、钙镁盐（表面沉积物）络合，使其溶解或软化。	对铜基体有一定腐蚀，处理时间不宜过长。
5% 硫脲和 5% 柠檬酸混合溶液	适用于大件青铜器、表面有铭文和花纹的青铜器；与一价及二价铜络合，使其溶解或软化。	处理时间长会导致器物表面变为深棕色。
40g/L 氢氧化钠和 50g/L 连二亚硫酸钠混合溶液	能够加固严重腐蚀的青铜器；将铜锈还原，释放出氯离子。	表面颜色变化较大。如用于脆弱青铜器可能会造成器物分解，废液排放会造成污染。
用 10% 氢氧化钠溶液将锌粉或铝粉调匀成糊状	适用于被锈体覆盖的铭文或纹饰的局部去锈。	锈体较厚的器物可重复进行数次。
溶液 1：氢氧化钠 5g，酒石酸钾钠 15g，水 100mL。		
溶液 2：10% 的稀硫酸	溶解亚铜盐	溶液 1 处理时间长会导致器物表面变为砖红色，需用溶液 2 急需处理。
氢氧化钠 5g，酒石酸钾钠 15g，水 100mL，H_2O_2		
10mL	对有精细花纹的铜质文物可以达到满意的处理效果；与二价铜化合物络合，将氯化物（氯化亚铜、碱式氯化铜）氧化。	需要严格控制反应时间，防止对铜质文物造成损伤。

续表

化学试剂配方	适用对象及机理	备注
50%（v/v）的乙腈水溶液	与氯化亚铜络合，释放氯离子。	处理后表面变黑。乙腈有一定毒性，使用时必须小心。
配方 1：氢氧化钠 50g，甘油 50g，水 1000g。 配方 2：氢氧化钠 12g，甘油 4mL，水 100mL	与二价铜化合物络合，使其溶解或软化。	处理时间长会导致器物表面变为砖红色。只能用于青铜金属性能完好的器物。
二甲亚砜（液体）	与氯化亚铜作用，使其转化为氧化物或氢氧化物。	二甲亚砜吸湿性强，处理后必须用丙酮洗去。处理时间长会导致器物表面变黑。
5% 半胱氨酸溶液，用氢氧化钠调 pH 至 8.5	与一价铜化合物络合，使其溶解或软化。	用于鎏金青铜器去除氧化亚铜锈层。
7% 冰醋酸溶液	适用一般钙镁盐类，硫酸钙类锈体。	—
柠檬酸 5%—10%，草酸 6%—8%，蒸馏水	适用于硅酸盐类锈体	—
乌梅 500g，冰醋酸 100ml，醋酸铜 50g	锈体的局部处理，使用时将膏泥敷于器物表面。	用毕去除，可反复使用多次；对于被水浸泡或器物已经起翘的铜质文物不适用。
硫酸 5%—10%，蒸馏水	适用鎏金或带有镶嵌的器物	使用时用滴管滴数滴于器物表面锈体上，每次除锈面积应控制在 1~2 平方厘米范围之内。
硝酸 5%—10%，蒸馏水	适用于质地比较坚硬的铜质文物	硝酸氧化性较强，不可浸泡。
（NH₄）₂CO₃ 处理成粉末然后用蒸馏水调成糊状	适用于锈蚀不太严重的铜质文物	—

韩国玛多沉船出水的青铜餐具[4]，对于其上的锈蚀产物使用 0.1M 倍半碳酸钠（$Na_2CO_3 \cdot NaHCO_3 \cdot 2H_2O$）溶液进行脱盐除锈，然后结合物理除锈方法彻底去除有害锈。

氧化银、锌粉局部封闭法是用乙醇将氧化银调制成糊状，涂抹在锈蚀的器物上，氧化银接触到氯化亚铜后，经空气中湿气的作用，形成氯化银膜，将氯化亚铜封闭起来。这种方法对于那些出现斑点状、粉状锈的处理效果较好，这一方法反应式为：

$$Ag_2O + 2CuCl \rightarrow 2AgCl + Cu_2O$$

但 V. C. Sharma 等人[9]总结发现，这一方法处理青铜器的成功率并不高，所以提出使用锌粉代替氧化银，操作方法类似。反应生成不溶的碱式氯化锌 $[ZnCl_2 \cdot 4Zn(OH)_2]$，形成一层致密的隔离膜，反应式为：

$$10Zn + 4CuCl + 5O_2 + 8H_2O \rightarrow 2Cu_2O + 2[ZnCl_2 \cdot 4Zn(OH)_2]$$

这种方法处理形成的隔离膜，时间越长越致密坚固，保护能力越强。

用 Ag_2O 保护处理的斑点，外观呈棕褐色；用锌粉保护处理的斑点，外观呈灰褐色。这两种方法一般适宜局部区域的封护处理，不宜处理大面积的有害锈蚀，且不能根除有害锈。

另外，用化学除锈法除锈后，都必须用纯净水或去离子水清洗干净（对于酸性试剂如柠檬酸，可先用碳酸氢钠溶液等弱碱性溶液清洗再用纯净水清洗），然后用乙醇、丙酮脱水，烘箱或红外灯烘干。如南澳 1 号出水铜盘因基体腐蚀严重，且表面多处凹陷和细小的缝隙，单独采用物理除锈的方法难以将缝隙内的氯根去除，所以在物理除锈后还采用了 3% 倍半碳酸钠溶液化学除锈结合封闭法去除了表面铜锈。

图 6.2.1　南澳 1 号出水铜盘表面除锈前后

而未清洗干净的化学残余会腐蚀文物基体，导致文物的破坏。因此，在保护处理中，要尽量少用化学试剂，只有在物理方法无法满足保护需求时，才适当考虑使用化学方法。

6.3　电化学除锈

电化学清洗在工业上应用广泛，如除油、除氧化膜等。电化学除锈就是电化学清洗的功能之一，它包括阴极清洗法和阳极清洗法两种。

阴极法中：

阴极发生析氢反应，产生氢气，反应式为：

$$2H_2O+2e^- \longrightarrow 2OH^-+H_2\uparrow$$

阳极法中：

阳极发生吸氧反应，产生氧气，反应式为：

$$4OH^- \longrightarrow O_2\uparrow+2H_2O+4e^-$$

但是对于铜器来说，比较安全稳妥的处理方式还是阴极电化学除锈法。在酸性加缓蚀剂的溶液或中性浸泡液中通入电流，铜器在阳极，借助铜器腐蚀产物的电化学或化学溶解以及铜器上析出的氧气泡的机械剥离作用而去除氧化皮。该方法浸蚀速度快、酸液消耗少。且对金属腐蚀程度低，易保证尺寸精度。

海洋出水铜器在电化学除锈方面一个很典型的案例是对 Rapid 的一个青铜钟的处理。它就是在外加电压作用下利用电解还原除锈[10]。采用 Ag/AgCl 电极，在 4% 倍半碳酸钠溶液，先确定了电化学除锈的电位范围。电解后，一些含铜的腐蚀产物，例如 CuO、Cu（OH）$_3$Cl、CuCl 等被阴极产生的氢气机械剥离，露出更致密的铜金属，而 SnO$_2$ 却未有变化。

根据以上的保护经验，本书在实验室也作了海洋出水洞器的电化学除锈实验。确定电化学除锈所需要外加的电位范围的方法与 4.4.4 小节方法一致。

在测试极化曲线时，使用三种化学清洗剂溶液作为溶液：柠檬酸溶液、柠檬酸＋硫脲溶液、倍半碳酸钠溶液。同时，将被清洗铜器样品作为研究电极，辅助电极为铂电极、参比电极为饱和甘汞电极。

在电化学清洗过程中，同样采用三电极系统，将铜工作电极置于清洗液中电化学清洗 1 个小时。根据清洗前后铜器的质量变化，算出铜器样品的除锈速率（如图 6.3.1）。

由图 6.3.1 可知，不同电位下铜器样品的除锈速率的不同，从而得知在不同溶液、不同电位下的清洗效果是不同的。

当清洗剂是柠檬酸溶液时，阴极极化电位从 –1.2V 到 –1.8V 时，铜器样品的除锈速率逐渐增大，但变化幅度不大，因为柠檬酸具有络合作用，阴极电位在 –1.8V 时铜器样品除锈速率最大，电化学清洗效果最好。

而在其他溶液中的除锈速率变化曲线与柠檬酸的一致，但除锈效果都劣于柠檬酸。

考虑到节约能源，选择在 –1.2V 条件下清洗。因为柠檬酸有一定的腐蚀性，所以选择在柠檬酸中加入硫脲。

电化学清洗法与传统的化学清洗法最大的不同是电化学清洗法所用的时间较短，消耗的溶液较小，而且不必担心由于溶液浓度过高或者清洗时间过长对铜器造成损

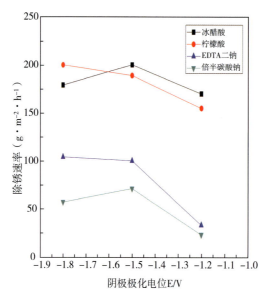

图 6.3.1 铜器样品的除锈速率与阴极极化电位间的变化关系

伤，因此在这方面电化学清洗法要优于传统的化学清洗法。

电化学清洗技术的影响因素较多，如腐蚀器物组成、腐蚀层厚度、腐蚀层的孔隙度、矿化程度、温度、清洗介质浓度、阳极材料、通电时间以及电压、电流密度的大小等。因此，在具体除锈时需要具体分析。而且对于铜器表面的铜锈，还要根据实际情况，将多种方法结合，以有效地去除铜锈。

干燥方法

除锈后必须经过充分干燥后才能进行缓释封护。而目前最常用的干燥方法有：烘箱、红外灯、吹风机等。也可以根据自身需求设计针对不同文物的干燥设备。

其中最值得一提的是最近在木材干燥方面常用的超临界干燥技术已经应用于铜器的干燥。该技术源自从咖啡中提取咖啡因的方法。在皇家化学协会和伦敦大英博物馆组织的展览会上展示过这项技术。

英国圣·安德鲁斯大学的巴勒·凯和大卫·科尔海米尔顿对伊丽莎白时代的 Makeshift 号战舰残骸中打捞出来的金属制刀柄，利用超临界二氧化碳作干燥剂进行了防腐处理，仅用通常方法所花的四分之一的时间。因为水不会和二氧化碳混合，所以，将刀柄混入二甲基氧化丙烷。二甲基氧化丙烷和水反应产生甲醇和丙酮的混合液。然后将这混合液倒入装有温度非常低的固态二氧化碳（干冰）的高压容器。把温度提高到摄氏 40 度，并加压到 9MPa 左右，使固态二氧化碳进入超临界状态（液态和气态是难以区分的）。甲醇和丙酮被置于高压容器底部盘中的氯化钙吸收，而二氧化碳又能重新使用。

　　无论选择哪种清洗手段，清洗都是不可逆的。在对一些附着物清洗前需要了解其是否具有考古或保护研究的价值。如果必须进行清洁，也应该将去除的腐蚀产物和凝结物残渣等放入有标签的小玻璃瓶中与保护处理记录一起保存，以便将来用于对表面腐蚀层、海洋环境中带出的夹杂物以及腐蚀层中可能存在的有机物等的研究。

　　科技的进步为文物保护的发展提供助力，除锈技术和干燥方法方面的新技术的研发及转化需要不断的摸索条件和参数，以便于更好的指引保护实践。

参考文献

[1] 国家文物局博物馆与社会文物司. 博物馆青铜文物保护技术手册 [M]. 北京：文物出版社，2014：56-71.

[2] 吴茂江，马建军. 青铜器物的锈蚀机理与化学除锈 [J]. 南阳师范学院学报. 2002，1（2）：67-69.

[3] 陈颢，马卫军，CHENHao 等. 铜质文物修复过程中的清洗除锈技术 [J]. 清洗世界. 2015，31（9）：9-13.

[4] Lee Gyeongro.Conservation manual of Maritime Archaeological objects in Korea[M].K-orea:National Research Institute of Maritime Cultural Heritage,2014:72-90.

[5] 祝延峰. 青铜器的修复与保护方法探析 [J]. 文史博览（理论）. 2013(4)：4-5.

[6] 于群力，杨秋颖，范宾宾等. 文物超声多功能清洗仪的设计和初步应用研究 [J]. 文博. 2006（3）：72-74.

[7] 许淳淳，潘路. 金属文物保护—全程技术方案 [M]. 北京：化学工业出版社，2012：112.

[8] David A. Scott. 艺术品中的铜和青铜：腐蚀产物，颜料，保护 [M]. 马清林，潘路译. 北京：科学出版社，2009：311-312.

[9] V. C. Sharma,Uma Shankar Lal and M. V. Nair. Zinc dust treatment:an effective method for the control of bronze disease on excavated objects[J]. Studies in conservation,1995,40(2): 110-119.

[10] Mccawley J C ,Pearson C. Conservation of Marine Archaeological Objects[M] Conservation of marine archaeological objects. Butterworths,1987:237-238.

第七章

缓蚀与封护

从热力学的观点讲，除了金、铂等少数金属外，大多数金属与其周围的介质接触后，都有被腐蚀的倾向，这是一个自由能减少的过程。海洋出水铜器经脱氯干燥后，在大气的腐蚀环境条件下，会受到环境中的湿度和温度的影响，有锈蚀产生的倾向。特别是当大气环境达到大气腐蚀的条件时，阴极会发生氧的去极化，而阳极会发生金属的氧化导致锈蚀的再度产生。为此，需要控制其进一步腐蚀。

涂层保护就是控制文物腐蚀的主要手段之一。在腐蚀环境中，通过添加少量能阻止或减缓金属腐蚀速度的物质以保护金属的方法，称缓蚀剂保护[1]。采用缓蚀剂防腐蚀，由于设备简单、使用方便、投资少等特点，已广泛用于文物保护领域，并已成为十分重要的防腐蚀方法之一。而缓蚀剂和铜器发生化学反应形成的保护层虽然致密但很薄，很容易因搬运或其他人为操作受到损坏，这就会给空气中的水蒸气、氧气等有害性物质提供了腐蚀铜器的通道。由于封护剂能够使铜器与外界环境相互隔离。因此，为了确保铜器不被继续腐蚀，缓蚀剂常常会与封护剂一起使用。

7.1 海洋出水铜器的缓蚀

缓蚀剂又称腐蚀抑制剂或阻蚀剂，这是一些在腐蚀环境中少量添加即可明显抑制腐蚀的物质。目前，缓蚀剂的定义还不尽统一。美国试验与材料协会的 ASTM—G15—76《关于腐蚀和腐蚀试验术语的标准定义》中对缓蚀剂的定义为："缓蚀剂是一种当它以适当的浓度和形式存在于环境（介质）时，可以防止或减缓腐蚀的化学物质或复合物质"。

7.1.1 缓蚀剂的分类

由于缓蚀剂的应用广泛，种类繁多，以及缓蚀机理的复杂性，迄今为止，尚缺乏一个既能把众多的缓蚀剂分门别类，又能反映出缓蚀剂内在的结构特征和抑制机理的完善分类方法。下面介绍几种常见的分类方法[2]：

1. 按缓蚀剂的作用机制划分

这种分类方法主要是看缓蚀剂抑制腐蚀的哪个反应过程。主要抑制阳极反应还是抑制阴极反应，或者两者同时得到抑制，可将缓蚀剂分为以下三类：阳极型缓蚀剂、阴极型缓蚀剂和混合型缓蚀剂三种（图 7.1.1，图 7.1.2）。

图 7.1.1　按作用机制划分的缓蚀剂的特点

2. 根据缓蚀剂在保护过程中所形成的保护膜性质，可将缓蚀剂分为如下三类：氧化膜型缓蚀剂、沉淀膜型缓蚀剂、吸附膜型缓蚀剂（图 7.1.3）。

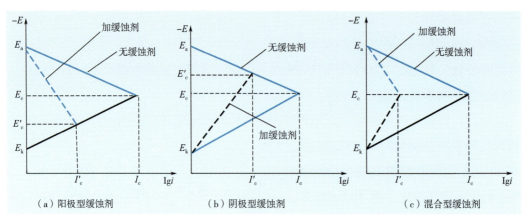

图 7.1.2 缓蚀剂的作用机制[1]

图 7.1.3 按成膜性质划分的缓蚀剂

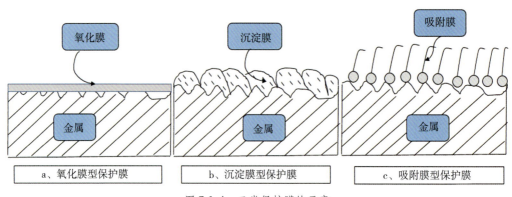

图 7.1.4 三类保护膜的示意

3. 其它分类方法

按用途、化学组成、使用时的相态、被保护金属种类的不同、缓蚀剂的溶解性能、使用介质的 pH 等进行分类。

7.1.2 缓蚀效果评价

采用缓蚀剂保护，其保护效率是用缓蚀效率（缓蚀率）或抑制效率（I）来表示的。

$$I = \frac{v_0 - v}{v_0} \times 100\% = (1 - \frac{v}{v_0}) \times 100\%$$

式中 v_0—未加缓蚀剂时金属的腐蚀速度；

v—加缓蚀剂后金属的腐蚀速度。

由公式可以看出，缓蚀率 I 越大。选用这种缓蚀剂，它们抑制腐蚀的效果也就越好。

有时单用的一种缓蚀剂其缓效果并不好，而采用不同类型的缓蚀剂配合使用，则可增加其缓蚀效果。同时在较低剂量下即可获得较好的缓蚀效果，这种作用称为协同效应。相反，如果不同类型缓蚀剂共同使用时反而降低各自的缓蚀效率，则这种作用称为拮抗效应。

7.1.3 常用的铜器缓蚀剂

文物保护领域对缓蚀剂的要求：

A 尽量保持原貌。文物上尽量选择无色透明且不与文物表面发生反应的缓释剂，以免影响文物的外观。

B 可再处理性。文物表面使用的缓蚀剂可以通过简单的方式除去，以便于采用更好的方式进行保护。

C 在腐蚀环境中应具有良好的化学稳定性，可以维持必要的使用寿命。

D 有防止全面腐蚀和局部腐蚀的效果。

E 应具有较高的缓蚀效率，价格合理、来源广泛。

F 环境友好，尽量选择毒性小或无毒的缓蚀剂。

虽然有缓蚀作用的物质很多，但真正能用于文物保护领域的缓蚀剂品种很有限。且经长时间检验的缓蚀剂更是凤毛麟角。

近年来，对于铜器缓蚀剂的科学研究和应用领域不断扩展，大量报道了苯并三氮唑（BTA）及其衍生物、2-氨基-5-巯基-1，3，4-噻二唑（ATM）、2-巯基苯并噻唑（MBT）、2-硫醇基苯并咪唑（MBI）等唑类物质对于铜器良好的缓蚀效果，其中应用最为普遍的是 BTA。

一、BTA

根据缓蚀剂的作用机理，BTA 作为唑类物质，由于其分子结构中有含氮杂环，它们对阴极过程和阳极过程同时起抑制作用，属于混合型缓蚀剂，所以对于铜器的腐蚀起到了很好的抑制作用。自 1967 年，BTA 被 Madsen 首次引入到青铜器保护中，它最初的研究限于以 BTA 渗透处理过的牛皮纸，在青铜器转移过程中包装使用，进而拓宽为低浓度 BTA– 乙醇溶液对青铜器渗透处理[3]。当铜器浸入 BTA 溶液后，空气中生成的一层氧化亚铜会发生化学吸附，生成线型结构配合物 Cu(I)–BTA 和少量的网状结构配合物 Cu(II)–BTA。从而证实了 BTA 在青铜器上的实用性和有效性。

但 BTA 在保护过程中所形成的保护膜属于沉淀型膜，这类膜厚而较多孔、与金属的结合力较差。因此，它在青铜器上形成的缓蚀膜不能完全防止水和氧的渗透，青铜器在 BTA 溶液中必须浸泡足够的时间，才可提供足够的抵御腐蚀的能力，不会在三五年内又再次出现问题[4]。另外，BTA 有毒，使用时存在致癌的危险，处理时应格外小心，避免吸入并戴上手套，且要在通风橱中进行[5]。为此，后续的研究发展了 Madson 的苯并三氮唑保护法，提出了氧化银、苯并三氮唑和表面封护剂的综合处理法，以及 BTA 与高分子材料表面改性封护腐蚀青铜器等综合保护的方法[6]。

二、其他铜器缓蚀剂

自 1988 年，印度学者 Ganorkar[7] 提出了 AMT 法去除粉状锈的缓蚀处理新方法。且通过对一件中国青铜钟的应用发现，ATM 不仅能与氯离子有效的结合，在酸性介质中有很好的缓蚀效果，而且还可与 5% 柠檬酸混合后有效地除去表面沉积物，避免在清洗后的器物表面锈层内产生淡黄色沉积物[8]。且经 ATM 复合物处理的青铜表面形成的保护膜是 Cu(I)–AMT 络合物膜，在 pH 为 7 的 $0.5mol/L Na_2SO_4$ 和 5%NaCl 溶液中，腐蚀受到了明显抑制。

AMT 在酸性、中性介质中对铜的腐蚀抑制能力强于 BTA，但在碱性介质中对铜的腐蚀抑制能力要弱于 BTA，将倍半碳酸钠等碱性溶液去除氯离子与 BTA 巧妙结合是清洗粉状锈的一个较好的研究方向，这样可以充分发挥 BTA 的优势。

除此之外，很多学者通过评价多种不同缓蚀剂的缓蚀效果，以期寻求铜器缓蚀保护的最佳材料。① 2– 氨基嘧啶 2–aminopyrimidine（AP）② 2– 氨基 –5– 巯基 –1，3，4– 噻二唑（ATM）③ 苯并三氮唑（BTA）④ 5，6– 二甲基苯并咪唑（DB）⑤ 2– 硫醇基苯并咪唑（MBI）⑥ 2– 氢硫苯恶唑啉（MBO）⑦ 2– 硫尿嘧啶（MP）⑧ 2– 巯基苯并噻唑（MBT））这 8 种缓蚀剂在铜合金上的缓释效果[9] 曾做过对比实验，其缓蚀剂对比结果见图 7.1.5。

图 7.1.5　8 种缓蚀剂的对比结果

注：①2- 氨基嘧啶 2-aminopyrimidine（AP）②2- 氨基 -5- 巯基 -1,3,4- 噻二唑（ATM）③苯并三氮唑（BTA）④5,6- 二甲基苯并咪唑（DB）⑤2- 硫醇基苯并咪唑（MBI）⑥2- 氢硫苯恶唑啉（MBO）⑦2- 硫尿嘧啶（MP）⑧2- 巯基苯并噻唑（MBT））

　　另外，电化学方法作为一种很好的评价手段，在缓蚀剂的筛选方面应用广泛。如咪唑（IA）、苯并咪唑（BIA）、硫基苯并四氮唑（BMTA）、苯并三氮唑（BTA）、硫基苯并噻唑（MBT）这 5 种杂环化合物缓蚀剂在铜合金上的缓蚀作用就采用了极化曲线法结合失重法和气体加速腐蚀法做了对比研究。实验发现：MBT 的效果最好，在 59℃、3.5%NaCl 溶液加速腐蚀的条件下，MBT 浓度为 0.1mol/L 时，缓蚀效率为99.1%，而相同浓度的 BTA 缓蚀效率为 92.4%，经 MBT 处理后的铜合金样块色泽无明显变化，且有一定的耐酸碱能力。有机缓蚀剂 AMT、PMTA、MBO、MBI 对青铜器的缓蚀性能，也是通过电位极化曲线、循环伏安、交流阻抗等电化学方法做的比较 [10]，发现在同等条件下 AMT 与 PMTA 比 MBO 和 MBI 要好，而 PMTA 与青铜作用生成的缓蚀膜为无色的，不造成任何形貌上的变化，且缓蚀效率接近 AMT，高于MBO 和 MBI，是一种较好的有机缓蚀剂。

7.1.4　缓蚀剂在海洋出水铜器的应用

　　目前为止，对于海洋出水铜器的缓蚀处理主要采用的是 BTA 法，其它新型的铜缓蚀剂还未见在海洋出水铜器上应用的报道。

　　澳大利亚博物馆在多年研究保护海洋出水金属的基础之上，对铜及铜合金的保护形成了一个体系。对于海洋出水铜器的缓蚀，根据的是 MacLeod 的研究成果，在做好去除凝结物、脱盐和除锈的步骤后，采用 BTA- 乙醇溶液去除青铜器中大部分含氯的腐蚀产物 [11]。使用的缓蚀方法是：在充分干燥的情况下，将铜器放入 1%（w/v）BTA 水溶液和 5%（w/v）乙醇的混合溶液中，在真空下加压让其充分渗透。

　　泰安郡达塞姆岛和玛多沉船 1、2、3 号出水发掘的青铜器也都是将器物在 3% 质量浓度的 BTA 乙醇溶液中缓蚀处理。具体步骤是：在压力室中将物体浸入 3% 质量浓度的 BTA 乙醇溶液中。降低腔室内的压力，直至达到 70cm/Hg。处理后，过量的 BTA 会留在物体表面，因此，使用棉签蘸取乙醇除去多余的 BTA 溶液。

而目前国内在对海洋出水铜器缓蚀时，常用的方法借鉴了 Raice 的保护经验[12]，具体做法是：把青铜器放入 BTA 溶液中，通过自然浸渗或减压渗透处理，使 BTA 与铜器表面充分接触发生反应，形成保护膜。当前，标准的处理方法是：室温下，通常是真空状态下，将青铜器浸入 3% 的苯并三氮唑 – 乙醇溶液中，保持 24 小时。然后将器物从溶液中取出，用乙醇除去过量 BTA，将器物干燥。该方法在南海 I 号、南澳 1 号、丹东 1 号沉船出水铜器保护上普遍应用。从目前的观察效果来看，处理过的器物状态稳定。

7.1.5　海洋出水铜器缓蚀剂的筛选和复配

一、缓蚀剂作用的影响因素

利用缓蚀剂保护需要进行严格的选择性。缓蚀剂的保护效果与腐蚀介质的性质、温度、流动状态、被保护材料的种类和性质，以及缓蚀剂本身的种类和剂量等有着密切的关系。对某种介质和金属有良好保护作用的缓蚀剂，对另一种介质或另一种金属就不一定有同样的效果；在某种条件下保护效果很好，而在别的条件下却可能保护效果很差，甚至还会加速腐蚀。就目前应用在铜器上的缓蚀剂来看，其主要因素主要有以下两点：

1）浓度的影响。铜器缓蚀剂的缓蚀效率一般随缓蚀剂浓度的增加而增加。几乎大多数有机及无机缓蚀剂，在酸性及浓度不大的中性介质中，都属于这种情况。但在实际使用时，从节约原则出发，应以保护效果及减少缓蚀剂消耗量全面考虑来确定实际剂量；

2）温度的影响。在较低温度范围内缓蚀效果很好，当温度升高时，缓蚀效率会显著的下降。大多数有机和无机缓蚀剂都属于这一情况。但是对于 BTA 这种沉淀膜型缓蚀剂一般也应在介质的沸点以下使用才会有较好的效果，否则温度过高，可能会破坏保护膜而使缓蚀效果降低。

二、缓蚀效果的评价方法

缓蚀效果的评价方法有很多，归纳起来主要有厢式测试法、失重挂片法、介质侵蚀性试验法、电化学方法等[13]。

三、海洋出水铜器缓蚀剂的筛选

为了验证铜器缓蚀剂对海洋出水铜器防护的缓蚀效果，且未来寻求更好的缓蚀效果，本书在室温下采用静态全浸挂片法和电化学评价法，对比了室温下在 3.5%NaCl

溶液中加入不同浓度的缓蚀剂对海洋出水铜器的缓蚀效果。

样品采用的是南海Ⅰ号出水铜器含量的模拟样（Cu∶Pb∶Sn=96∶4∶2），将铜片切割成2cm×1cm的铜挂片。将样品浸泡在酒精溶液除油，再用去离子水清洗，经吹风机后，晾至室温待用。

1. 腐蚀率的变化

从图7.1.6可以看出，青铜在不同浓度的AMT溶液中的腐蚀速率，刚开始的时候，青铜的腐蚀速率随AMT浓度的增大而减小，当AMT的浓度为$10^{-1.5}$mol/L时，腐蚀速率达到最小值，此时若浓度继续增大，则腐蚀速率也随之增大，说明了AMT对青铜的缓蚀有一个最佳浓度，浓度太大或

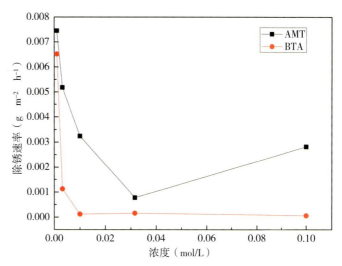

图7.1.6　AMT、BTA的浓度对青铜腐蚀率的影响

太小对青铜腐蚀的抑制效果都会变差。青铜在不同浓度的BTA溶液中的腐蚀速率，也可以从图7.1.6看出，刚开始的时候，青铜在溶液中的腐蚀速率随着BTA浓度的增大而急剧下降，当浓度达到$10^{-1.5}$mol/L时，再增加BTA的浓度对青铜的腐蚀速率就几乎没有影响了。

对比来看，3.5%NaCl溶液中，AMT和BTA的浓度都可以在$10^{-1.5}$mol/L时，腐蚀速率达到较佳效果。

2. 形貌的变化

从图7.1.7可以看出，当AMT的浓度为10^{-3}mol/L时，青铜样品表面的颜色变成了棕红色；在其它浓度的AMT溶液中浸泡以后，青铜的表面基本没有发生太大的变化，说明AMT对青铜在3.5%NaCl溶液中的腐蚀抑制效果好，这与前面的讨论结果是一致的。从图7.1.8可以看出，在五种不同浓度的BTA的3.5%NaCl溶液中浸泡以后，青铜表面没有太大变化，说明BTA对青铜在3.5%NaCl溶液中的腐蚀抑制效果良好。

3. 极化曲线的变化

由图7.1.9可见，电极阴极受氧扩散控制，阳极受钝化控制，整个腐蚀过程受阳极过程控制。当AMT的浓度增大时，钝化电流减小，钝化区间加宽，说明腐蚀减小。当缓蚀剂浓度为$10^{-1.5}$mol/L时，钝化电流最小，钝化区间最宽，所以它对青铜的腐蚀

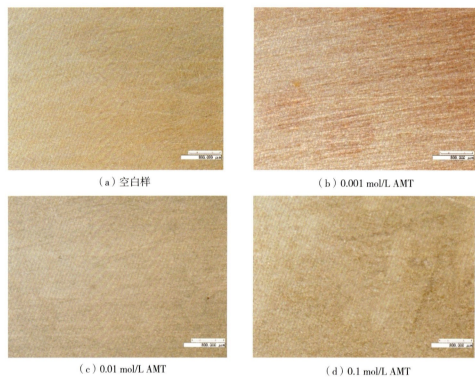

（a）空白样　　　　　　　　　　　　（b）0.001 mol/L AMT

（c）0.01 mol/L AMT　　　　　　　　　（d）0.1 mol/L AMT

图 7.1.7　青铜在不同浓度的缓蚀剂 AMT 溶液中浸泡后的形貌分析

（a）0.001 mol/L BTA　　　　　　　　（b）0.01 mol/L BTA

（c）10⁻¹·⁵ mol/L BTA　　　　　　　　（d）0.1 mol/L BTA

图 7.1.8　青铜在不同浓度的缓蚀剂 BTA 溶液中浸泡后的形貌分析

的抑制效果最好。同时，实验结果还
说明了 AMT 是阳极钝化型缓蚀剂。
由图 7.1.10 可见，电极的腐蚀过程受
阳极钝化控制。随着 BTA 缓蚀剂浓
度增大，钝化电流减小。当缓蚀剂浓
度达到 0.1mol/L 时，再增大缓蚀剂的
浓度，钝化电流基本不变。说明 BTA
缓蚀剂对青铜的腐蚀有很好的抑制
效果。

4. 交流阻抗谱的变化

由图 7.1.11 可见，电化学阻抗谱
是一个容抗弧。当 AMT 的浓度为
$10^{-1.5}$mol/L 时，阻抗是最大的，说明
在这个浓度时，AMT 对青铜的腐蚀
的抑制效果最好。由图 7.1.12 可见，
电化学阻抗谱是一个容抗弧。当 BTA
的浓度为 0.001mol/L 时，阻抗最小；
对青铜的腐蚀的抑制效果最差，当
BTA 的浓度为 0.1mol/L 时，阻抗最
大，对青铜的腐蚀的抑制效果最好。
对比可见，AMT 可以比 BTA 略低的
浓度达到缓蚀的最佳效果。

综合以上结果来看，在 3.5%NaCl
溶液中加入 $10^{-1.5}$mol/L AMT 便可以
对青铜达到最佳缓蚀效果，而加入
BTA 只有达到 0.1mol/L 的浓度时，才
能对青铜的腐蚀起到最佳的抑制效果。

四、海洋出水铜器缓蚀剂的复配

在对比 BTA 和 AMT 缓蚀效果的
基础上，本着节约材料的原则，复配
了两种缓蚀剂的三种配方，并做了筛
选实验。

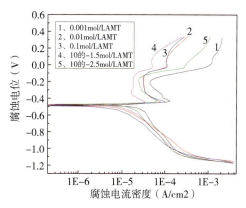

图 7.1.9　AMT 缓蚀剂对青铜极化曲线的影响

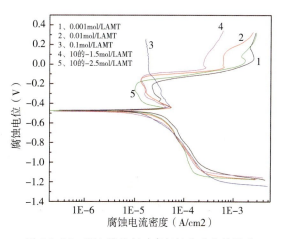

图 7.1.10　BTA 缓蚀剂对青铜极化曲线的影响

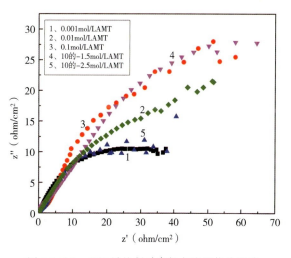

图 7.1.11　AMT 缓蚀剂对青铜交流阻抗的影响

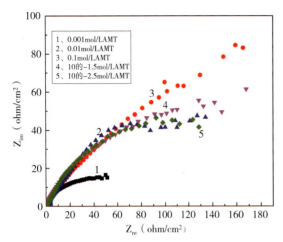

图 7.1.12　BTA 缓蚀剂对青铜交流阻抗的影响

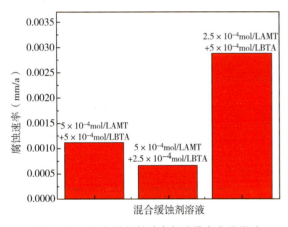

图 7.1.13　混合缓蚀剂对青铜重量变化的影响

实验溶液：在 3.5%NaCl 溶液中分别加入 0.25mmol/LAMT+0.5mmol/LBTA、0.5mmol/LAMT+0.5mmol/LBTA、0.5mmol/LAMT+0.25mmol/LBTA。实验样品与实验方法同 7.1.3 的第 3 小结。

实验结果如下：

1. 青铜腐蚀速率的变化

从图 7.1.13 可以看出来，青铜样品在含有混合缓蚀剂的 3.5%NaCl 溶液中的腐蚀速率：0.25mmol/LAMT+0.5mmol/LBTA>0.5mmol/LAMT+0.5mmol/LBTA>0.5mmol/LAMT+0.25mmol/LBTA。当 AMT 的浓度不变，减小 BTA 的浓度，青铜的腐蚀速率减小；而当 BTA 的浓度不变，减小 AMT 的浓度，青铜的腐蚀速率增大。AMT 与 BTA 混合使用的最佳配比是 2∶1。

2. 形貌的变化

图 7.1.14（a）中，青铜表面的颜色变成灰色，并有轻微的点蚀；图 7.1.14（b）中，青铜表面与空白样品相比几乎没有发生任何变化；图 7.1.14（c）中，青铜表面的颜色发生显著的变化；比较可以发现，在 3.5%NaCl 溶液中加入 AMT 与 BTA 的配比为 2∶1 时（0.5mmol/LAMT+0.25mmol/LBTA），对青铜的腐蚀的抑制效果最好，这也验证了以上的结果。由于该配方还需要继续其他的老化实验及相关测试，目前实验结果还需要进一步验证。

3. 极化曲线的变化

由图 7.1.15 可见，电极的腐蚀过程是受阳极活化钝化控制。当 AMT 的浓度不变，增大 BTA 的浓度时，腐蚀电流密度减小；而当 BTA 浓度不变，减小 AMT 浓度时，腐蚀电流密度增大，说明了两种缓蚀剂混合使用时，降低 BTA 的浓度有利于抑制青铜的腐蚀，而降低 AMT 的浓度则不利于抑制青铜的腐蚀。

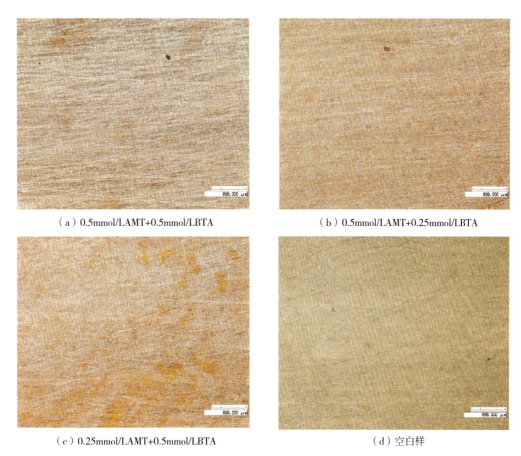

（a）0.5mmol/LAMT+0.5mmol/LBTA   （b）0.5mmol/LAMT+0.25mmol/LBTA

（c）0.25mmol/LAMT+0.5mmol/LBTA   （d）空白样

图 7.1.14　青铜在混合缓蚀剂溶液中浸泡后的形貌分析

4. 交流阻抗的变化

由图 7.1.16 可见，电化学阻抗谱是一个容抗弧。当 AMT 浓度不变时，减小 BTA 的浓度，阻抗增大，缓蚀效果变好；而当 BTA 浓度不变，减小 AMT 的浓度，阻抗

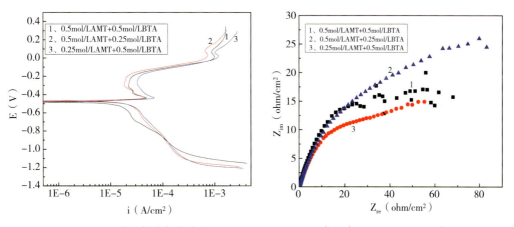

图 7.1.15　混合缓蚀剂的极化曲线图　　　　图 7.1.16　青铜在不同混合缓蚀剂中的交流阻抗图

减小，缓蚀效果变差。这进一步验证了当 AMT 与 BTA 混合配比为 2:1 时，缓蚀效果达到最佳。

7.2 海洋出水铜器的封护

封护剂是金属文物上有害的物质被清理干净后，在其表面所施用的能够使其与外界环境相互隔离，以隔断其发生腐蚀的通道，从而达到保护效果的材料。与缓蚀剂不同，封护剂只是机械的吸附在金属器物的表面而不与下面的金属发生化学反应[14]。封护剂的封护效率会受到很多因素的影响例如文物表面的洁净程度、器物表面的平整程度、施用封护剂的操作工艺等。封护剂本身的性能也很重要，好的封护剂应该具有较强的耐老化性，较好的延展性等[15]。而且对于文物而言，不能改变文物的形态、外观以及色泽，这是文物保护的基本原则[12]。封护剂还应该能够紧密且均匀地贴附于器物的表面，尽量不影响器物的外观，而且在需要时须容易去掉。

7.2.1 常用的铜器封护剂的性能与分类

1. 封护材料的基本性能:

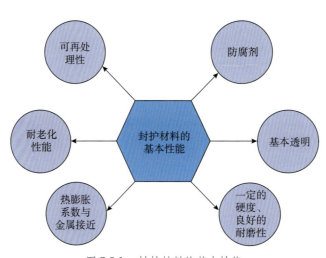

图 7.2.1　封护材料的基本性能

2. 封护材料的种类

铜器的封护材料早期一般是天然材料，例如亚麻油、蜂蜡、鱼油、蓖麻油等。随着高分子合成材料的发展，多种合成材料因为其各种优越的物理化学性能被应用到铜器的封护中，常见的有丙烯酸树脂、聚氨酯、聚乙烯醇缩丁醛、硝基清漆等[13]。室内铜器可以使用丙烯酸树脂、干性油以及微晶石蜡等材料来封护。室外铜器常常选用氟碳材料、聚氨酯材料、B72（丙烯酸甲酯与甲基丙烯酸乙酯共聚物）和有机硅等材料来封护，也可以使用蜡类材料但是需要定期维护。铜器的封护材料列表如图 7.2.2 所示。

　　对于封护剂的效果评价和新材料研发方面，国内外的学者们投入了大量的研究。早期的研究主要针对铜器封护剂性能的评价，如：B72 通过傅里叶红外光谱（FTIR）监测其光、热老化过程中的变化，发现其热稳定性较好，但是光稳定性不足，在光老化后分子结构发生明显变化。因此，它不宜作为室外铜器的封护涂料。聚氨酯材料机械性能优良、质量轻、耐腐蚀性强、可以在潮湿环境下顺利固化，但是聚氨酯材料耐光老化性能不佳，在紫外线作用下容易老化发黄且有一定的毒性。氟碳材料化学性能稳定、不易降解、有一定的耐洗刷功能、对多数化学品和污染物有一定抵抗力、施工性能好。在常温条件下使用氟碳 YFA 对除锈、脱氯、缓蚀处理后的铜器涂刷封护，实验证明有良好的保护效果[16]。利用氟橡胶溶液对青铜试片封护后进行耐湿热、紫外老化、耐二氧化硫、耐盐雾、交流阻抗、极化曲线和抗压实验。实验结果表明单一成分氟橡胶溶液在大多数实验中表现良好，含氟橡胶的单一和混合溶液性能比其它材料更好。对于一些器形复杂或者器物内部的封护，派拉伦涂覆方法相对于其它涂料更适用，且派拉伦涂层的膜层薄而轻、无色透明、膜层致密无孔、在对铜器有良好保护性能的情况下对铜器表面松散部分有固定作用。但是在实际操作中也遇到了一些问题，例如：派拉伦涂覆前需要对基体材料进行清洗，但是部分铜器不便清洗；派拉伦涂层的厚度难以有效掌握等等。

　　通过相关实验对封护剂的外观、附着力、冲击强度、柔韧性、接触角、光泽度、硬度等物理性能对常用的多种材料综合评价发现：微晶石蜡、虫白蜡、丙烯酸树脂乳液、环氧树脂涂料会使铜器表面颜色光泽发生变

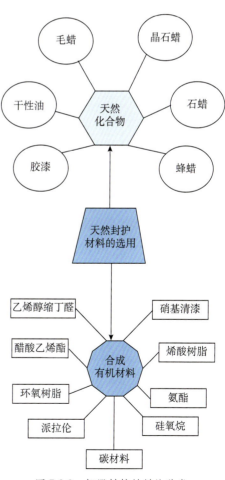

图 7.2.2　铜器封护材料的种类

化；B72、三甲树脂、蜡类封护剂较易去除，氟碳树脂、环氧树脂和派拉纶不易去除；B72、三甲树脂、氟碳树脂、派拉伦的附着力、柔韧性、硬度、抗冲击强度、外观较好并且成膜性能更好控制。利用化学浸泡法对涂料的化学性能进行评估，结果表明三甲树脂、B72、氟碳树脂、派拉伦的耐酸、碱、盐性能较好。

正由于以上常用的铜器封护剂都有各自的局限性，所以研究的关注点逐渐转向开发新材料或对材料改性，以提高其性能。如将苯并三唑（BTA）等对丙烯酸酯聚合物乳液进行改性制作成的青铜封护剂，耐酸性、耐碱性、耐盐水性、耐水性、耐盐雾性等性能得到了显著提高。通过恒电位极化曲线法、溶液分析法、腐蚀电位测定及气相腐蚀观察法等对含氯介质中青铜样品腐蚀行为的研究，结果表明经过有机硅 – 苯并三唑乙醇溶液浸涂的青铜样品有较好的耐腐蚀性。用溶胶凝胶法在青铜基体上用异丙醇、γ– 缩水甘油醚基丙基三甲氧基硅烷和甲氧基三甲氧基硅烷制备透明的封护涂层，通过对青铜文物残片的封护防腐检测，表明这种涂层对青铜文物有良好的保护效果。

另外，对于封护剂的使用与缓蚀剂类似，也需本着最小干预原则和可再处理原则，尽量选择环境友好型封护剂。封护材料的封闭性与可再处理性的关系以及涂层强度、耐候性与可逆性的关系还深入探讨了封护层的连续与附着力的关系。而对于封护剂选用方面的考量，《金属文物保护——全程技术方案》一书给出了全面的阐释[17]。

7.2.2　海洋出水铜器封护剂的应用

虽然铜器封护剂种类很多，在铜器保护方面也取得了很好的效果。但目前应用于海洋出水铜器的封护剂主要是丙烯酸树脂漆（Incralac）、B72 和微晶石蜡。

丙烯酸树脂漆（Incralac）对英国国家博物馆收藏铜器的保护取得了很好的效果。Madsen 在 1985 年检测了 1967~1976 期间 3%BTA 缓蚀剂和丙烯酸树脂漆（Incralac）封护处理过的一批铜器，发现所检测的 320 件铜器中，317 件都没有任何的变化。为此，国外海洋出水铜器的保护多采用这种材料。例如，泰安郡达塞姆岛和玛多沉船 1、2、3 号出水的青铜器都是将器物在 3% 质量浓度的 BTA 乙醇溶液中缓蚀处理后，采用 3%Incralac（14.6%Paraloid B72，0.4%BTA，14.17% 丙酮和 70.38% 甲苯）溶液来封护铜器[18]。Raice 的保护采用的是在干燥后用无水乙醇擦去文物表面上多余的白色BTA 残留，最后再在器物上涂刷一层 5% 的 B72。

微晶石蜡的应用效果可以由澳大利亚博物馆海洋出水铜器的保护效果证明。该馆在多年来使用的封护方法是：在缓蚀步骤完成后，将铜器置于融化的微晶石蜡中进行最后的加固处理[19]。

在国内海洋出水的铜器上，丹东1号、南澳1号沉船出水铜器因为考虑到在博物馆内存放，所以采用的是3%B72丙酮溶液作为表面封护材料。而对于南海I号现场出水的铜器，由于考虑到阳江海洋潮湿的大气环境，在其表面封护时，采用的是微晶蜡。

另外，在实验室内针对海洋出水铜器封护剂的研发还在继续，已取得了一定的成果，还需要做全面的测试，才能应用到保护项目中。

7.2.3 封护效果评价

封护材料可以通过多种方式涂刷在铜器表面，如溶液浸注、涂刷、喷涂、擦涂等方法。另外，还需要根据材料的适用性，选择在常温下使用还是加热融化后使用。对于封护效果的评价[17]，如图7.2.3所示。对于封护缺陷的检查，可根据实际应用情况选择，见图7.2.4。

在国家倡导下，新材料、新工艺的不断创新，将促进未来文物保护工作的发展。

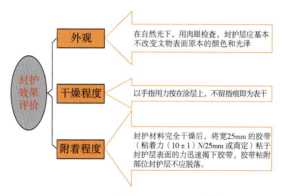

图 7.2.3 封护材料评价方法[17]

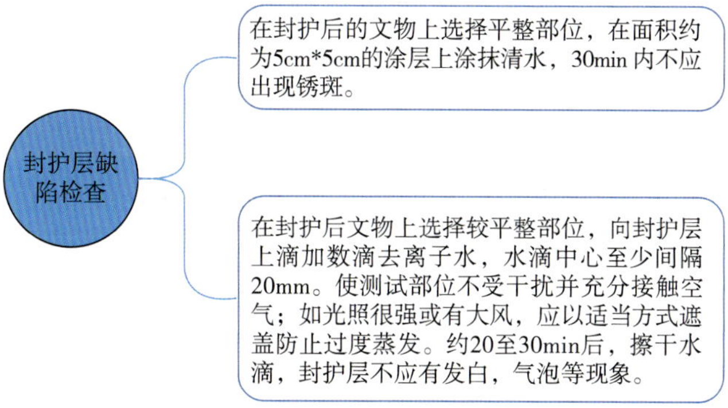

封护效果评价
- 外观：在自然光下，用肉眼检查，封护层应基本不改变文物表面原本的颜色和光泽
- 干燥程度：以手指用力按在涂层上，不留指痕即为表干
- 附着程度：封护材料完全干燥后，将宽25mm的胶带（粘着力（10±1）N/25mm或商定）粘于封护层表面的力迅速揭下胶带，胶带粘附部位封护层不应脱落。

封护层缺陷检查
- 在封护后的文物上选择平整部位，在面积约为5cm*5cm的涂层上涂抹清水，30min内不应出现锈斑。
- 在封护后文物上选择较平整部位，向封护层上滴加数滴去离子水，水滴中心至少间隔20mm。使测试部位不受干扰并充分接触空气；如光照很强或有大风，应以适当方式遮盖防止过度蒸发。约20至30min后，擦干水滴，封护层不应有发白，气泡等现象。

图 7.2.4 封护层缺陷的检查

友好的缓蚀剂和封护剂在海洋出水文物保护领域具有广阔的应用前景。

参考文献

[1] 林玉珍，杨德钧. 腐蚀和腐蚀控制原理 [M]. 北京：中国石化出版社，2012：355-356.

[2] 张天胜，张浩，高红，等. 缓蚀剂－第二版 [M]. 北京：化学工业出版社，2008：3-6.

[3] Madsen H B . A Preliminary Note on the use of Benzotriazole for Stabilizing Bronze Objects[J]. Studies in Conservation,1967,12(4):163-167.

[4] Lewis,G. The adsorption of benzotriazole onto cuprous oxide surface: an electrode impedance study[J]. Corrosion,1978,（34）:424-428.

[5] Oddy W A . On the Toxicity of Benzotriazole[J]. Studies in Conservation,1972,17(3):135.

[6] 黄克忠，马清林. 中国文物保护与修复技术 [M]. 北京：北京科学出版社. 2009：373-374.

[7] Ganorkar M C ,Rao V P ,Rao P G A S . A Novel Method for Conservation of Copper-Based Artifacts[J]. Studies in Conservation,1988,33(2):97-101.

[8] F.Zucchi,M.Fonsati,G.Trabanelli. Influence of the heat exchange on the inhibiting affciency of some heterocyclic derivatives against copper corrosion in 3.5% NaCl solutions[J]. Corrosion Science,1998,40(11): 1927-1937.

[9] Robert B .F. A Corrosion Inhibitor Test for Copper-Based Artifacts[J]. Studies in Conservation,1999,44(2): 121-128.

[10] 严川伟，林海潮，曹楚南，等. 2-氢硫苯恶唑啉（MBO）对铜缓蚀作用的电化学研究 [J]. 中国腐蚀与防护学报，1999，19（6）：9.

[11] Ian Donald MacLeod. Conservation of Corroded Copper Alloys: A Comparison of New and Traditional Methods for Removing Chloride Ions[J].Studies in Conservation,1987,32(1): 25-40.

[12] David A. Scott. 艺术品中的铜和青铜：腐蚀产物，颜料，保护 [M]. 马清林，潘路译. 北京：科学出版社，2009：326-330.

[13] 国家文物局博物馆与社会文物司. 博物馆青铜文物保护技术手册 [M]. 北京文物出版社，2014：94.

[14] Crafts Council. Science for conservators,book 3: Adhesives and coatings[M]. London,UK: Routledge for conservation Unit,Museums and Galleries Commission,1983:37.

[15] Child,R.E.Protective treatments in industrial archaeology[C] S. Keene (eds.) Corrosion inhibitors in conservation,No.4. United Kingdom Institute for Conservation,1985:26-28.

[16] 李国清. 有机氟材料在文物保护上的应用 [A]. 中国材料研究学会. 材料科学与工程新进展 [C]. 北京：冶金工业出版社，2002：2100-2103.

[17] 许淳淳，潘路. 金属文物保护—全程技术方案 [M]. 北京：化学工业出版社，2012：126-137.

[18] Lee Gyeongro.Conservation manual of Maritime Archaeological objects in Korea[M].K-orea:National Research Institute of Maritime Cultural Heritage,2014:72-90.

[19] B. Cohen. KresilasPerikles and the Riace Bronzes: New Evidence for Schinokephaly[J]. AJA,1986:207-208.

第八章

海洋出水铜器的修复和复制

为了保持铜器结构形态的稳定性和充分展示其艺术价值，在严格遵守文物保护修复理念和原则的基础上，需要对铜器做修复或复制。由于工序复杂，对于文物修复的手艺和技巧有很高的要求。而且传统器物的翻模复制必须直接接触文物才能制作模子，这对文物的伤害是巨大且不可逆的。

而随着我国文化遗产保护工作正逐步进入信息化时代，3D 技术包括的数字化采集技术、数据处理技术、感知技术等现代先进技术，也通过博物馆数字化保护的方式逐步应用于展厅陈列、藏品保管、文物保护修复等业务工作中[1]。3D 技术与传统的文物修复和复制工艺的结合，可为文物的保护修复和陈列展示提供便利性和选择性，且其复制品相似度和精确度都非常高，还可以避免直接在修复和复制过程中造成不必要的人为伤害[2]，所以三维扫描和 3D 打印技术在文物保护上的应用具有很大的优势。

8.1 海洋出水铜器的修复

8.1.1 修复的基本原则

1. 保持文物原真性的原则。保持文物的原貌，修旧如旧是文物修复的基本原则，只有保存文物原状，才能保持文物的三个价值（时间问题），现在公认的是将文物恢复到有锈蚀（无害锈）的变异状态，但不可否认的是一切事物都有回归它本来的状态的趋势，所以要防治结合，寻找病因，消除隐患。

2. 最小干预原则。尽量不要添加保护材料于器物内部，减少对文物的人为干预。以预防性保护为主，主动性保护为辅。尽最大限度保留历史信息，掩盖铭文的锈要去除；尽量采用原来的材料或可再修复的材料。

3. 文物可识别性原则[3]。我国的修复希望达到"远看浑然一体，近看新旧有别"，但目前国内外关于"可识别性"的保护修复理念存在差异性[4]，且没有一个统一的具体的判断和执行标准，需要根据修复师的个人理解去执行，难免存在偏差。但无论如何，修复应该"因病施治"，不能只追求唯美至上。需要将原则性和灵活性有机的结合。

另外，文物保护者还要坚持继承与创新相结合的原则，通过吸取传统保护修复的经验，力争在材料、设备、工艺和技术等方面不断创新，努力提高文物保护的水平，为文化遗产的保护做出突出贡献。

8.1.2 铜器修复的主要步骤

铜器的修复包括整形、补配、焊接与粘接及做旧等（图 8.1.1）。铜器复制的工序则主要包括制作模具、翻砂、浇注、打磨、做旧和修饰等。其中细小的工序有 36 道，仅制作模具就有 5 道。对于选择哪种修复步骤，需要根据文物损毁的状况和需求而定[5]。

8.1.3 海洋出水铜器修复的典型案例

从泰安郡达塞姆岛和玛多沉船 1、2、3 号发掘的青铜器对于部分与基体分离的修

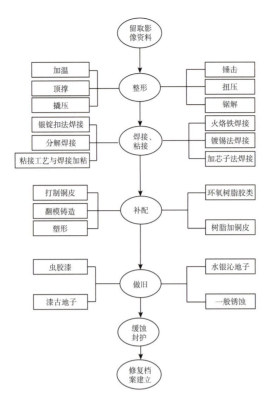

图 8.1.1　铜器修复的主要步骤

复，采用的是粘接与补缺后调色的方法[6]。

采用氰基丙烯酸酯做粘接材料。低粘度的 Alteco 用于粘结细小的开裂区域，高粘度的 Loctite 401 用于粘结较大的碎片。将环氧树脂、填料和颜料混合，然后用于填充缺失的部分。如果混合物在工作过程中固化，则用小工具平整物体使表面变平。最后将物体浸在 Incralac 溶液中进行再加固。调色是为了表达物体的颜色和质地，调色必须能够区分调色区域、恢复区域和原始对象。这里使用了丙烯颜料和青铜粉末来配色。

8.2　海洋出水铜器的的复制

8.2.1　3D 打印技术的技术优势

青铜器复制的工序主要是制作模具、翻砂、浇注、打磨、做旧和修饰等。过程看似简单，实则复杂。一般的工匠仅仅拥有成熟的青铜器铸造和制作手艺，理论知识很少，复制出来的文物仅仅做到形似，难以做到神似。青铜器制作细小的工序有 36 道，仅制作模具就有 5 道。这些复制文物在制模后，经过浇注、打磨、处理等多道工序，最后要做旧。现在的青铜器一般是用电解造皮、化学做锈。少数不法分子也会从文物真器上收集大量的金属锈残片贴在仿制品上，以假乱真。

翻模复制技术经常运用于文物保护中，它分为印模翻制和模型制作两种。印模翻制，是将比较重要又有翻制条件的文物用合适的印模材料翻出印模。模型制作就是采用与器物材料相同或相近的材料把文物形态复制出来，制成模型。在必要的情况下还需要对模型进行预加固处理，最后，再对复制品进行修补与着色。

传统器物的翻模复制必须直接接触文物才能制作模子，这对文物的伤害是巨大且不可逆的，与政策上有关文物保护条例相悖。而且传统翻模对大型文物的复制是不可行的。

根据文物复制的要求，进行文物复制工作前提与工作中需遵循的原则：复制过程所有工作必须在保证文物安全的前提下进行；复制过程中对器物进行必要的预加固隔离，保证文物安全，将器物污染降低到最小值；预加固过程中选取目前广泛成功应用于骨质、石质文物的保护材料，材料具有可逆性，不引入对文物有害的物质；保证文物安全的前提下最大程度体现复制品与原器物的相似性。

3D 打印技术可以应用于文物的复制，无论小型的还是大型的文物都适用。但它需要与其他技术，如与三维扫描和三维建模技术联用。现今三维激光扫描仪的价格逐渐降低，其技术已经得到 3D 打印领域的认可。

对文物扫描后进行数字化建模，3D 打印技术使用的软件设计方法主要分为实体建模和曲面建模。建模后需要进行切片处理 [1-2]。所谓切片就是将 3D 数字模型沿某一个轴的方向离散为一系列的二维层面，得到一系列的二维平面信息，使 3D 打印机能以平面加工方式根据不同工艺要求有序连续加工出每个薄层，得到二维平面信息的过程。在 3D 打印技术各个环节中成型技术是核心，关键的部分成型技术的优劣直接决定打印的产品质量。3D 打印过程完成之后，需要一些后续处理措施来达到加强模具成型强度及延长保存时间的目的，其中主要包括静置、强制固化、去粉、包覆等。也可以选择低精度打印，然后对打印成品进行打磨、抛光等后期的机械加工处理，这样既节约生产时间又能满足产品精度要求。根据信息技术中的控制理论对文物进行自动打印，该技术具有非常高的可靠性和精密度。3D 打印技术需要非常特殊的材料，因此需要根据材料科学方面的知识对不同的材料进行结合。

三维建模就是利用三维数据将现实中的三维物体在计算机中进行重建，最终实现在计算机中模拟出真实的三维物体的场景。三维建模正在广泛用于越来越多的领域。而且以其非常直观的图像能够在各个领域得到前所未有的重视。

文物复制的精确性是和数字化控制的三维扫描技术、三维建模密不可分的。

3D 打印技术并不是依靠自身存在的，其是与三维扫描、建模相依存的。只有扫描完成后建立三维模型，才能够实现 3D 打印技术。随着计算机技术的快速发展，对于文物的复制，可以通过三维模型来表达出文物的特征，而且经三维技术扫描成像后具有强烈的真实感。

对于文物数字修复，首先采用 3D 激光扫描仪扫描文物，将文物的各个形态、纹理、色彩等都转化成数字信息，在计算机中形成模型，形成的模型是三维立体的，3D 激光扫描仪扫描精度非常高，换句话讲，就算在文物上面落入一粒沙子，都会被扫描进入电脑里面，数字信息采集完成以后，工作人员通过软件对文物的碎片、残片或者文物缺失的东西进行修复，该方法可以省掉文物专家大量的工作时间，而且可以避免文物专家在修复文物的时候对于文物的损坏。

3D 打印技术在文物保护方面提供了技术的保障。文物数字修复采用三维扫描仪扫描文物，将文物的各个形态、纹理、色彩等都转化成数字信息，在计算机中形成模型，数字信息采集完成以后，工作人员通过软件对文物的碎片、残片或者文物缺失的部分进行修复，在计算机中就可以将文物进行修复，可以避免文物专家在修复文物的时候对于文物的损坏。在文物修复完成以后，工作人员需要通过高精度的 3D 打印机将文物修复后的复制品打印出来。对于残缺文物的修复首先需要对残缺的文物建立相关的三维模型。文物可以通过打印品进行填补。传统的文物复制不能将各种材料复制到一起，然而随着 3D 打印技术的出现，许多材料可以融合在一起。以前不能混合的材料可以混合成新的材料，而且混合后新材料的颜色和属性非常好。3D 打印将数字扩展到实体世界。3D 打印能够提高实体和数字之间的转化效率，可以对文物进行准确复制和编制。这是文物复制领域迫切需要达到的目标。

在文物修复以后，工作人员需要通过高精度的 3D 打印机将文物复制出来，将打印复制文物的形态和需修复的文物进行对比，看是否存在误差，若没有误差，文物修复完成[5]。

传统的文物复制一般情况下是直接在文物上进行翻模，但是该方法会将翻模的材料残留在文物表面，造成对文物的污染，而且不能够将文物复制得活灵活现，成品较死板。3D 打印技术可以解决上述问题，通过使用 3D 打印机扫描得到文物的三维模型，然后使用 3D 打印机获取复制的文物，再在复制品上进行翻模，这样还可以进行大批量的生产制作。

3D 打印另外一个非常重要的技术就是可以根据文物的形状进行比例调整。传统的文物复制方法很难调整文物的比例，换句话说，3D 打印技术打印出来的模型和文物是相互独立的，获得的打印品大小是可以设置的。

随着经济的不断发展。文物复制不断得到进步。3D 打印作为一种新兴的技术在文物复制领域得到了前所未有的重视。对于我国文物的保护和复制具有一定的意义。

8.2.2　3D 打印技术与材料

3D 打印技术，是在 100 多年前，美国科学家研究的照相雕塑和地貌成型技术（亦称为"快速成型"）的基础上发展而来的。3D 打印是以一种数字模型文件为基础，运用粉末状金属或塑料等可粘合材料，通过逐层堆叠累积的方式来构造物体的技术（即"积层造型法"）。也就是说，3D 打印的实现，要通过数据建模和打印两个步骤。数据建模，即将一项设计物品在计算机中转化为 3D 数据，或使用三维扫描仪对一物件进行立体扫描，获得详尽的 3D 数据，再将数据传递给打印机；打印机即为利用光固化和纸层叠等技术的快速成型装置，在接收到 3D 数据后，通过逐层增加材料，将物件"打印"成 3D 实体[5]。

3D 打印常用材料有尼龙玻纤、耐用性尼龙材料、石膏材料、铝材料、钛合金、不锈钢、镀银、镀金、橡胶类材料[7]。

目前 3D 打印机的累积方式主要有：

1. 光固化技术 SLA

快速成型技术原则上是 3D 打印机根据 3D 打印建模数据，采用快速成型技术实现材料的堆积[8]。根据不同的材料、不同的原理和技术生成各种各样的物品。打印材料有光敏树脂、粉末状材料、片材等，建模软件有 Pro/E Wildfire2.0、Rhino 等，成型技术有激光烧结、直接添加粘结剂与催化剂等。总之，该方法类似于数学几何的过程。从另外一方面讲，快速成型技术就是一种使用 3D 打印机，通过 3D 技术将零件的各个部件，按照其厚度和特定的横截面积按照规定的方式生产 3D 零件。整个过程在计算机的控制下，经过 3D 打印机技术实现自动控制。按照快速成型材料与加工设备的不同，增材成型工艺主要有 SLA、FDM、SLS、LOM、3DP 和 PCM。

光固化快速成型技术（SLA）的形成是快速成型技术的一种。这种方法的原理是采用液态光敏树脂喷在基材上，再辐射相应的引发聚合的光波，使光敏树脂发生化学反应，聚合生成固态材料。

光固化成型具有精度高的优点，表面非常的光滑，研磨后的零件，需要将表面的微量细末层除掉。光固化成型树脂价格比较昂贵，因此运行成本非常高，而且所生成的零件为刚性体，脆性大，进行零件装配时会有难度。光固化工艺的 UV 光发生设备也非常昂贵，光固化的设备的零件制备完成以后，还需要在光固化的外层包覆保护层，从而确保零件的强度。由于设备的运行成本高，这类设备一般都是大团体或资金充足的企业购买。该工艺是首个投入商业应用的快速成型技术，特点是制造出的物品表面质量好、精度高。常用于建造形状复杂的零件，如空心零件，或用来制造精细的首饰、工艺品等。

2. FDM

FDM 即是 FusedDepositionModeling，熔融挤出成型工艺的材料一般是热塑性材料，如 ABS、PC、尼龙等，以丝状供料[9]。材料在喷头内被加热熔化。喷头沿零件截面轮廓和填充轨迹运动，同时将熔化的材料挤出，材料迅速固化，并与周围的材料粘结。每一个层片都是在上一层上堆积而成，上一层对当前层起到定位和支撑的作用。随着高度的增加，层片轮廓的面积和形状都会发生变化，当形状发生较大的变化时，上层轮廓就不能给当前层提供充分的定位和支撑作用，这就需要设计一些辅助结构"支撑"，对后续层提供定位和支撑，以保证成形过程的顺利实现。

这种工艺不用激光，使用和维护简单，成本较低。用 ABS 制造的原型因具有较高强度而在产品设计、测试与评估等方面得到广泛应用。近年来又开发出 PC、PC/ABS、PPSF 等更高强度的成形材料，使得该工艺有可能直接制造功能性零件。由于这种工艺具有一些显著优点，该工艺发展极为迅速，目前 FDM 系统在全球已安装快速成形系统中占最大份额。

3. 3DP 技术

3DP 即 3Dprinting，采用 3DP 技术的 3D 打印机使用标准喷墨打印技术，通过将液态连结体铺放在粉末薄层上，以打印横截面数据的方式逐层创建各部件，创建三维实体模型。采用这种技术打印成型的样品模型与实际产品具有同样的色彩，还可以将彩色分析结果直接描绘在模型上，模型样品所传递的信息较大。美国麻省理工大学的 Emanual Sachs 教授于 1989 年申请了三维印刷技术（3DP）的专利。

这是一种以陶瓷、金属等粉末为材料，通过粘合剂将每一层粉末粘合到一起，通过层层叠加而成型。1993 年，粉末粘合成型工艺是实现全彩打印最好的工艺，使用石膏粉末、陶瓷粉末、塑料粉末等作为材料，是目前最为成熟的彩色 3D 打印技术。

4. SLS 技术

SLS 选区激光烧结技术，即 Selective Laser Sintering，和 3DP 技术相似，同样采用粉末为材料。所不同的是，这种粉末在激光照射高温条件下才能融化[10]。喷粉装置先铺一层粉末材料，将材料预热到接近熔化点，再采用激光照射，将需要成型模型的截面形状扫描，使粉末融化，被烧结部分粘合到一起。通过这种过程不断循环，粉末层层堆积，直到最后成型。

最初是由美国德克萨斯大学奥斯汀分校的 Carlckard 于 1989 年在其硕士论文中提出的。后美国 DTM 公司于 1992 年推出了该工艺的商业化生产设备 Sinter Sation。几十年来，奥斯汀分校和 DTM 公司在 SLS 领域做了大量的研究工作，在设备研制和工艺、材料开发上取得了丰硕成果。德国的 EOS 公司在这一领域也做了很多研究工作，并开发了相应的系列成型设备。激光烧结技术成型原理最为复杂，成型条件最高，是设备及材料成本最高的 3D 打印技术，但也是目前对 3D 打印技术发展影响最为深远的技术。目前 SLS 技术材料可以是尼龙、蜡、陶瓷、金属等，SLS 技术成型材料的的种类多元化。

另外，还有一种"专用材料粉"为材料的粘接打印[11]。鉴于低含氧量和细粒径粉末的要求，目前对于钛及钛合金等特种材料还在不断的研发阶段。从以上技术和材料可见，随着技术进步和新材料的研发，3D 打印技术会越来越凸显它的优越性和在文物保护方面的重要性。

8.2.3　3D 打印的工作流程

3D 打印复制文物主要有三个步骤：1. 高精度三维数据的准确获取；2. 三维软件的建模，也就是三维数据的处理；3. 3D 打印成型，也就是三维数据的输出。

8.2.4　3D 打印技术在文物保护上的应用

目前，采用三维扫描技术与 3D 打印技术联用的方法[12]，在古代壁画、建筑、沉船及文物展品复制等方面，已经完成了许多修复和复制工作。其中包括：龟兹石窟的佛像和壁画复制，建立所测古建筑的三维模型；2011 年，内蒙古博物院完成了吐尔基山辽墓出土的 265 件单体文物 3D 数据信息的采集、建模及数据库的建立；2013 年，南京博物院斥巨资购买了三维扫描仪和 3D 打印机。对于残缺的文物，先进行三维扫描，建模后用 3D 打印机将缺失的部分"打印"出来，直接补上，打印出的部分材质为一般树脂；山西博物馆于 2013 年利用 3D 打印技术仿制了国宝级文物鹿形金怪兽，3D 打印技术可根据需要调整仿品的比例，这在传统复制上是根本不可能实现的。

具有代表性的 3D 打印技术的应用，是以宋代古船实体模型重建为例，采用三维激光扫描技术对文物进行数字化重建，构建了其真实的三维模型，并通过 3D 打印技术制作文物的高精度实体复原模型对所提出的方法进行验证，研究结果表明：三维激光扫描技术和 3D 打印技术可以提高文物历史信息的保存和修复效率，避免接触式测量文物造成的表面损坏，提高研究人员对文物分析研究的参与度。但是，对于表面纹理比较复杂的文物，这项技术依然存在精度上的缺陷。由此可看出，3D 打印应用于文物复制领域由最初的建立三维扫描数据库向着复制出实物的方向发展。

8.2.5　3D 打印技术在海洋出水铜器保护上的应用

本书采用三维激光扫描技术与 3D 打印技术相结合，对海洋出水铜器的复制做了初步尝试。以丹东 1 号出水的格林机关炮为例，3D 打印技术复制铜器的总体流程图如图 8.2.1 所示。同时为了更好地展示保护效果，还制作了其三维展示模型。

图 8.2.1　3D 打印技术复制铜器的总体流程图

首先，对铜器修复前后的各部件进行三维扫描，获得所有部件的点云数据。接着对点云数据进行三维重建获取数字三维模型，得到所有部件的三维模型。然后，使用 3D 打印制造铜器修复前后的各部件复制品，并根据现场文物纹理信息进行后期处理及上色。

一、三维扫描

三维激光扫描的总体技术路线包括前期准备、控制测量、数据获取、数据预处理、建立三维模型、3D 成果制作、应用及数据管理等，如图 8.2.2 所示。

数据采集

在数据采集方案制定后，在精细三维扫描的同时，针对铜炮缺失部位的数据进行补充扫描。

数据完整性

与整体扫描数据采集原则相同，采集过程中首先要保证整体的完整性；其次，要保证每一个部件或构件单体数据的独立性和完整性；最后，在数据检查的基础上，采用手持或相对灵活的三维设备补充采集数据。

数据精密度

根据试验结果，设置点精度不低于 0.1mm，点间距不低于 0.2mm，以尽可能多的获取文物表面信息。经估算，以该参数设置扫描的文物表面的三维点数最高可达 100000000 点 $/\mathrm{m}^2$（采集的云图与实物对比见图 8.2.3，铜炮整体精细点云图见图 8.2.4）。

从图 8.2.3 的参照对比可以看出采集的点云数据可以很清晰地辨别出文物表面病害与瘤状物等三维形态上的变化。从图 8.2.4 可见，表面无数个颗粒点都是点云数据集合成的。通过精密的数据采集，可以形成和文物相似的结构模型。

纹理数据采集

纹理数据是文物信息数据采集重要内容之一，纹理数据质量关系到后期彩色正射影像图及三维彩色模型制作整体效果。在纹理数据采集过程中，首先，根据纹理分辨

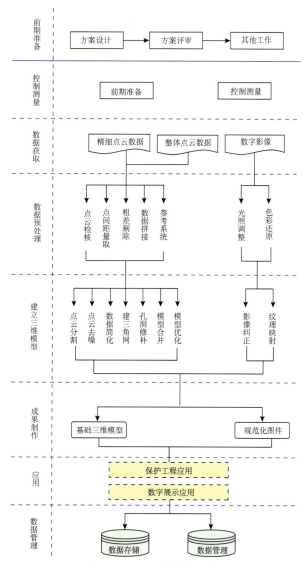

图 8.2.2　项目总体技术路线

率计算出相机距铜炮拍摄时需要达到距离最大值（即要求拍摄时在此距离内进行）；其次，根据铜炮周围光源情况确定灯光布设；最后，调整相机参数以达到拍摄要求，进行纹理数据拍摄。纹理数据采集应严格遵循采集标准，保证纹理颜色原真性，避免光照不够、颜色失真、照片模糊等情况出现。在拍摄过程中，随时检查照片质量，如出现上述情况，则需重新进行拍摄。

纹理分辨率

根据人肉眼正常视力的分辨率，即在明视距离 25cm 处的分辨率约为 0.1mm，设计铜炮纹理采集分辨率最高为 0.1mm。结合现场情况可知，实际拍摄时无法保证所有

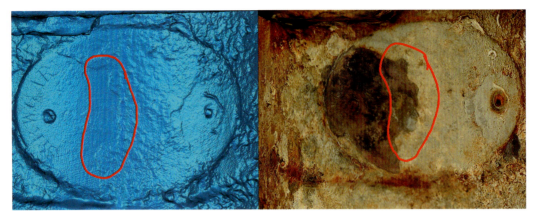

图 8.2.3 扫描点云与实物参照对比

图 8.2.4 铜炮整体精细点云图（透视效果）

位置均满足距离要求。

拍摄基本参数：

（1）曝光均匀性

正确的曝光就是通过布光、量光、订光等环节，在铜炮整体上实现良好的质感和色彩，如对拍摄中画面中白色部分的层次和黑色部分细节的体现，既需要技术控制手段，也需要摄影师根据经验做出主观判断，并通过测试灯光照度等予以确定。

曝光量的控制是通过相机快门和光圈的调整共同实现的，光圈值决定镜头通光量，同时也影响拍摄画面的景深，每一款镜头都有一个较优的光圈级，如比较常见的尼康定焦镜头中，以 f11 和 f16 光圈级最为理想，但光圈决定景深的大小，光圈值也要根据采集的实际情况来调整，以保证拍摄画面中的清晰度。

快门数值受闪光灯闪光时间等参数和镜头焦段等因素的限制，总体目标保证图片清晰。

（2）白平衡

白平衡控制就是在各种光线条件下拍摄的照片，经过调整图像色彩，使得与人眼看到的景物色彩完全相同。简而言之，白平衡就是不管环境光线如何，仍然把"白"定义为"白"的一种功能。颜色其实是对光线的解释，在正常光线下看上去是白色的物体在光线较暗的环境下看上去可能不是白色，另外，荧光灯下的"白"也是"非白"。

在不同的光线条件下，物体的颜色会发生变化，变化最明显的是白色物体。为了最大可能减少外来光线对目标物体颜色造成的影响，需要对数码相机进行色彩校正，使得在不同的色温条件下都能还原出被摄目标原来的色彩，达成正确的色彩平衡，这就是白平衡调整。

尼康 D4 综合表现非常优异，白平衡的精准度已经可以满足绝大部分拍摄需求，但是现场拍摄时发现 D4 在使用红色色版的时候曝光稍微欠缺一些，使用蓝色色版测试是最好的。因此，项目过程中每次拍摄之前均采用灰度板进行白平衡调整，以保证相机对文物颜色的精确表现（多角度拍摄照片，如图 8.2.5 所示；每相邻的两张照片，重叠度要求大于单张照片的 1/3，如图 8.2.6 所示）。

总之，采集的纹理数据要求主要包括以下几个方面：

（1）整体画面保证清晰，细节丰富，反差适中，透视关系准确；

（2）颜色信息管理规范，色彩还原准确；

（3）畸变形状满足三维彩色模型及正射影像图制作要求；

（4）影像空间分辨率约 0.25mm（最高 0.1mm），近距离多角度获取高分辨率纹理照片；

（5）纹理照片记录格式为 JPG、RAW。

二、三维重建

三维重建是在三维扫描的基础上，对获取的数据进行相应处理后得到物体的三维数字模型。

1. 预处理。由于技术原理限制以及人为因素影响，通过三维扫描获取的点云数据不可避免地存在噪声。因此，需要进行预处理以尽量消除噪声。删除飘离点云之外的浮游点，通过对比扫描对象去除明显错误的点云，消除点云孔洞，对于过密的点云进行抽稀，通过上述处理使得点云模型尽量光滑连续，以便后续处理。

2. 配准。由于扫描过程中，扫描仪围绕物体不断移动，导致获取的点云并不是一个整体，而是分散成若干个点云片。这些点云片是在不同扫描姿态下获取的，其局部坐标系和整体坐标系不一致，因此，需要对这些点云片进行配准，使其转换到统一的坐标系下。

图 8.2.5　多角度拍摄

图 8.2.6　相邻两张照片重叠度

3. 合并。扫描仪移动时进行连续扫描，不同点云片之间存在公共区域，尽管配准后这些公共区域的点云已经比较吻合，但不会完全重合。为了使分散的点云片重新整合成一个整体，需要使用数据合并。对这些公共区域的点云进行合并，可以避免由于点云分层导致后期曲面重建的误差。

4. 抽稀。扫描获取的点云数据量非常庞大，大量数据有利于提高配准和合并精度，但对于后期的网格重建却是一个负担。计算量增大的同时，可能并不会提高网格重建的准确度，反而因为过拟合而降低精度。因此，在保证精度的前提下，对点云进行抽稀，使用降采样后的点云进行后续处理。要掌控好抽稀的力度，力度过小抽稀不成功，力度过大会造成精度下降。

5. 网格重建。真实物体表面是连续的，而获取的点云数据是离散的，无法准确模拟，因此，需要网格重建使点云网格化获得网格模型。网格重建有多种方式，常用的是三角化网格，这种网格计算简便，容易处理，生成的模型具有适应性。

6. 网格修改。由于物体复杂难以全面扫描、扫描数据缺失、拼接误差等原因造成网格重建后的网格模型产生孔洞或者有突刺，需要进行网格修改。修补网格孔洞使物体表面模型连续，去除突刺使物体表面模型平滑。仔细对比数字模型与真实物体，使得两者尽量一致。

7. 纹理映射。网格化的物体表面模型具有几何精确性，但是还缺乏相应的纹理颜色等信息。经过纹理映射，即将纹理空间的颜色信息映射到模型空间对应的像素上，使其具有真实感。这个可视化三维模型综合了几何和纹理信息，与真实物体具有较高的相似性。

通过上述步骤对致远舰铜炮修复前后的各部件的点云数据进行三维重建获取三维模型，得到所有部件的三维模型。

（1）通过三维重建后，便获取到铜器的三维模型（如图 8.2.7~ 图 8.2.8 所示）。

三、三维展示

针对铜炮的三维模型，设计并实现了能够进行交互式操作的文物三维展示系统。该系统通过虚拟现实手段，综合运用计算机技术实现人机交互的三维展示。

1）三维数据展示系统的技术路线

三维数据展示系统的技术路线包括前期准备、数据获取及处理、彩色三维模型建立、成果简化及程序设计开发，总体技术路线图见图 8.2.9。

2）三维数据展示系统设计与开发

铜炮三维展示系统分修复前展示、修复后展示及铭牌展示三个部分。用户可以方便地观展、沉浸式的体验，欣赏文物的同时看到复制后的情况。

基于 Unity3D，以 C# 和 JavaScript 语言为依托进行三维展示。Unity 是由 Unity

（a）铜炮炮筒修复前　　　　　　　　　　（b）铜炮炮筒修复后

图 8.2.7　铜炮炮筒修复前后的三维模型（纹理映射前）

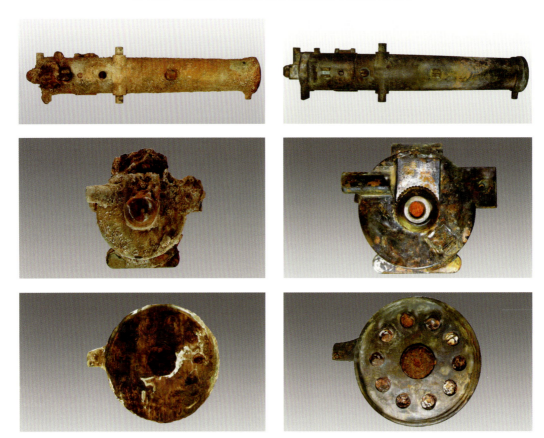

（a）铜炮炮身修复前　　　　　　　　　　（b）铜炮炮身修复后

图 8.2.8　铜炮炮身修复前后的彩色三维模型

Technologies 开发的一个让用户轻松创建诸如三维视频游戏、建筑可视化、实时三维动画等类型互动内容的多平台的综合型开发工具，是一个全面整合的专业引擎。Unity 可发布成果至 Windows、iPhone、Windows phone 8 和 Android 平台，也可以利用 Unity web player 插件发布网页成果，支持 Windows 的网页浏览，其网页播放器也被 Mac widgets 所支持。也正是由于该平台多功能、人性化的界面，目前被广泛使用（展示系统主界面如图 8.2.10 所示）。

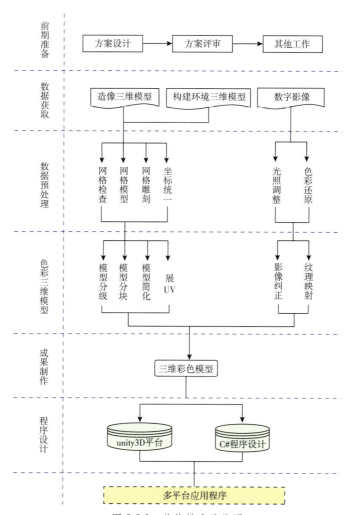

图 8.2.9　总体技术路线图

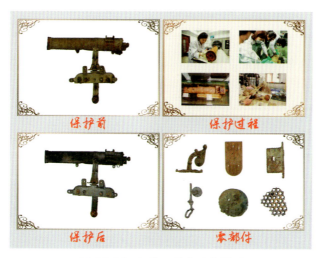

图 8.2.10　铜炮三维展示主界面

3）展示效果

修复前的展示包括修复前的整体展示、炮身炮筒动画展示以及病害分布展示（如图 8.2.11 所示）。

（a）整体展示　　　　　　　　　　　　　（b）动画展示

（c）病害分布展示

图 8.2.11　修复前的三维效果展示

修复后的展示包括修复后整体展示、炮身炮筒动画展示、铭牌展示和重点图片展示。

四、3D 打印

由于采用 SLA 的打印方式，能够精准的还原真实模型。为此，基于铜炮修复前后各部件的三维模型选择 SLA 打印技术对其 3D 打印，无需模具，一次成型，且没有做任何机械加工。

1）magics 模型修复。首先检测模型的数据并修复有问题的模型。

2）切块。对模型的加厚（抽壳），用切割命令将模型切块。以大小可在打印机网板上摆放为宜。给切割之后的模型一个壁厚。抽壳壁厚会根据模型的大小以及复杂程度等决定。

3）模型加支撑。抽壳之后就排放到打印机网板上，准备切片和材料打印。

4）模型打印后处理。将模型打印用的支撑去除干净并且打磨光滑。经过后处理的模型需要细磨表面，涂上一层底漆之后根据图片中模型的位置色彩进行配色及上色。

（a）修复后整体展示

（b）修复后动画展示

（c）铭牌展示

（d）重点图片展示

图 8.2.12　修复后的三维效果展示

从打印的效果看，3D 打印的铜炮纹理处理精准、与实物几乎没有差别。由此可见，3D 打印技术不仅可以复制海洋出水铜器，而且可以做到数字化展示和实物展示相结合，能够作为未来海洋出水文物保护的有效手段之一。

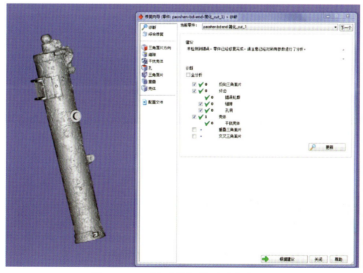

图 8.2.13　模型数据检测及修复

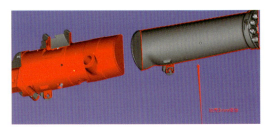

图 8.2.14　模型切块

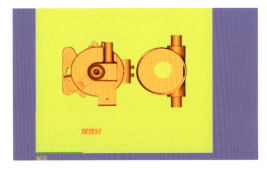
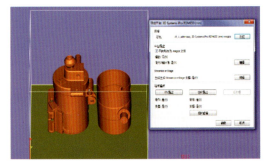
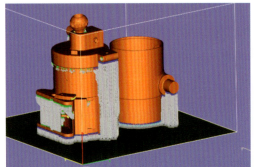

图 8.2.15　切片打印

图 8.2.16　3D 打印后的实物　　　　图 8.2.17　经后处理的 3D 打印实物

参考文献

[1] 魏薇，潜伟. 三维激光扫描在文物考古中应用述评 [J]. 文物保护与考古科学. 2013, 25（1）：96-105.

[2] 郭欢磊，王聪华. 3D 打印技术在文物保护方面的应用 [J]. 电脑知识与技术，2017, 13（29）：260-264.

[3] 贾文忠. 文物修复与复制 [M]. 北京：中国农业科技出版社，1996.

[4] 中国文化遗产研究院. 中国文物保护与修复技术 [M]. 北京：科学出版社，2009.

[5] 王蕙贞. 文物保护学 [M]. 北京：文物出版社，2009.

[6] Lee Gyeongro.Conservation manual of Maritime Archaeological objects in Korea[M].K-orea:National Research Institute of Maritime Cultural Heritage,2014:72-90.

[7] 余冬梅，方奥，张建斌. 3D 打印材料 [J]. 金属世界，2014，（5）：6-13.

[8] Joseph Muskin,Matthew Ragusa. Three — dimensional printing using a photoinitiatedpolymer［J］. Journal of Chemical Education,2010,87（5）：512-514.

[9] 余东满，李晓静，王笛. 熔融沉积快速成型工艺过程分析及应用 [J]. 机械设计与制造，2011（8）：65-67.

[10] 曾光，韩志宇，梁书锦，等. 金属零件 3D 打印技术的应用研究 [J]. 中国材料进展，2014，33（6）：376-382.

[11] 袁建鹏. 3D 打印用特种粉体材料产业发展现状与趋势 [J]. 新材料产业，2013(12):19-23.

[12] 何原荣，潘火平，陈鉴知，郑渊茂. 宋代古船的三维激光扫描技术重建与模型 [J]. 华侨大学学报（自然科学版），2017，38（2）：4:2-250.

第九章

海洋出水铜器的典型保护案例

　　研究的目的是为了服务于保护实践的需要。基于铜器腐蚀的分析和研究，筛选的保护材料和方法、研发的设备都是为了制定出高效、稳定、安全的海洋出水铜器的保护流程和保护方案，并贯彻执行。

9.1 保护流程

9.1.1 国外的保护流程

保护行为分为：干预性保护和预防性保护。其中国外对于二者的保护行为有明确的界定（图 9.1.1）。其中还针对干预性保护制定了非常详细的流程规范[1]（图 9.1.2）。

在海洋出水铜器的保护流程方面，澳大利亚博物馆在多年研究保护海洋出水金属的基础之上，对铜及铜合金的保护形成了一个体系，也比较成熟[2]。具体的步骤为：在经过出水预处理后，按重量比在 15% 的柠檬酸溶液中加入 4% 硫脲作为缓蚀剂，这一步骤可以除去大部分凝结物，对于较为顽固的斑点或凝结物层，如外来铁器的锈蚀产物，可以采用电化学除锈的方式除去；凝结物去除之后，接着将其放入 $NaCO_3/NaHCO_3$ 溶液中脱盐，这一过程需要的时间较长，从 9 到 36 个月不等，这要根据器物大小及腐蚀情况等来决定；氯离子清除完全后，可以采用涂刷或浸泡在工业乙醇或丙酮中的方式让器物完全干燥；接着将器物放入 BTA– 乙醇溶液中，在真空下加压让其充分渗透，这一步骤完成后，器物从化学的角度来说是稳定了，但为了让其器型更加稳定，需将其置于融化的微晶石蜡中进行最后的加固处理。意大利的一个典型铜器保护修复案例是 Riace 青铜器 Ⅰ、Ⅱ[3]。

9.1.2 国内的保护流程

通过借鉴国外的保护经验[4]（另附了国外铜器的保护典型案例见附件），并结合以往的研究成果，确定了国内海洋出水铜器的保护流程：

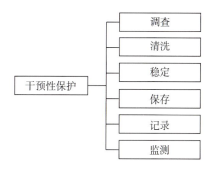

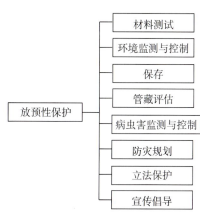

图 9.1.1 国外保护行为

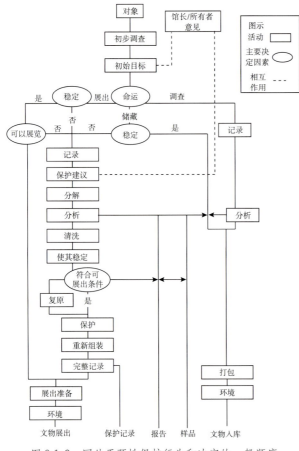

图 9.1.2　国外干预性保护行为和决定的一般顺序

出水铜器保护修复的主要技术流程：文物修复前信息的提取（文字记录、拍照等影响记录）——清洗——去除凝结物——脱盐——除锈——缓蚀——封护——修复——适宜环境下保存。其中，去除凝结物和脱盐步骤需要根据凝结物的情况而定，有时两者需要结合且会出现多次循环步骤。

A. 信息采集

采集器物的初始文物信息，包括外观、质量、拍照等，并跟随处理、脱盐及评估进行登记与记录，以建立文物处理档案。采用加速硬 X 射线分析海洋出水铜器内部结构以发现其内部缺陷，采用三维激光扫描对铜器病害进行采集，以统计病害面积。且在以上每一个保护步骤的进行阶段都要做好记录。

B. 清洗

采用去离子水清洗凝结物表面，清理掉表面泥沙等。

C. 去除凝结物

如果铜器包裹在大块凝结物中，首先将其按第五章的分解方法提取出来，再根据凝结物的硬结程度和生物病害情况，选择物理、化学方法或两者结合的去除方法去除凝结物。

提取出的铜器，根据基体情况分类保护处理：

（1）对于单件铜器，主要进行除锈、脱盐和必要的加固、修复。如果尚有铜基体存在，需进行适当的缓蚀封护处理；如果铜器已完全矿化，则无需进行缓蚀和封护处理。

（2）对于多件粘连在一起的铜器，如果进行强制分离，很多铜器会不可避免的遭到破坏，因此，对于这类铜器，会保留其捆扎在一起时的形态。先进行脱盐处理，再用机械法，辅以化学试剂法，将粘连的铜器尽量分离开来，然后将分离出来的铜器按单件铜器的保护方法进行处理。而在这些处理条件下，仍难以分离出来的铜器，不再进行强制的分离处理。

D. 脱盐

根据第五章，选择适宜的脱盐材料。根据体量的大小和多少购建循环水清洗脱盐池。采用去离子水冷热交替浸泡脱盐或加入 3~5%（wt）倍半碳酸钠溶液浸泡法进行脱盐除氯处理。每天固定的时间检测浸泡液的电导率。脱盐一定时间后，电导率每天增长趋于稳定且每天增长小于等于 1μS/cm，通过小样标本的离子色谱检测总盐量减少大于 90%，再用硝酸银滴定方法和氯离子浓度计协助判定脱盐是否达到终点。脱盐处理完成后，用去离子水清洗，再用无水乙醇进行脱水，充分干燥。脱盐期间，采用离子色谱、色差计、显微镜等仪器测试器物初始状态及初始盐分含量情况。采用检测和监测相结合评估脱盐效果，对比脱盐前后各种类型器物的形貌、色度及离子浓度变化，同时评价脱盐方案的安全性。

E. 除锈

根据第六章，选择适宜的除锈方法。当采用化学除锈时，首先对表面白、绿色部位进行取样，进行硝酸银滴定，看是否出现白色沉淀物来判断是否有氯离子存在。采用铝箔还原法去除局部"粉状锈"。再采用手术刀、牙刷等机械工具，清理掉器物表面不稳定锈蚀层和其它附着物。必要时配合 3A 溶液（乙醇、丙酮、水 = 1:1:1，v/v）或局部采用少量柠檬酸或草酸等弱酸性试剂，清理掉铜器表面污垢和附着物；如使用了化学试剂，在清洗除锈步骤结束后，必须用去离子水对铜器进行彻底清洗。

F. 缓蚀和封护

根据第七章，选择适宜的缓蚀与封护材料。且根据海洋出水铜器所在环境的特点，调整封护的方法和时间。

本着尽量选用传统材料的理念，经过试验研究，脱盐结束后用无水乙醇和丙酮分别浸泡半小时后取出，干燥后将器物浸泡在 5%BTA 溶液中，密闭保持 1~2h，取出后再次烘干，最后去除掉表面残留的 BTA 结晶，能实现优良的缓蚀效果。缓蚀后选用 3%B72 丙酮溶液或微晶蜡作为表面封护材料对表面进行涂刷封护处理。

G. 修复和复制

对于需要修复的文物，据损坏情况的不同，选择做整形、补配、焊接和粘接、作旧等。在有条件的情况下，可对珍贵文物做 3D 激光扫描和 3D 打印，以便于留存文物信息和展示。

H. 保存

（1）宏观环境：应按照铜器长期保存的要求改善现有的保存环境，如保持较为稳定和适宜的温湿度，通风干燥，相对湿度在 40% 以下；也可通过增加隔离间改善库房的宏观保存条件。尽最大可能排除大气中各种污染物因素影响，为文物提供一个空气流通性好、安全无污染、稳定的存放环境。

（2）微环境：在宏观环境不能完全达标时，改善器物保存微环境十分重要。在库房存放可制作专用囊匣。囊匣的作用有三个，一是减少物理损伤；二是减缓环境变化冲击；三是创造稳定、干燥、洁净的微环境空间。注意的是制作囊匣的所有材料不应释放对铜器有害的气体。在展厅中可通过在密闭展柜中使用调湿材料、有害气体吸附剂或充氮技术等方法控制文物的微环境。

I. 完善档案

铜器保护修复过程中要完善修复保护档案。主要包括保护修复详细操作流程、日志、照相、录像、文字、分析图表、电子文档及电子演示幻灯片等，最终建立保护修复档案。

9.2　实验室保护案例

海洋出水铜器的保护，由于涉及到长时间的脱盐，需要定期的监测和检测。因此，需要尽可能的送到具备分析和检测条件的实验室处理。如 2014~2016 年丹东 1 号出水发掘的 300 多件铜器，在考古发掘船上简单冲洗后包装运回我院出水保护实验室保护处理。以下选择以其 2014 年发掘出水铜器的保护为例。

9.2.1　信息采集

采集器物的初始文物信息，包括外观、质量、拍照等，按照 2008 年国家文物局颁布的《馆藏青铜器病害与图示》标准绘制病害图（如图 9.2.1），建立文物处理档案，并跟随处理、脱盐及评估进行登记与记录。采用加速硬 X 射线分析格林机关炮的内部结构以发现其内部缺陷（如图 9.2.2），采用三维激光扫描对格林机关炮病害进行采集，以留存其原始的信息和保护前后的变化。在脱盐的基础上做缓蚀和封护流程的记录，建立保护修复档案。

9.2.2　去除凝结物和腐蚀产物

A、小型工具机械清理

由于铜器表面存在一层致密度明显差异的凝结物。根据第二章，格林机关炮表面

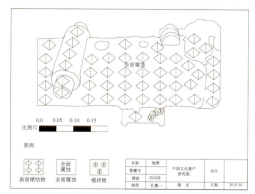

图 9.2.1　炮筒局部及其病害图

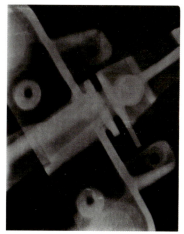

（a）炮筒内有十根枪管　　　　　　　　　（b）炮架结构清晰

图 9.2.2　加速硬 X 射线分析格林机关炮的内部结构

凝结物为 $CaCO_3$（石灰），致密灰色硬质凝结物为 SiO_2（石英）和 $NaAlSi$（钠长石），红色凝结物为 $FeFe_2O_4$（铁酸亚铁）和 $FeO（OH）$（碱式氧化亚铁）。根据第五章针对不同凝结物的去除方法，选择了四种针对性的处理方法：1. 表面存在珊瑚和贝壳残片之类的混合体，采用牙科工具去除；2. 对于较薄且致密的钙质凝结层，在整个器物表面几乎呈均匀分布状态，其表面被一层外来的红棕色凝结物 $FeFe_2O_4$（铁酸亚铁）和 $FeO（OH）$（碱式氧化亚铁）所覆盖，用小锤子轻轻敲打，就轻易地脱落并展现出了保存完好的器型；3. 对于灰黑色致密的 SiO_2（石英）和 $NaAlSi$（钠长石），以及铜表面的锈蚀产物，采用机械方法与化学浸泡方法相结合的方式去除（图 9.2.3）。采用的脱盐溶液是 5% 倍半碳酸钠溶液，根据氯离子监测情况，判断其脱盐效果。对于缝隙和厚凝结物所在的局部位置，主要采用脱脂棉浸泡 3%~5% 倍半碳酸钠溶液覆盖 12小时后，经去离子水清洗再结合机械方法除去。

（a）格林机关炮上铭牌清理前

（b）格林机关炮上铭牌清理后

（c）格林机关炮上铭牌清洗后效果

（d）铭牌上的文字识别

图 9.2.3　铭牌化学浸泡结合牙科工具机械清洗效果

从清洗后的铭牌上的文字可以清晰的辨认出，格林机关炮是 1886 年在英国泰恩河纽卡斯尔（英国被郡的首府）的 W.G. 阿姆斯特朗 . 米歇尔有限责任公司制造的。该炮已获专利权，型号为 4781，口径 0.45 英寸（9mm）。

特别提到的是对于表面凝结物很少且存在少量锈蚀的铜器表面，采用激光清洗方法。选用 THUNDER 第四型掺钕钇钕石榴石激光仪（Nd：YAG），类别为 Ⅱ b，最大重复频率为 40，能量波长为 1064 纳米 [毫焦]1000。

从激光清洗前后对比效果来看（图 9.2.4），对有文字或纹饰文物的清洗，机械方法容易造成损伤。在化学方法难以清理的表面，激光清洗可以起到很大的帮助。

9.2.3　脱盐

A、脱盐方法

根据致远舰出水铜器尺寸较小的特点，采用去离子水循环浸泡脱盐或置于 3%（wt）倍半碳酸钠溶液浸泡溶液脱盐；对于尺寸较大，表面腐蚀状况较严重的铜器，主要放入盛有 3%（wt）倍半碳酸钠溶液的脱盐池进行脱盐处理，并定期检测浸泡液

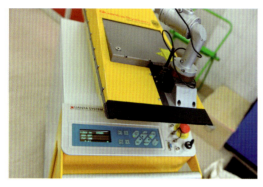
（a）激光清洗仪

（b）激光清洗铜器表面的过程

（c）激光清洗前

（d）激光清洗后

图 9.2.4   激光清洗前后对比

的电导率。

铜器的脱盐周期约为 10 个月。尺寸较大的铜器的脱盐周期在 15 个月左右。

B、脱盐监测

由于格林机关炮尺寸较大，专门为其建立了脱盐池。2 个月为一周期换脱盐溶液，并采集溶液样品进行离子色谱监测，以了解其脱盐进展情况。具体监测数据（ppm）见表 9.2.1。

表 9.2.1   格林机关炮脱盐过程离子色谱监测数据表（ppm）

周期（2 个月 / 周期）	Cl^-	SO_4^{2-}
1	24.95	0.01
2	39.76	0.01
3	30.40	0.01
4	28.80	0.01
5	13.72	0.01
6	7.78	0.01

从离子色谱的数据来看，格林机关炮内的 SO_4^{2-} 含量很少，脱盐过程主要是针对 Cl^-。前 4 个月格林机关炮内脱除的盐分逐渐增多，随着脱盐过程的继续，后期便逐渐递减，最后已经降至 7.78ppm，且后期稳定。在脱盐 15 个月后结束该步骤。

9.2.4 缓蚀与封护

脱盐结束后，经离子水反复清洗。在充分干燥后，才能对格林机关炮做缓蚀封护。由于该炮长度在 1 米以上超出了普通烘箱的尺寸范围，所以专门定制了加热烘干设备（如图 9.2.5 所示）。

图 9.2.5   机关炮置于专门设计的干燥设备

监测湿度变化发现，机关炮的湿度一直在 10% 以下进行干燥，前 4 周温度变化显著，温度在 35~45℃ 之间变化。在接下来的 4 周里，温度变化曲线略为平缓，直到第 12~16 周更加平缓且基本保持在 50℃。结束了为其 16 周的加热干燥后，将格林机关炮放置在实验室里自然干燥。

彻底干燥后，选择用 5%BTA 溶液刷涂铜炮表面，密闭保持 1~2h 后烘干，再去除掉表面残留的 BTA 结晶。如此反复涂刷三遍。最后选用 3%B72 丙酮溶液作为表面封护材料对表面进行涂刷封护处理，操作方法同缓蚀步骤。

9.2.5 数字复原

根据第八章的数字复原技术，对铜炮做了 3D 激光扫描，据此 3D 打印了铜炮（图8.2.17）。上色后与原物一致，并作了数字展示模型。

9.3 现场海洋出水铜器的保护案例

文物的现场保护属于抢救性保护，与实验室内保护不同之处在于，考古现场一般条件简陋，情况紧急复杂，时效性强。而海洋出水文物的保护一般在渔船或水下考古船上，极易受到海上气候如台风等的影响，考古发掘期很短，而且保护条件受到诸多因素限制，所以应最大限度的保留文物带有的各项信息，为后期实验室研究和保护提供依据。

南海 I 号沉船经 2007 年打捞出水后一直在广东海上丝绸之路博物馆保存。期间，由于采用的钢质沉箱一直浸泡于海水中，它的腐蚀导致了内部的沉船和船货的加速腐蚀。为此，在确定了南海 I 号的保存方案和发掘方案后，经国家文物局批准于 2014 年开始正式发掘。为此，在现场建立了临时实验室，对现场提取的大量的铜钱和一些铜器做稳定性处理。严格意义上来说，南海 I 号沉船的考古发掘已经接近于陆地发掘。因此，现场的条件非常有利于海洋出水铜器保护工作的开展。

9.3.1 技术路线

出水铜器的现场保护技术路线如图 9.3.1 所示，其中采集样品为非必要步骤。

发掘现场铜器保护所需的材料和工具主要有：pH 试纸、滴管、手术刀、竹镊子、竹签、毛刷、吸耳球、喷壶、脱脂棉、麻纸、胶带纸、聚乙烯薄膜、聚乙烯样品袋、丝网、薄板、托

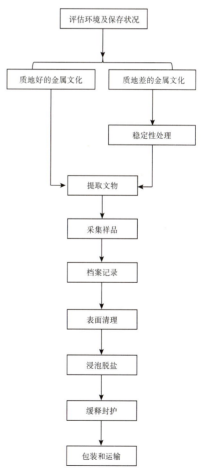

图 9.3.1　出水铜器现场保护工作流程图

板、挖掘用具、手套、大小装具、减震填塞物、包装绳、标签等。

9.3.2   稳定性处理

水下考古现场在提取铜器时，对于腐蚀程度较高、残留基体脆弱的铜器，有时需要首先对铜器进行加固，或使用支撑材料协助提取铜器，否则容易引起器物变形甚至损毁。由于海洋出水铜器中普遍含有一些氯化物等不稳定化合物，不建议使用化学加固材料，而使用物理性加固材料为宜。在物理性加固材料中，不能使用聚乙烯醇纤维（PVA）或绷带等易收缩的材料，避免对铜器造成物理损伤。对于小而轻的糟朽铜器的提取，可使用可溶性尼龙材料进行加固；对于体积较大的糟朽铜器，可使用聚乙烯薄膜、硅橡胶或薄层石膏包进行加固后方可提取。

9.3.3   现场提取

考古发掘现场文物保护所涉及的保护技术非常多，其中提取技术是非常重要的一个环节。对于出水铜器而言，提取前必须先评估铜器自身强度和其上附着文物、周围土壤情况等，采取直接提取文物单体法或整体提取法，避免盲目操作造成损害。整个提取过程要做好记录工作。

（1）直接提取文物单体法

直接提取法是考古现场提取中最常使用的方法。对于质地较好、体形不大、周围土质强度较好的铜器，直接提取器物即可。为了减少日后清理的难度和工作量，需对器物进行基本清理。通常用竹签及毛刷去除周边泥土，板结土壤可滴入酒精，待疏松后剔除。双手托底平稳缓慢提出器物，放入聚乙烯袋中，然后将器物移置于相对封闭的装置中，衬垫固定稳妥后包装运至文物保管场所，再行检测、保护和保存。

（2）整体提取法

整体提取法是指将铜器及同出的其它文物、迹象以其周围一定范围的积土一起提取、搬移的过程。在考古发掘现场，整体提取法作为一种对较为复杂的文物进行提取的方法，不一定都适用。因此，在确定对出水文物进行整体提取之前，一定要明确该文物是非常适合整体提取的。一般情况下，对非常脆弱、碎裂严重或迹象复杂且情况不甚明了的文物采取整体提取法。依据材料和处理方式的不同，整体提取法可大体上分为基本提取法、套箱提取法、石膏提取法和聚氨酯泡沫提取法。常常要几种方法并用，以应对不同的出水情况。一般状况下，若土壤强度好且器物体积小，可采取基本提取法；若土壤强度好但器物体积大，可采取套箱提取法；若土壤强度差但器物体积小，可采取石膏提取法；若土壤强度差且器物体积大，可采取聚氨酯泡沫提取法。

9.3.4   去除凝结物

"南海Ⅰ号"沉船出水的许多铜器表面会有很多泥土，需要先用去离子水清理后，再除凝结物。有的铜器是在大块凝结物内包裹的，现场主要采用机械切割提取。提取出来的铜器凝结物的去除主要采取的是机械方法。工具根据凝结物的软硬度选用錾子、微型钻、手术刀、刻刀、牙刷等，辅以喷砂法。特别坚硬的地方先采用化学试剂如草酸、柠檬酸和 EDTA 混合溶液等浸泡软化，再用机械方法清除。从铜器外部凝结物开始清除，从上到下，从外到内逐步清理。

分离过程中需特别小心，尽量不对文物本体造成损伤，不损害有价值的历史信息。表面粘连的铜器具有一定的文物价值，需要保留。每天清理工作结束后为防止清理出来的铜器腐蚀，还需要考虑环境控制或缓蚀处理。

9.3.5   加速脱盐

对于海洋打捞的刚出水铜器，将其放入 5% 倍半碳酸钠溶液中浸泡脱盐，每天监测浸泡溶液的电导率变化，待电导率增长趋于稳定时，可更换浸泡溶液，视为一个脱盐周期（一般 1 个月更换一次浸泡液）。将每个脱盐周期结束时的电导率相比较，电导率数值逐渐减小趋于稳定时，初步认为脱盐周期基本结束。用氯离子测试仪或离子色谱测试浸泡溶液中以氯离子为代表的可溶盐离子含量，当氯离子浓度低于 50ppm 时，认为达到脱盐终点。同时用硝酸银滴定的方法协助判定。

图 9.3.2   南海Ⅰ号出水铜镜脱盐过程中

9.3.6   缓蚀封护

脱盐结束后用无水乙醇和丙酮分别浸泡半小时后取出，放入烘箱（50℃左右）或用吹风机充分干燥。干燥后将器物浸泡在 5%BTA 溶液中，密闭保持 1~2h，取出后再次烘干，最后去除掉表面残留的 BTA 结晶。反复处理三遍干燥后，选用 3%B72 丙酮溶液作为表面封护材料对表面进行涂刷封护处理。由于"南海 I 号"出水铜器在保护处理后，将在广州阳江室内存放。根据阳江地区潮湿海洋大气环境的特点，表面再涂微晶蜡来隔离外界水分。

目前，该项目还在继续。对于海洋出水铜器，在现场对其稳定处理的基础上，还需继续深入的开展保护工作。

9.4　水下原址保护

通常，场地发掘、初调查、挖掘、文物出水和处理经费的筹集等阶段可能会耗费几个月甚至几年，所以随着时间的流逝，文物的原位预防性维护越来越普遍。联合国教科文组织通过的海洋遗产水下保护公约也非常明确地指出，对于年代界限为一百年以上人类活动的各种遗留物的保护原则是不加以干扰，留在原地保护。这是对文物保护的尊重，也是水下文物保护的理想状态。目前原址保护的方式主要有以下三种：建立海底考古公园；预先维护物品，准备挖掘或长期维护；探查、研究、挖掘发掘地，并且为了后代回填发掘地。

9.4.1　预先维护文物，准备挖掘或长期维护 – 牺牲阳极的应用

预先维护文物的方式有利于研究之后是否对沉船发掘，也可以长期跟踪其演变。而阴极保护，特别时牺牲阳极法，180 年以来一直作为阻止船体腐蚀的有效方法，目前已经成为防止海水腐蚀的主要控制手段之一，在海洋环境下起到了很好的保护作用，例如在意大利水下遗址公园里就采用了牺牲阳极的方法保护铜炮[5]。

阴极保护法就是将被保护金属进行外加阴极极化以减小或防止金属腐蚀的方法。外加阴极极化可以采用两种方法来实现。一种是将被保护金属与直流电源的负极相连，利用外加阴极电流进行阴极极化。这种方法称为外加电流阴极保护法；另一种是在被保护设备上连接一个电位更负的金属作阳极（例如在钢设备上连接锌），它与被保护金属在电解质溶液中形成大电池，而使设备进行阴极极化，这种方法称为牺牲阳极保护法[6]。

两种阴极保护法的比较：

外加电流阴极保护：可以调节电流和电压，可用于要求大电流的情况，使用范围广。必须使用不溶性阳极，才能使装置耐久。但需用直流电源设备，经常要维护检修，

投资及日常维持费用高。且当附近有其他构件时，可能产生杂乱电流腐蚀。

牺牲阳极法阴极保护：不需要直流电源，适用于无电源或电源安装困难的场合，且施工简单，无需人员操作维护。对附近设备没有干扰，特别适用于局部保护的场合，投资费用也不高。但输出电流、电压不可调，相对适用小电流场合。阳极消耗大，需定期更换。随着新型牺牲阳极材料的发展，牺牲阳极保护的优点将更加充分地发挥出来，所以该方法具有较大的应用空间。

作为牺牲阳极材料应具备的条件，如图 9.4.1 所示。

常用的牺牲阳极有锌基、铝基、镁基三大类[7]。而对于铜器保护上常用的是锌基和铝基的牺牲阳极。将其特点对比如表 9.4.1 所示：

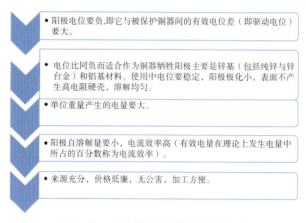

图 9.4.1　牺牲阳极材料需具备的条件

从表 9.4.1 对比可见，锌基牺牲阳极优势明显，对于海水环境中文物安全、适用。因此，在铜器保护方面，锌基牺牲阳极在国内外都已得到了很好的应用。

表 9.4.1　锌基、铝基牺牲阳极的特点对比

铝基材	自钝化金属，虽然必须通过合金化促进其表面活化，使合金具有较负的电位和较高的电流效率才能发挥保护作用；
	理论发生电量大，有的铝合金的电流效率能达到 85%；
	来源广泛，价廉、质轻，制造工艺简单且使用方便；
	铝基材料在海水和海泥中都有极好的发展前景。
锌基材	锌相对钢铁的驱动电压只有 0.25V，驱动力小；
	锌的自腐蚀小，理论发生电量小，但它用作牺牲阳极的电流效率高；
	与钢结构撞击时不会产生火花，特别适于海船的内保护。油轮舱内的保护中，锌基阳极是唯一的牺牲阳极材料。

一、丹东 1 号原址保护的牺牲阳极法

约 2300 吨的致远舰，目前只有 300 吨左右暴露在海水环境中，其余的残骸及船货（多为铜器）还在泥沙中掩埋。目前针对暴露出来的部位采用牺牲阳极法进行保护。具体做法是在暴露出来的位置平均布设了 10 块锌块（图 9.4.2），牺牲阳极保护示意图见图 9.4.3，还需要继续跟踪观察实际布设点锌块的腐蚀动态（图 9.4.4）。鉴于整条战舰都是金属基体，离锌块越远的位置，电流密度越小，阴极保护所起的作用越弱，所以建议后期若继续采用牺牲阳极的阴极保护法时，阳极的布设应尽量均衡。可以将部分锌块埋入海泥以靠近战舰，使得战舰受到较整体且均匀的保护，而不是仅针对暴露部位。

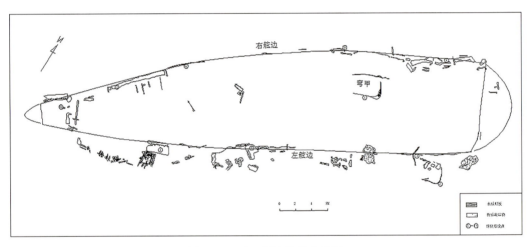

图 9.4.2　致远舰防锌块布设图

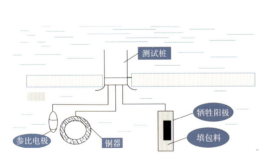

图 9.4.3　水下牺牲阳极保护示意图

图 9.4.4　致远舰锌块布设点牺牲阳极照片

二、南澳 1 号原址电化学保护

采用镀锌钢管做成 30 米 ×14 米的金属保护罩，用于保护船体遗骸及尚未清理出来的船货（估计有 46 吨）。同时在保护罩四周均匀布设了 10 块锌块。由于镀锌钢管

在海水环境下，发生了电偶腐蚀，导致镀锌管上的锌作为阳极优先腐蚀，保护了钢管。因此，在前五年，镀锌管腐蚀严重。后期锌块才起作用，现已经腐蚀殆尽。目前广东省文物考古研究所已准备在前期经验的基础上，针对这一保护罩继续做电化学保护。

9.4.2 预先维护发掘地，建立海底考古公园。

国外在环境条件适宜的地方建立了水下文化遗产保护示范区，通过水下遗产保护组织和机构加强水下文化遗产的原址保护。该方法有利于利用海底考古公园的创建或物品复原实现海底文化遗产的增值。例如意大利 Baia 发掘地的水下复原技术采用新型介入方法和工具[8]在水下进行与地上建筑物相同的复原工作[4]，还有美国佛罗里达建立的海底"哥本哈根号"遗址保护区。

这种维护方式还可以保持其所在海洋生态系统与埋藏环境[9]，如法国萨戈内湾（Golf of Sagone）的沉船遗址已经成为海洋生物的天堂，二者融为一体，成为体验水下文化遗产与海洋生态的绝佳地点。坦桑尼亚"大北号"沉船遗址调查时，珊瑚得到了妥善保护，船体和周围环境未受到人为破坏与侵扰[10]。

目前，我国在这方面也跨出了一大步。通过现代先进的发掘勘探技术摸清基础信息，如我国水下考古已经在西沙乘"深海勇士号"下潜到4500米发掘文物，探明和掌握了其环境条件和基本特点，建立了水下文物档案馆和数据库，待发掘时机成熟后再行发掘或继续留存原址。同时还建立了水下遗产保护基地和博物馆，试图通过水下定期监测和检测保护水下的文化遗产。再依据考古发现及历史记载恢复遗址及文物的原貌，利用先进技术手段开展保护利用，再现当时岛上先民的生活生产场景，使古遗址本体与自然环境相适应，与推进人文环境生活相吻合，实现科学研究、保护修复与宣传教育相结合。

为后代的发展预留空间，同时为新技术、新材料、新工艺的研发预留时间，所以重填文物遗址或勘察结合监查而不干扰其现状的方式也是一种很好的选择。但不管哪种方式，都要意识到，不计其数的水下文物还一直处在海洋的腐蚀环境下，而腐蚀不可避免地会造成历史和认识论信息的损失，以及经济损失，甚至导致水下文化遗产的消失。因此，濒危遗产、未来历史遗迹的诊断和保护刻不容缓。海底遗迹的原位维护越来越重要，它将带来历史、认识论以及经济方面的持续发展。

附件：国外海洋出水铜器保护的典型案例

从泰安郡达塞姆岛和玛多沉船1、2、3号发掘的青铜文物分为铸造或锻造。其铸造青铜中添加了铅（Pb）以帮助铜和锡之间的熔合。腐蚀产物较为均匀地分布在锻造青铜的整个表面。在铸造青铜中由于制造工艺的原因呈现不均匀的腐蚀[4]。

保护处理流程：

（1）检测

通过摄影、材料分析和 X 射线照相，记录了文物的状况和提出的处理方法。考古信息和保护材料也记录在保存状况报告。

（2）去除腐蚀产物

为了去除青铜文物上的凝结物，首先仔细检查了表面上的腐蚀层。腐蚀产物中的孔雀石（$CuCO_3(OH)_2$）和蓝铜矿（$Cu_3(OH)_2(CO_3)_2$）可以形成腐蚀层，这些腐蚀层有助于保护下面的物体；副氯铜矿（$CuCl_2 \cdot 3Cu(OH)_2$）和氯铜矿（$Cu_2Cl(OH)_3$）是粉末状的腐蚀产物。

如果原来的铜锈保留在物体表面，则不应去除腐蚀层，而只应该用棉签去除表面污垢。从海中挖掘出来的青铜器物表面的一部分上粘附有坚固的海洋附着物。这些海洋附着物可用小工具轻轻地去除；如果物体受到粉状锈的影响，在清洗过程中很容易损坏。在这种情况下，不应该完全去除腐蚀产物，只能对物体进行最低限度的清洗，然后用缓蚀剂进行处理。

（3）脱盐

将出水物放入 0.1mol/L 倍半碳酸钠（$Na_2CO_3 \cdot NaHCO_3 \cdot 2H_2O$）溶液中浸泡数月。溶液每两周更换一次。脱盐完成后，对脱盐物进行脱碱处理，再用去离子水冲洗。

（4）缓蚀

在压力室中将物体浸入 3% 质量浓度的 BTA 乙醇溶液中，降低腔室内的压力，直至达到 70cm/Hg。处理后，过量的 BTA 会留在物体表面，需使用棉签蘸取乙醇除去多余的 BTA 溶液。在健康和安全性方面，BTA 具有致癌性，在使用时工作人员应戴口罩，不允许其接触皮肤。

（5）加固

在苯并三氮唑处理后，使用 Incralac（14.6%Paraloid B72，0.4%BTA，14.17% 丙酮和 70.38% 甲苯）溶液加固物体。将物体放入压力室中的 3%Incralac 溶液中，将腔室内压力降低到 70cm/Hg。然而，如果在物体表面有绿锈，这种方法不能很好地渗透物体。在这种情况下，将 Incralac 溶液用刷子涂刷到物体的表面。为了避免污染，去除时应该非常小心。

（6）粘接与补缺

氰基丙烯酸酯用于青铜的粘接。低粘度的 Alteco 用于粘结细小的开裂区域，高粘度的 Loctite 401 用于粘结较大的碎片。

将环氧树脂、填料和颜料混合，然后用于填充缺失的部分。如果混合物在工作过程中固化，则用小工具平整物体使表面变平。最后将物体浸在 Incralac 溶液中进行再加固。

（7）调色

为了表达物体的颜色和质地而调色。调色规则是：必须能够区分调色区域、恢复区域和原始对象。在此，使用了丙烯颜料和青铜粉末来配色。

（8）保存

完成修复后，修复过程、使用的保护材料和文物状况的变化记录在处理报告上。修复过的文物应存放在温度范围在 20~22℃、相对湿度（RH）低于 45% 的可控环境中。

参考文献

[1] ChrisCaple.Conservation Skills. Judgement,method and decision making[M]. London and New York: Routledge,2000:38-41.

[2] MacLeod,I.D. Identification of corrosion products on nonferrous metals artifacts recovered from shipwrecks[J]. Studies in Conservation,1991,(36): 222-234.

[3]Jennifer A.H. The Riace Bronzes: A Comparative Study in Style and Technique[J]. B.A.,University pf West Florida-Pensacola,2003:3-4.

[4] Lee Gyeongro.Conservation manual of Maritime Archaeological objects in Korea[M].Korea:National Research Institute of Maritime Cultural Heritage,2014:72-90.

[5] Nordgren(e),goncalves(p),schindelholz(e),brossla(s),yunovich(m),corrosion as-essment and implementation of techniques to mitigate corrosion of large artefacts from the USS Monitor(1862),Proceedings the interim meeting of ICOM-CCMetal,Amsterdam,2007,book 2: 55-61

[6] 林玉珍，杨德钧. 腐蚀与腐蚀控制原理 [M]. 北京：中国石化出版社，2006.

[7] 胡士信. 阴极保护工程手册 [M]. 北京：化学工业出版社，1999.

[8] Davidde(b). underwater archaeological parks:a new perspective and a challenge for conservation[C]. The Italian panorama dans International Journal of Nautical Archaeology,2002,31(1):83-84.

[9] Manders(m). in situ preservation:the prefered option. Museum International,ed.UNESCO,N 240,2008:31-41.

附 录

附录一　国内铜器出水遗址及其基本情况统计表

序号	朝代	沉船遗址名称	所属海域	铜类遗物	沉船	位置	堆积
1	南宋早期	广东北土龟礁1号宋代沉船	南海	铜钱，共采集122枚，大部分为北宋中晚期"大观通宝""祥符通宝""熙宁通宝"等，其中年号最晚的南宋"绍兴通宝"。	沉船残体构件长10米，宽约1米，仅见一道隔舱板。	北土龟礁北面约300米处，低平潮时水深约18米。	低平潮时水深约18米，海底较平，泥沙底。海底较平，泥沙底，沉船遗物分布范围约5000平方米。
2	南宋早期	华光礁1号沉船	南海	铜镜残片	沉船船体保存较差，水平残长18.4米，残宽9米，舷深约3-4米，船艏方向320°。	于华光礁北部礁盘内侧，地处西沙群岛西侧的永乐群岛。	
3	南宋中期	广东南海Ⅰ号沉船遗址	南海	截至2016年1月，发现的完整、可辨的铜器84件套，总重量3812.12克。主要可以分为器皿、佩饰、衡器、铜镜等四大类。出土铜钱的数量已经超过15000枚，其中2014年出水8100枚已做保护处理。后期出水的只有铜环和铜钱，且大部分铜钱包裹在凝结物里。	沉船长约22.1米，宽约9.7-10米，船型宽扁，船艏平头微翘，两侧船舷略弧曲，艏艉部弧收，具有一定的型深，是长宽比例小、安全系数高、耐波性好、装货量大的短肥性船型，属于我国古代三大船型的"福船"类型。	南海一号沉船位于广东省西部近海，台山川山群岛与阳江南鹏列岛东帆石一代的南中国海交界海域，东距珠江口约188.9千米，属于南海北部大陆架。	沉船海域的海底地形平坦，海底为泥质杂有少量细沙，主要由珠江等河流带来的陆源沉积物堆积而成。海泥呈灰色至深灰色，饱和，流塑，含有小贝壳。海底表层为灰色的含有小型贝壳的饱和状淤泥，平均厚度在1.5米左右。
4	宋代	福建漳浦半洋礁一号沉船遗址	东海	铜器和铜钱等。			遗址海床为泥底，低平潮时水深19~20米。遗物散落面积为3000平米。

序号	朝代	沉船遗址名称	所属海域	铜类遗物	沉船	位置	堆积
5	南宋末年	泉州湾后渚港沉船遗址	东海	铜器、铜镜、铜钱	船身残长24.2，残宽9.15，残深1.98米。	沉船位置泉州后渚港的海滩中，东经118度，北纬25度。	遗址区域原味海港，船体沉没后，由于长期堆积和地壳上升，海岸线外移，形成后来的海滩。
6	明代早期	北礁19号水下遗存	南海	1974年发现汉至明代铜钱钩403.2公斤和铜锭、铜镜、铜剑鞘。铜钱共403.2公斤。2007-2010年发现铜钱1000余枚，开元、皇宋、熙宁、元丰、绍圣、洪武、永乐等25种，还有铜锭。	北礁，渔民俗称"干豆"，在珊瑚岛北面，相距约30理，是一片范围颇大的东西向水底环礁。	北礁北侧礁盘的中部偏东，灯塔东北方向。	覆盖一层薄珊瑚屑为主的钙质生物沙的基底。面积约1000平方米。
7	明代晚期	广东南澳1号沉船遗址	南海	出土铜器主要有铜板、铜锣、铜线圈、弹簧线圈、铜钱等。其中铜钱2.4万枚。	沉船大致尺寸为：长不小于25.5米，宽不小于7米。	南澳岛位于广东省汕头市以东约12千米，地处亚热带，北回归线横贯该岛。南澳一号沉船位于南澳岛东南附近的南澳县云澳镇东南的三点金海域，2005年发现。	
8	明代	广东吴川沙角旋沉船遗址	南海	铜船	船长：40m；船面：有铜片包皮；船底：有铜片包皮；船面栏杆柱：圆形实心铜柱，有几十条；船铜钉：方形（唐制也如此）。	沉船地点在离芷寮不远的沙角旋乡寮儿村海边，距岸约500m处。	在吴川市吴阳镇案儿村东南海中。沉船离岩约500m，大部分被沙石覆盖，隆起部分面积约15m²。

续表

序号	朝代	沉船遗址名称	所属海域	铜类遗物	沉船	位置	堆积
9	明末清初	海南省文昌县宝陵港沉船	南海	铜饰物、铜锣、铜钱为"永历通宝"			
10	明末清初	广东汕头达濠区的广澳深水港	南海	有关防一枚,铜铳两尊			
11	明末清初	福建晋江深沪湾明末清初古沉船	东海	铜铳1尊、铜锣2、铜碗1、铜器盖,铜圆形器1,铜构件1		深沪湾地处台湾海峡西岸中段(东经118°38~118°41、北纬24°38~24°40),位于福建省晋江市东南泉州湾与围头澳之间。	沉船周围环境为 高平潮时,水深约4~5米,风力较大,水流较急,水中悬浮物(主要是细砂)较多,水质较差,能见度不好;平沙底。沉船已遭到严重破坏。
12	明末清初	福建定海湾沉船	东海	铜器(未说明器型)铜钱、抗倭铜铳铜炮	龙翁屿二号地点位于龙翁屿西端、龙翁屿和龟屿之间的海底浅滩,水下捞起的古代遗物包括"国姓府"铭铁炮、古船板等,可能是一处明末清初的沉船地点。	定海村东北约350米 黄岐湾水域的一处近岸岛礁,礁体是一座东西向约50米长的孤立岩体。	
13	明末清初	福建冬古湾沉船	东海	铜钱:3枚"永历通宝"铜钱和1枚"裕民通宝"铜钱、铜铳7门,上均铸有"国姓爷"的"国"字、铜铠甲、铜烟斗			
14	清代中期	福建平潭东海碗礁I号沉船	东海	铜钱			

序号	朝代	沉船遗址名称	所属海域	铜类遗物	沉船	位置	堆积
15	清代中晚期	北日岩3号清代沉船	东海	铜钱，数十枚，有日本钱币"宽永通宝"、越南钱币"景盛通宝"，还有"雍正通宝"、"乾隆通宝"、"咸丰通宝"		位于北日岩东面，西距北日岩约500米，低平潮时水深约24.7米。	分布范围约1000平方米，集中堆积约6平方米。
16	清代中晚期	浙江象山小白礁1号沉船	东海	铜钱，30枚，有乾隆、嘉庆、道光通宝等，也有日本的"宽永通宝"和越南的"景兴通宝"，铜器有2件。	船体残长20.35米，残宽约7.85米。	象山小白礁沉船遗址位于宁波市象山东南大约25海里的渔山海域。	主要为海颇壳夹泥沙，厚约0—0.6米，近底部泥沙渐多，遗址范围约23×11.2米。
17	清代	温州市苍南县炎亭湾水下文物点	东海	铜钱共调查统计到545枚，唐、宋、明、清各代均有，其中北宋占95%以上，也有个别越南和日本的铜钱。铜器主要包括铜镜、铜盘、铜饰品等。			所在海域在湾内，有回流，水质浑，水下能见度几乎为零，海床表面为缓坡，泥沙底，水深3.7~7.6米。
18	清代	西沙群岛	南海	还发现了3处铜钱遗存地点。铜钱多数锈蚀黏连，采集到"皇宋通宝"、"熙宁元宝"、"熙宁重宝"、"元丰通宝"、"崇宁重宝"、"元祐通宝"、"天圣元宝"、"洪武通宝"、"永乐通宝"等铭文铜钱数枚。			
19	清代	东沙群岛	东海	1936年东沙气象台台长方均采集到若干古代铜钱于岛外礁盘，经送广东省博物馆者256枚。后来又从这批凝钱石块取出古钱89枚。			

序号	朝代	沉船遗址名称	所属海域	铜类遗物	沉船	位置	堆积
20	清代	马公港是澎湖群岛的首要之港	东海	有13件金属器，含2件日本铜条，一面中国古镜，余为清代铜钱。			
21	清代末期	辽宁"丹东1号"清代沉船	渤海	铜钱共65枚，有乾隆通宝、嘉庆通宝、道光通宝、光绪通宝。例如2015DD：010，圆形方孔钱，带边郭。正面钱文为"光绪通宝"，背面为满文。钱径2.2、穿径0.8厘米。铜港币1件，另有铜制舰体构件、内饰及武器等。	沿舷边揭露60多米长（未到艏端），9~10米宽的舰体残骸，方向为西南－东北。	"丹东1号"沉船遗址地处黄海北部、辽宁省丹东市东港西南50多公里的海域。沉船埋于沙层下，沙层为粉砂与细砂形成的沉积淤泥层。	海底地势平坦，水深22、平均潮差4.6米，秋、冬两季盛行偏北风，气温较低，底层水温在4月中旬也仅为4℃。
22	年代不明	南日岛附近海域	东海	铜钱			
23	清晚期至民国	唐山湾"东坑坨1号"	渤海	清代晚期至民国时期铜皮夹板船		在河北省唐山市滦南县、乐亭县、曹妃甸港区毗连处东坑坨西南侧，距离海岸线约30千米处。	
24	清代	宁波市象山县西湾嘴头铁轮遗址	东海	铜构件1件		沉船大体南北走向，南浅北深，船体南部近山体部分严重扭曲变形，似为碰撞山体所致。	遗址水深15~30米，海床表面近山体处为石质底，向外逐渐过渡至砂泥底、泥底，能见度约50~100厘米。

附录二 海洋出水铜器的数量和种类

根据出水铜器的种类及数量统计，目前出水的铜器主要可以分为：容器、铜镜、配饰、铜钱、铜武器、构件、铜锭、铜条等。

1.容器类：

共9件，器形有铜匜、铜碗、铜盘和铜香薰器盖等。分别见于南海Ⅰ号、晋江深沪湾、炎亭湾、小白礁1号等沉船遗址。

铜匜：1件，整体红褐色。口沿上有流及握把，另有三耳，器腹上部略向内收，下为溜圆腹，底部为较平缓的圜底。高7CM，口径16.6CM，底径7.5CM。南海Ⅰ号出土，年代为宋代（插图1-1[1]）。

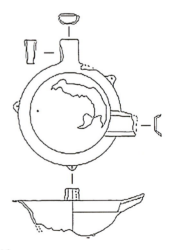

插图1-1 T0402（4）:207 带流铜匜

---

1 国家文物局水下文化遗产保护中心，广东省文物考古研究所，中国文化遗产研究院，广东省博物馆，广东海上丝绸之路博物馆.南海Ⅰ号沉船考古发掘报告之二——2014-2015年发掘南海一号的发掘[M].北京：文物出版社，2018,5.

铜碗：2 件。

圈足碗：铜锡铅合金，重 100.55 克。直口，圆腹，饼形圈足，无文饰。口径 8.8CM，高 4.9CM，圈足直径 3.5CM，高 0.8CM。南海 I 号出土，宋代（插图 1-2[1]）。

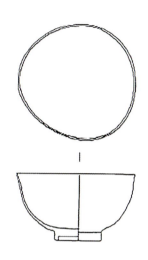

插图 1-2　T0502（4）：189　铜碗

平底碗：敞口，尖唇，口沿外饰一周凸棱，斜弧腹，平底微外凸。口沿一侧有残缺，旁有一小孔，原来可能铸有把柄。口径 12.8~13.7、底径 5.8、高 4.5 厘米。福建晋江深沪湾出土，明末清初（插图 1-3[2]）。

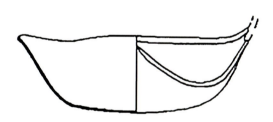

插图 1-3　福建晋江深沪湾出水铜碗

铜盘：2 件。

凤求凰百花铜盘：浅盘，平沿，圆壁，大平底。口沿满饰花枝纹，盘底满饰凤求凰百花纹。口径 26.1，底径 18.1，高 1.4，厚 0.1CM，重 317.8 克。广东南海 I 号出水，

1　国家文物局水下文化遗产保护中心，广东省文物考古研究所，中国文化遗产研究院，广东省博物馆，广东海上丝绸之路博物馆. 南海 I 号沉船考古发掘报告之二——2014-2015 年发掘南海一号的发掘 [M]. 北京：文物出版社，2018.

2　林清哲. 福建晋江深沪湾明末清初古沉船遗址 [J]. 东南文化，2013：55-59.

宋代（插图 1-4[1]）。

另外，根据简报，温州市苍南县炎亭湾水下文物点也提及曾出土铜盘，但对于形制、尺寸、数量不明。

插图 1-4　T0502（4）：382　凤求凰百花铜盘

铜器盖 3 件，其中 2 件为铜香薰器盖。

铜香薰器盖：2 件。严重变形，分钮、盖面、盖沿三部分。盖面鼓起，盖周有一圈宽约 2CM 的镂孔带，镂孔呈竖菱形。重 39.78 克，残径 9.5CM，残高 2.22CM。南海一号出水，宋代（插图 1-5[2]）。

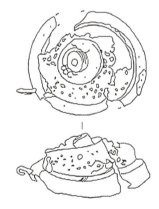

插图 1-5　T0501（4）C：616　铜香薰器盖

1　国家文物局水下文化遗产保护中心，广东省文物考古研究所，中国文化遗产研究院，广东省博物馆，广东海上丝绸之路博物馆. 南海 I 号沉船考古发掘报告之二——2014-2015 年发掘南海一号的发掘 [M]. 北京：文物出版社，2018，5.

2　国家文物局水下文化遗产保护中心，广东省文物考古研究所，中国文化遗产研究院，广东省博物馆，广东海上丝绸之路博物馆. 南海 I 号沉船考古发掘报告之二——2014-2015 年发掘南海一号的发掘 [M]. 北京：文物出版社，2018，5.

铜器盖：1 件，XBW1:21，口沿残，圆形，口沿平，圆弧面，器表泛铜绿，口径 7.7，高 0.7 厘米，浙江江象山县"小白礁 1 号"出水，清代中晚期（插图 1-6[1]、1-7[2]）。

插图 1-6　浙江象山小白礁 1 号铜器盖　XBW1:21　　　　插图 1-7　浙江象山小白礁 1 号铜构件 XBW1:22

2. 铜镜

出水铜器中，铜镜数量据报道统计共 16 枚，分别见于南海Ⅰ号、华光礁 1 号、苍南县炎亭湾、澎湖列岛、北礁 19 号、泉州湾后渚港等沉船遗址，但其中 4 枚以上仅在发掘简报中有所提及，并未涉及具体形制描述，有详细描述的主要为南海Ⅰ号沉船遗址出土。

根据形制，可以分为三类：

A 带柄铜镜：六出葵花镜 7 枚，T0402（2）：184 镜面纵长横窄，正下方有握柄，镜缘厚而镜面薄，阳文"湖州十二郎□□□照子"，通常 16.2CM，镜长 9CM，宽 8.3CM，柄长 7.2CM，重 81.24 克（插图 2-1[3]）。八出菱花镜 1 枚，T0201（2）：37，由镜及柄组成，饰双凤朝阳纹。残长 15.7，镜长 8.7，宽 9CM，重 107.94 克（插图 2-2[4]）。

1　宁波市文物考古研究所国家文物局水下文化遗产保护中心.浙江象山县"小白礁Ⅰ号"清代沉船 2012 年发掘简报 [J]. 考古，2015：54-67.

2　宁波市文物考古研究所国家文物局水下文化遗产保护中心.浙江象山县"小白礁Ⅰ号"清代沉船 2012 年发掘简报 [J]. 考古，2015：54-67.

3　国家文物局水下文化遗产保护中心，广东省文物考古研究所，中国文化遗产研究院，广东省博物馆，广东海上丝绸之路博物馆.南海Ⅰ号沉船考古发掘报告之二——2014-2015 年发掘南海一号的发掘 [M]. 北京：文物出版社，2018.

4　国家文物局水下文化遗产保护中心，广东省文物考古研究所，中国文化遗产研究院，广东省博物馆，广东海上丝绸之路博物馆.南海Ⅰ号沉船考古发掘报告之二——2014-2015 年发掘南海一号的发掘 [M]. 北京：文物出版社，2018.

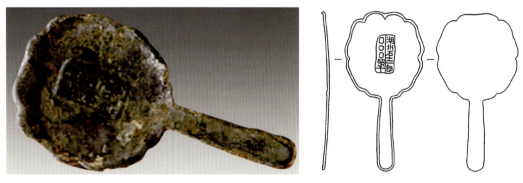

插图 2-1　T0402（2）：184　带柄铜镜

插图 2-2　T0201（2）：37　带柄铜镜

B 无柄铜镜，根据镜面形状，可以分为六出菱花形、桃形 2 类。

T0501（4）c：550 六出菱花形，平均分为 6 边，每边间有宽 1.2CM，深 0.4 厘米的凹陷，以呈花瓣状，素面无纹，直径 8.6CM，每边边长 4.5CM，重 90.61 克（插图 2-3[1]）。

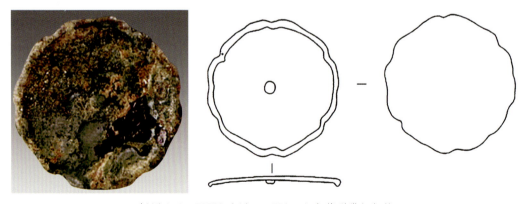

插图 2-3　T0501（4）c：550　六出菱形带钮铜镜

————————

1　国家文物局水下文化遗产保护中心，广东省文物考古研究所，中国文化遗产研究院，广东省博物馆，广东海上丝绸之路博物馆 . 南海 I 号沉船考古发掘报告之二——2014-2015 年发掘南海一号的发掘 [M]. 北京：文物出版社，2018.

　　T0501（4）c：579 整器小巧，左右对称，截面如桃，镜背有桥形钮。长 6.4，最宽处 5.3CM，重 16.13 克（插图 2-4[1]）。

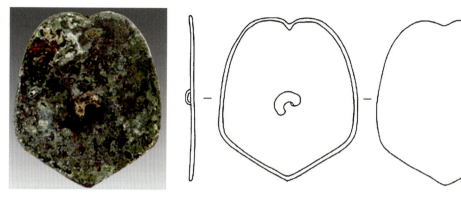

插图 2-4　T0501（4）c：579　桃形小铜镜

　　北礁 19 号水下遗存出水铜镜有两块，均为残件，锈蚀严重，1 块残留半个边缘，直径约 17 厘米，窄边，上面隐约有禽兽状的花纹。另 1 块也只残留半边，径 18 厘米，窄边，半球钮，外圈是四乳四兽，内圈似为云龙纹。因为残缺过甚，无法按有无镜柄分类定型，暂录于此（插图 2-5[2]）。

插图 2-5　北礁 19 号出水铜镜残片

3. 佩饰

　　铜佩饰出水数量共计 152 件，主要出水在南海Ⅰ号、浙江温州苍南县炎亭湾、海南文昌县宝陵港沉船。种类主要为戒指、手镯、铜钩、铜环、铜饰品等。由于炎亭湾和宝陵港没有详细描述，只有南海Ⅰ号相关文物有具体形制描述。

　　1　国家文物局水下文化遗产保护中心，广东省文物考古研究所，中国文化遗产研究院，广东省博物馆，广东海上丝绸之路博物馆 . 南海Ⅰ号沉船考古发掘报告之二——2014-2015 年发掘南海一号的发掘 [M]. 北京：文物出版社，2018.
　　2　广东省博物馆 . 广东省西沙群岛文物调查简报 [J]. 文物，1974：27-33.

1）戒指，4 枚。T0501（6）：277，色棕黄，由戒圈、戒面组成，重 7.79 克。戒圈最宽处外径 2.3CM，内径 1.9CM。戒面呈六边形两层台状，上面阴刻花卉纹，状似芙蓉（插图 3-1[1]）。

2）铜手镯：1 件。T0402（3）：34，整体呈棕黄色，大部分有铜绿色锈蚀。素面，由窄且薄的铜片弯制而成，最宽处外径 6.9CM，内径 6.6CM，克重 7.22（插图 3-2[2]）。

插图 3-1 T0501（6）：277 铜戒指   插图 3-2 T0402（3）：34 铜手镯

3）铜钩 1 件：T0501（4）：322，棕黄色，重 39.25 克。由钩及链条组成。钩由窄长铜片弯制而成，长 4.8 厘米，底部宽 0.48 厘米。在底部中央穿一直径 0.3 厘米的小孔，以连接链条，链条残长 20.8 厘米（插图 3-3[3]）。

4）铜环：根据铜环的特征，可以分为四个类型：

A 型：环体截面为圆形，完整及可辨者 60 件。T0401（4）：13，褐色，部分有铜锈，重 51.3 克。整体呈环状，截面呈圆形，厚度均匀，外径 8.66，内径 7.54 厘米，环体直径 0.58CM（插图 3-4[4]）。

B 型：环体截面为椭圆形，完整及可辨者 35 件。T0202（2）：1，铜绿色，重 46.64 克，整体呈环状，截面呈扁平椭圆形，内侧凸起，较尖且薄，外侧圆润。外径

1 国家文物局水下文化遗产保护中心，广东省文物考古研究所，中国文化遗产研究院，广东省博物馆，广东海上丝绸之路博物馆 . 南海 I 号沉船考古发掘报告之二——2014-2015 年发掘南海一号的发掘 [M]. 北京：文物出版社，2018.

2 国家文物局水下文化遗产保护中心，广东省文物考古研究所，中国文化遗产研究院，广东省博物馆，广东海上丝绸之路博物馆 . 南海 I 号沉船考古发掘报告之二——2014-2015 年发掘南海一号的发掘 [M]. 北京：文物出版社，2018.

3 国家文物局水下文化遗产保护中心，广东省文物考古研究所，中国文化遗产研究院，广东省博物馆，广东海上丝绸之路博物馆 . 南海 I 号沉船考古发掘报告之二——2014-2015 年发掘南海一号的发掘 [M]. 北京：文物出版社，2018.

4 国家文物局水下文化遗产保护中心，广东省文物考古研究所，中国文化遗产研究院，广东省博物馆，广东海上丝绸之路博物馆 . 南海 I 号沉船考古发掘报告之二——2014-2015 年发掘南海一号的发掘 [M]. 北京：文物出版社，2018.

8.76，内径 7.58 厘米（插图 3-5[1]）。

插图 3-4　T0401（4）：13　A 型铜环

插图 3-3　T0501（4）：322　铜链

插图 3-5　T0201（2）：1　B 型铜环

C 型：环体较细，直径一般在 0.3 厘米左右，截面呈圆形，完整及可辨者 43 件，外径 8.34，内径 7.7，环体直径 0.3 厘米（插图 3-6[2]）。

D 型：直径明显要小，环体截面呈圆形，共 7 件。T0201（3）：44，棕黄色，部分有铜锈。重 48.44 克，外径 5.65，内径 4.12 厘米（插图 3-7[3]）。

插图 3-6　T0301（1）：5　C 型铜环

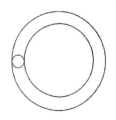
插图 3-7　T0201（4）：44　D 型铜环

1　国家文物局水下文化遗产保护中心，广东省文物考古研究所，中国文化遗产研究院，广东省博物馆，广东海上丝绸之路博物馆 . 南海 I 号沉船考古发掘报告之二——2014-2015 年发掘南海一号的发掘 [M]. 北京：文物出版社，2018.

2　国家文物局水下文化遗产保护中心，广东省文物考古研究所，中国文化遗产研究院，广东省博物馆，广东海上丝绸之路博物馆 . 南海 I 号沉船考古发掘报告之二——2014-2015 年发掘南海一号的发掘 [M]. 北京：文物出版社，2018.

3　国家文物局水下文化遗产保护中心，广东省文物考古研究所，中国文化遗产研究院，广东省博物馆，广东海上丝绸之路博物馆 . 南海 I 号沉船考古发掘报告之二——2014-2015 年发掘南海一号的发掘 [M]. 北京：文物出版社，2018.

4. 铜衡器

南海 I 号发现铜衡器一套，包括砝码、天平构件、指针、称盘等。

1）铜砝码 12 件，形制基本相同，整体窄厚，呈两个上下相扣的钵，两口相对，中间有突棱。上下两面圆形，截面呈六边形。重量各不相同，最小的外径只有 0.8CM，重仅 0.12 克，最大的外径 3.2CM，重 78 克（插图 4-1[1]）。

插图 4-1　铜砝码、天平以及秤盘

2）铜水滴形指针环及衡杆组组成的天平构件：3 件，大小不一。T05019（4）C：330，铜绿色，指针整体呈水滴形，由上部挂圈、水滴形环体、换内平衡中线及链接盒组成。长 3.7、最宽处 2.6CM。衡杆长 8.4CM，中间粗而向远端渐细，被指针分成左右对称的两部分。衡杆的两末端，各焊接一个带底座的花卉形装饰。整器重 8.43 克（插图 4-2[2]）。

3）铜指针（残），1 件：T0301（2）：112，铜绿色，重 11.37 克。指针整体呈三角形，已经被挤压变形。残长 9.6，底宽 1.1，厚 0.4 厘米（插图 4-3[3]）。

1　国家文物局水下文化遗产保护中心，广东省文物考古研究所，中国文化遗产研究院，广东省博物馆，广东海上丝绸之路博物馆 . 南海 I 号沉船考古发掘报告之二——2014-2015 年发掘南海一号的发掘 [M]. 北京：文物出版社，2018.

2　国家文物局水下文化遗产保护中心，广东省文物考古研究所，中国文化遗产研究院，广东省博物馆，广东海上丝绸之路博物馆 . 南海 I 号沉船考古发掘报告之二——2014-2015 年发掘南海一号的发掘 [M]. 北京：文物出版社，2018.

3　国家文物局水下文化遗产保护中心，广东省文物考古研究所，中国文化遗产研究院，广东省博物馆，广东海上丝绸之路博物馆 . 南海 I 号沉船考古发掘报告之二——2014-2015 年发掘南海一号的发掘 [M]. 北京：文物出版社，2018.

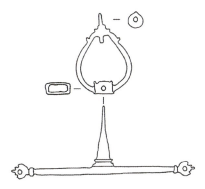

插图 4-2　T0501（4）C：330　铜天平构件

插图 4-3　T0301（3）：112 铜天平指针

4）铜花卉纹称盘，1 件。T0501（4）c：720，金黄色，克重 37.11. 整体呈圜底钵状，气体扁平。盘口径 9.6、高 1.45、厚 0.1CM。在盘口壁结合处四角各穿一直径 0.15CM 的小孔。口沿和盘底分饰阴刻花叶纹（插图 4-4[1]）。

插图 4-4　T0501（4）c：720　铜天平称盘

1　国家文物局水下文化遗产保护中心，广东省文物考古研究所，中国文化遗产研究院，广东省博物馆，广东海上丝绸之路博物馆 . 南海 I 号沉船考古发掘报告之二——2014-2015 年发掘南海一号的发掘 [M]. 北京：文物出版社，2018.

5. 铜钱

铜钱出水情况在沉船中比较常见，据统计，有铜钱出水的沉船遗址有广东南海一号、北土龟礁 1 号、南澳 1 号、漳浦半岛礁 1 号、泉州湾后渚港、北礁、温州苍南炎亭湾、东沙群岛、辽宁丹东 1 号、澎湖列岛马公港、北日岩 3 号、浙江象山小白礁等遗址，其中南海 I 号、南澳 1 号、北礁 19 号沉船遗址铜钱出水量尤其巨大，均在万枚以上。

1）南海 I 号沉船历次水下考古发掘已出土大量金银铜货币，但是船舱内内仍有大量铜钱及银铤未出水。仅 2014–2015 年度即出水铜钱超过 15000 枚，其中，2014 年出土的 8100 枚已经做过保护处理，且统计发表。这些铜钱中，新莽至五代铜钱 628 枚，北宋铜钱 5802 枚，其中太祖 31 枚、太宗 251 枚、真宗 852 枚、仁宗 1741 枚、英宗 149 枚、神宗 1876 枚、哲宗 299 枚、徽宗 603 枚、南宋铜钱高宗 285 枚、、孝宗 12 枚、不可辨识者 1380 枚，共计 8107 枚（插图 5–1[1]）。

唐国通宝	开元通宝	淳化通宝	至道元宝	景德元宝	咸平元宝
祥符元宝	天圣元宝	景佑元宝	皇宋通宝	庆历重宝	至和通宝
嘉佑通宝	治平元宝	熙宁重宝	元丰通宝	元祐通宝	元祐通宝

1　国家文物局水下文化遗产保护中心，广东省文物考古研究所，中国文化遗产研究院，广东省博物馆，广东海上丝绸之路博物馆.南海 I 号沉船考古发掘报告之二——2014–2015 年发掘南海一号的发掘 [M]. 北京：文物出版社，2018.

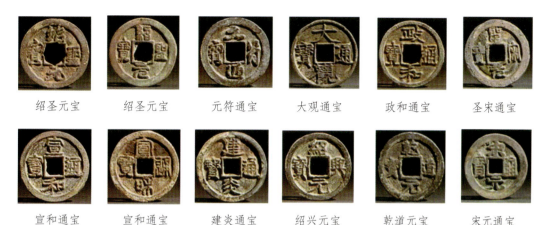

| 绍圣元宝 | 绍圣元宝 | 元符通宝 | 大观通宝 | 政和通宝 | 圣宋通宝 |
| 宣和通宝 | 宣和通宝 | 建炎通宝 | 绍兴元宝 | 乾道元宝 | 宋元通宝 |

插图 5-1　南海 I 号沉船出水部分铜钱图

2）北礁 19 号沉船：1974 年渔民采集铜钱 403.2 公斤，可辨识文字的单个铜钱约有 80706 枚共计 297.5 公斤。其中永乐通宝有 49684 枚 149 公斤，占总数 60% 以上，其他铜钱有 31022 枚共计 2851 公斤，有新莽、东汉、西魏、唐、前蜀、南唐、后周、北宋、南宋、辽、金、元与元末农民起义军韩林儿、徐寿辉、陈友谅、朱元璋以及明洪武通宝 2851 枚等历代钱币 78 种。在 1975 年的第二次调查中，发现铜钱 12 公斤，可辨识文字的有 1995 枚，其中，明初洪武通宝 108 枚、永乐通宝 1215 枚，永乐通宝也占总数的近 61%。其他的秦、唐、北宋、南宋、金代、元代及元末农民起义军陈友谅、朱元璋铸币等 53 种 672 枚（插图 5-2[1]、5-3[2]、5-4[3]）。

| 宋元通宝 | 至道元宝 | 明道元宝 | 绍圣元宝 | 景定元宝 | 天禧元宝 |
| 淳熙元宝 | 洪武通宝 | 永乐通宝 | 至大通宝 | 天定通宝 | 永乐通宝 |

1　广东省博物馆 . 广东省西沙群岛文物调查简报 .[J]. 文物，1974：27-33.
2　中国国家博物馆水下考古研究中心，海南省文物局 . 西沙群岛北礁号水下遗存的考古调查 [J]. 中国国家博物馆馆刊，2011：47-53.
3　广东省博物馆 . 广东省西沙群岛文物调查简报 ,[J]. 文物，1974：27-33.

天启通宝

龙凤通宝

至正通宝

插图 5-2　北礁 19 号沉船遗址出水部分铜钱

插图 5-3　北礁 19 号沉船遗址出水铜钱胶结块

插图 5-4　北礁 19 号沉船出水铜钱情况

1974 年及以前的调查中，可辨识文字的单个铜钱约有 80706 枚：新莽至五代共 1573 枚，其中唐代开元通宝数量最巨 1395 枚；北宋时期共 23739 枚，其中太祖 68 枚、太宗 678 枚、真宗 2367 枚、仁宗 5952 枚、英宗 597 枚、神宗 6947 枚、哲宗 4510 枚、徽宗 2614 枚、钦宗 1 枚；南宋时期共 2604 枚，其中高宗 512 枚、孝宗 508 枚、光宗 96 枚、宁宗 481 枚、理宗 683 枚、度宗 324 枚；辽代 1 枚；金代 91 枚；元代 108 枚，元末农民起义军 54 枚；明太祖 2851 枚，成祖 49684 枚。

2007 和 2010 年的调查中，共出水铜钱共计 1030 枚，其中可辨识文字者 605 枚。据统计有：唐开元 15 枚、宋太祖 2 枚、太宗 7 枚、真宗 23 枚、仁宗 27 枚、英宗 14 枚、神宗 54 枚、哲宗 36 枚、徽宗 13 枚、孝宗 1 枚、理宗 1 枚；元代 1 枚；朱元璋时期 2 枚、明太祖 205 枚、明成祖 215 枚。

在 2007、2010 年两次水下考古调查中，采集出水可辨识文字的铜钱共计 605 枚，最早的为唐初开元通宝，最晚为明初永乐通宝。其中永乐通宝 215 枚，超过总数量占比 35%，加上洪武通宝明代铜钱近总数量占比 70%。这两次调查与之前 1974、1975 年的两次调查发现铜钱相比较，发现明钱仍保持着绝对优势，但在数量、种类上均明显减少。

3）南澳 1 号沉船：南澳 1 号沉船 2010 年度出水铜钱 312 件（154 串 +158 枚，共 15000 余枚），2011 年度出水 7680 余枚。两次共计出水铜钱 2.4 万余枚。由于 154 串铜钱锈蚀粘连成串，用麻绳穿连，每串长度在 9-12 厘米，每串约 100 枚，具体科学清理保护工作正在进行中，铜钱年号、形制等资料尚未发表（插图 5-5[1]）。

插图 5-5　南澳 1 号出水铜钱串

6. 铜武器

铜武器种类有铜锣、铜铳、铜剑鞘、铠甲、关防、铜构件等。

1）铜锣，共出水 4 件以上，分别见于南澳 1 号、晋江江户湾、文昌宝陵港等。形制基本相同，锣面呈圆形，面平微外凸，一侧钻有两个圆孔。南澳 2010NASIII001：面径 39.5，高 8.0CM（插图 6-1[2]）。江户湾铜锣 1：口径 34.3、底面径 34.3、高 6.1、壁厚 0.2~0.3 厘米；江户湾铜锣 2：口径 34.1、底面径 34.1、高 6.1、壁厚 0.2~0.3 厘米（插图 6-2[3]）。

插图 6-1　南澳 1 号出水铜锣
2010NASIII0001

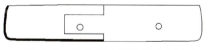

插图 6-2　福建晋江深沪湾出水铜锣

1　广东省文物考古研究所，广东省博物馆，国家文物局水下文化遗产保护中心. 孤帆遗珍——"南澳 I 号"出水精品文物图录（"南澳 I 号"水下考古系列丛书之一）[M]. 北京：科学出版社，2014.

2　广东省文物考古研究所，广东省博物馆，国家文物局水下文化遗产保护中心. 孤帆遗珍——"南澳 I 号"出水精品文物图录（"南澳 I 号"水下考古系列丛书之一）[M]. 北京：科学出版社，2014.

3　林清哲. 福建晋江深沪湾明末清初古沉船遗址 [J]. 东南文化，2013：55-59.

2）铜铳，共出水 10 尊，分别见于晋江深沪湾、福建东山东古湾、福建连江定海湾沉船和汕头广澳深水港。其形制、年代基本相同，均为明末清初时期。晋江深沪湾铜铳：黄铜铸造，由前腔、药室和尾銎三部分构成。铜铳的编号、铸造时间、机构、铸造人员、重量等分别有记载，口内径 16.3、外径 22.4、腹围 86.3、尾銎内径 16.3、外径 24.5、通长 81.8CM（插图 6-3[1]）。

3）铜铠甲，1 件，东山东古湾出水，铠甲片色微红，每一片似三个莲瓣连接，上端有两个连缀用的小孔，共计 500 多片，年代为清代前期。

其余还有剑鞘、关防、武器构件，报告中未详细提及形制尺寸。

插图 6-3　福建晋江深沪湾出水铜铳

7. 铜锭、铜板、铜线圈等铜铸制品

1）铜锭：铜锭主要见于北礁 19 号水下遗存。北礁 19 号水下遗存 1974 年出水有铜锭 7 块，其大小形制不等。长 15 至 37 厘米、宽 10 至 18 厘米、厚 1 至 3 厘米，重 2.4 至 5.5 公斤（插图 7-1[2]）。这是用铜液灌铸成块的原料，可用以改铸各种器物。在 1975 年出水铜锭 24 块，总重共计 69 公斤。

插图 7-1　北礁 19 号出水铜锭

2）铜板：铜板主要见于南澳一号沉船遗址。铜板呈椭圆形，带边郭，厚度不一，边缘微厚，板上有多处锈蚀的孔洞。2010NAC0207，直径 44–50 厘米，最厚处 2.0 厘米，重 12655 克。2010NAC0210，直径 23–24.5 厘米，最厚处 4 厘米，重 5420 克（插图 7-2[3]）。另外，福建晋江深沪湾出水一面铜圆形器，双面素面，外表呈灰褐色，表面凹凸不平，面径 32 厘米、厚 0.9–1.7 厘米（插图 7-3[4]）。形制

1　林清哲 . 福建晋江深沪湾明末清初古沉船遗址 [J]. 东南文化，2013：55–59.
2　广东省博物馆 . 广东省西沙群岛文物调查简报 ,[J]. 文物 1974：27–33.
3　广东省文物考古研究所，广东省博物馆，国家文物局水下文化遗产保护中心 . 孤帆遗珍——"南澳 I 号"出水精品文物图录（"南澳 I 号"水下考古系列丛书之一）[M]. 北京：科学出版社，2014.
4　林清哲 . 福建晋江深沪湾明末清初古沉船遗址 [J]. 东南文化，2013：55–59.

插图 7-2　南澳 1 号出水铜板 2010NAC0207

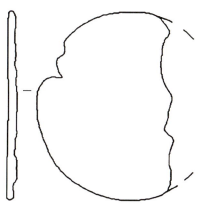

插图 7-3　福建晋江深沪湾出水铜圆形器

南澳 1 号铜板相近。

　　3）铜线圈：红铜质，表面覆满锈层，呈螺旋状盘绕数圈。2010NAC0171，高 6.0，圈径 6.0，弹簧丝径 0.5 厘米，铜丝盘绕 8 圈。2011NANIX0022，高 11.2 厘米，圈径 6.0，弹簧丝径 0.5 厘米，铜丝盘绕 15 圈（插图 7-4[1]）。

插图 7-4　南澳一号出水铜弹簧线圈 2010NAIX0022

　　1　广东省文物考古研究所，广东省博物馆，国家文物局水下文化遗产保护中心 . 孤帆遗珍——"南澳Ⅰ号"出水精品文物图录（"南澳Ⅰ号"水下考古系列丛书之一）[M]. 北京：科学出版社，2014.

附录三 国外海水中铜器的腐蚀产物种类性质表

	矿物名称	英文名称	分子式	颜色	硬度	出现频率
有氧环境	赤铜矿	Cuprite	Cu_2O	亚金属红	3.5~4	常见
	黑铜矿	Tenotite	CuO	金属灰黑色	3.5	不常见
	氯化亚铜	Nantokit	$CuCl$	浅绿色	2.5	常见
	氯铜矿	Atacamite	$Cu_2(OH)_3Cl$	浅亮绿色	3~3.5	常见
	副氯铜矿	Paratacamite	$Cu_2(OH)_3Cl$	浅绿色	3	常见
	羟基氯铜矿	Clinoatacamite	$Cu_2(OH)_3Cl$	浅蓝绿色	3	常见
	锌三方氯铜矿	Anarakite	$(Cu,Zn)_2(OH)_3Cl$	亮绿色	3	不常见
	蓝矾	Chalcanthite	$CuSO_4 \cdot 5H_2O$	深绿	2~4	常见
	水胆矾	Brochanite	$CuSO_4(OH)_6$	亮绿色	2.5~4	常见
	块铜矾	Antlerite	$Cu_3SO_4(OH)_4$	亮绿色	3.5	不常见
	铅蓝矾	Caledonite	$Cu_2Pb_5(SO_4)_3CO_3(OH)_6$	树脂绿	2.5~3	不常见
	碳酸铅	Lead carbonate	$PbCO_3$	白色	3~3.5	常见、微量
	铅矾	Anglesite	$PbSO_4$	无色–白色	6.4~6.6	常见、微量
	二氧化锡	Stannic oxide	SnO_2	灰白色	2.5	常见
	方解石	Calcite	$CaCO_3$	无色或白色	3	常见
	石膏	Gypsum	$CaSO_4 \cdot 2H_2O$	白色或无色	1.5~2	不常见
无氧环境	矿物名称	英文名称	分子式	颜色	硬度	出现频率
	斜方蓝铜矿	Anilite	$Cu7S4$	金属蓝灰色	3	不常见
	辉铜矿	Chalcocite	Cu_2S	金属灰黑色	2.5~3	不常见
	铜蓝	Covellite	CuS	类金属蓝	1.5~2	常见
	斯硫铜矿	Spionkopite	$Cu_{1.32}S$	金属蓝灰色	2.5	不常见

附录四　部分实验分析结果

表 1　"南澳 1 号"出水铜器凝结物 XRF 与 XRD 分析结果

样品	形貌		主要元素（Wt%）									主要物相
			Cu	Pb	Si	Ca	P	Fe	Cl	Al	S	
NA1	①	红棕	41.8	0.7	3.2	42.7	—	8.8	—	—	2.8	$CaCO_3$、Ca_2SiO_4、FeS
	②	红棕	42.7	0.9	2.9	44.8	—	6.9	—	—	1.8	$CaCO_3$、$CaSiO_3$、FeS
NA2	①	灰白	7.6	—	2.6	77.4	1.1	8.5	—	0.4	2.4	$CaCO_3$、$KAlSi_3O_8$、FeS
	②	红棕	7.1	—	3.5	55.3	0.9	30.3	—	0.6	2.3	$CaCO_3$、Fe_2O_3
NA5	①	灰白	11.5	0.3	10.5	57.3	1.5	8.0	—	1.5	9.4	$CaCO_3$、CuS、Fe_2O_3
	②	红棕	7.5	0.6	13.2	68.0	2.6	2.4	—	2.4	3.3	$CaSiO_3$、$KAlSi_3O_8$、$Cu_{1.97}S$
NA6	①	黄色	8.4	—	10.5	57.6	1.3	20.3	0.6	—	1.3	$CaCO_3$、FeS
	②	棕色	7.4	—	8.9	55.3	1.3	25.8	0.5	0.3	0.5	$CaCO_3$、Fe_2O_3
NA7	①	灰白	3.0	—	10.8	53.3	0.1	22.5	—	—	10.3	$CaCO_3$、Ca_2SiO_4、FeS
	②	灰白	4.9	0.3	9.5	50.0	0.8	24.0	—	1.4	9.1	$CaCO_3$、Cu_2S、FeS
NA8	①	红棕	8.6	—	7.6	64.4	0.1	3.5	1.0	0.8	14.0	$CaCO_3$、Cu_2S
	②	灰白	9.6	—	5.6	67.4	0.6	2.4	0.6	0.1	13.7	$CaCO_3$、$Cu_{1.97}S$
	③	棕色	10.9	—	4.9	43.3	1.3	25.8	0.5	—	13.3	$CaCO_3$、Fe_2O_3、$Cu_{1.97}S$、FeS
NA9	①	红棕	30.1	0.4	3.8	36.8	—	25.5	—	0.6	2.8	$CaCO_3$、$CaSiO_3$、FeS
	②	红棕	28.1	0.6	3.1	38.9	—	27.2	—	0.4	1.7	$CaCO_3$、Ca_2SiO_4、FeS
NA10	①	棕色	8.3	—	13.5	60.0	2.6	10.4	—	0.2	5.0	$CaCO_3$、$CaSiO_3$、FeS
	②	灰白	7.9	—	12.9	66.7	1.9	8.6	—	—	2.0	$CaCO_3$、Ca_2SiO_4
	③	灰白	9.0	0.1	12.8	61.4	2.6	9.4	—	0.1	4.6	$CaCO_3$、$CaSiO_3$

续表

样品	形貌		主要元素（Wt%）									主要物相
			Cu	Pb	Si	Ca	P	Fe	Cl	Al	S	
NA12	①	灰白	10.2	0.2	15.5	57.3	2.5	9.0	—	0.3	5.0	CaCO₃、CaSiO₃、SiO₂
	②	灰白	11.5	0.4	16.7	59.4	1.9	8.5	—	0.4	1.2	CaCO₃、CaSiO₃
	③	灰白	12.0	0.5	15.0	57.9	2.8	8.9	—	0.4	2.5	CaCO₃、CaSiO₃
NA13	①	白色	2.7	—	1.7	80.9	—	8.1	3.8	0.9	1.9	CaCO₃
	②	棕色	5.5	0.9	16.8	64.0	—	10.0	—	2.3	0.5	CaCO₃、Ca₂SiO₄、CaSiO₃
NA14	①	白色	20.9	—	—	78.9	—	—	—	—	0.2	CaCO₃
	②	白色	28.7	—	—	70.6	—	—	—	0.5	0.2	CaCO₃
NA16	①	白色	20.6	—	4.7	68.5	—	5.1	—	0.3	0.8	CaCO₃
	②	白色	9.6	0.9	12.6	74.0	—	—	—	2.7	0.2	CaCO₃、CaSiO₃、SiO₂

※ CaSiO₃：硅酸钙 –Calcium silicate（ICDD:03–1068）

Cu(OH)Cl：铜的羟基氯化物 –Belloite[1]，绿色结晶或结晶性粉末，不溶于水（ICDD:18–0439）

Cu₂Cl(OH)₃：三羟基氯化铜 –Atacamite（ICDD: 41–1390 和 25–0269）

SiO₂：二氧化硅 –Silica（ICDD:85–1053）；

CuS：辉铜矿 –Chalcocite（ICDD: 6–464）

PbCO₃：碳酸铅 –Lead carbonate（ICDD:47–1734）

PbSO₄：硫酸铅 –Anglesite（ICDD:82–1855）

Pb₃(CO₃)₂(OH)₂：碱式碳酸铅 –Lead hydroxy carbonate（ICDD: 13–0131）

Fe₂O₃：氧化铁 –Iron oxide（ICDD: 33–0664）

PbSO₄：硫酸铅 –Anglesite（ICDD:82–1855）

Pb₃(CO₃)₂(OH)₂：碱式碳酸铅 –Lead hydroxy carbonate（ICDD: 13–0131）

Fe₂O₃：氧化铁 –Iron oxide（ICDD: 33–0664）

表 2　"南澳 1 号"沉船出水铜器表面凝结物的 EDX 结果

样品	位置	所含元素（Wt%）						
		Cu	Ca	Si	Cl	Mg	Fe	Pb
NA–1	①	1.94	66.69	21.01	—	3.37	—	—
	②	1.60	84.82	8.63	2.39	3.53	—	—
	③	0.39	86.20	12.20	1.77	3.34	—	—
NA–5	①	3.45	76.47	17.98	—	2.10	—	—
	②	1.20	71.04	24.01	—	2.96	0.79	—
	③	1.97	65.08	27.91	—	5.04	—	—
NA–5	①	5.23	90.19	—	—	—	—	4.57
	②	—	95.07	—	—	—	—	4.97
NA–6	①	1.56	84.56	9.28	0.99	1.27	2.32	—
	②	5.71	71.81	14.90	—	3.01	4.57	—
	③	5.28	72.73	17.77	1.47	3.75	—	—
NA–7	①	—	96.35	—	—	4.65	—	—
	②	—	89.94	—	—	—	10.04	—
	③	4.52	88.65	—	—	4.54	—	2.29
NA–8	①	10.01	78.96	2.29	4.01	5.60	—	—
	②	2.97	79.40	10.78	2.83	4.02	—	—
	③	4.58	76.75	17.71	0.94	—	—	—
NA–9	①	9.50	61.62	20.01	1.29	2.84	2.69	2.05
	②	4.26	57.09	25.58	3.01	5.69	4.37	—
	③	2.98	80.42	8.87	—	6.02	0.38	1.29
NA–10	①	—	62.93	29.04	3.47	2.20	2.36	—
	②	2.99	65.80	20.21	5.02	3.97	2.01	—
	③	6.74	96.41	9.94	1.96	—	4.90	—
NA–12	①	2.21	88.39	—	—	0.03	—	1.37
	②	—	100	—	—	—	—	—
NA–13	①	2.63	78.83	10.81	1.32	6.41	—	—
	②	—	91.7	1.65	—	0.94	—	—

续表

样品	位置	所含元素（Wt%）						
		Cu	Ca	Si	Cl	Mg	Fe	Pb
NA-14	①	—	100	—	—	—	—	—
	②	5.23	95.77	—	—	—	—	—
NA-16	①	0.79	77.17	17.71	3.31	—	—	1.02
	②	9.81	56.52	23.30	2.09	3.06	4.68	0.53
	③	7.29	62.34	27.01	0.87	2.49	—	—

"—"表示未检测到此种元素

表 3　"南澳 1 号"腐蚀产物样品的 XRF 分析结果

编号	所含主要元素（Wt%）										取样位置
	Cu	Sn	Pb	Si	Ca	P	Fe	Cl	Al	S	
NATQ-14	23.950	6.319	67.427	1.260	0.692	0.415	—				表面铜锈
NATQ-13	32.716	—	—	3.752	48.915	0	8.136	3.883	0.918	0.935	表面凝结物
NATQ-12	10.732	5.441	80.509	1.961	0.972	0.385	—				表面铜锈
NATQ-11	20.265	—	72.146	5.085	0.727		0.475				表面铜锈
NATQ-10	28.445	14.532	53.585	1.867	0.798		0.773				表面铜锈
NATQ-9	30.103	—	0.455	3.862	36.834	—	25.852	—	0.690	1.606	表面凝结物
NATQ-2-a	7.656	—	—	2.619	57.445	1.181	28.554	—	0.487	1.389	表面凝结物
NATQ-2-b	37.131	—	47.915	4.970	2.117	1.385	5.268	—	0.748	—	表面铜锈
NATQ-1-b	87.146	—	2.205	3.126	0.738	—	3.038	—	—	3.747	表面铜锈
NATQ-1-a	41.856	—	0.798	3.297	42.743	—	8.810	—	—	1.700	表面凝结物

表 4 "南澳 1 号"沉船出水铜器表面腐蚀产物的 SEM 结果

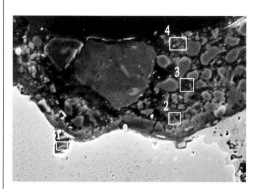

NA-1 SE，X500

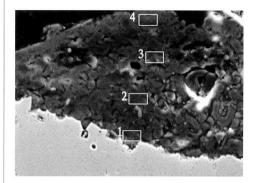

NA-5 SE，X450

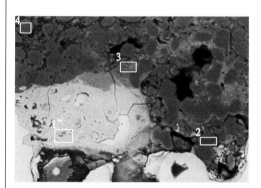

NA-7 SE，X500

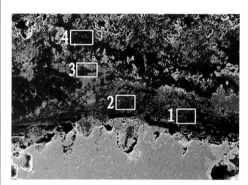

NA-12 SE，X500

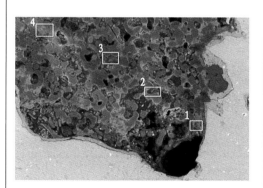

NA-13 SE，x450

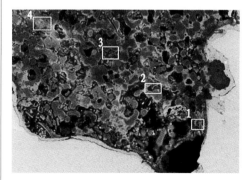

NA-14 SE，x500

表 5 南澳 1 号腐蚀产物的 EDS 结果

样品	位置		所含元素（Wt%）					
			Ca	Si	Cl	Mg	K	Fe
NA1	1	100.00	—	—	—	—	—	—
	2	100.00	—	—	—	—	—	—
	3	89.41	7.02	2.21	1.37	—	—	—
	4	85.81	8.72	3.46	0.88	1.14	—	—
NA5	1	98.69	0.36	—	0.95	—	—	—
	2	100.00	—	—	—	—	—	—
	3	90.39	7.63	—	1.98	—	—	—
	4	83.29	4.47	—	1.27	0.97	—	—
NA7	1	100.00	—	—	—	—	—	—
	2	100.00	—	—	—	—	—	—
	3	85.22	11.27	0.49	2.23	0.79	—	—
	4	84.29	10.36	—	1.94	0.46	—	2.94
NA12	1	94.90	1.74	—	3.36	—	—	—
	2	94.29	0.97	1.25	2.98	—	—	—
	3	88.29	9.91	1.47		0.33	—	—
	4	894.94	11.98	0.88	1.13	1.04	—	—
NA13	1	100.00	—	—	—	—	—	—
	2	100.00	—	—	—	—	—	—
	3	91.33	6.31	1.07	1.29	—	—	—
	4	90.39	5.02	1.21	3.38	—	—	—
NA14	1	95.31	—	—	4.69	—	—	—
	2	90.27	6.23	—	3.37	—	0.14	—
	3	100.00	—	—	—	—	—	—
	4	78.44	17.54	0.67	—	3.35	—	—

后　记

如果只是用"感谢"两个字来描述感恩的心情，似乎太过平淡了。怀着一颗诚挚的心去回望这本书的起始、过程总总，满怀希望的迎接即将到来的出版。而出版本身并不代表结束，工作还在继续，不断完善是科研的精神和动力。

感念过去，如果没有院领导的支持，即使再好的思路也没有机会付诸实践；如果没有部门领导的支持，即使再有想法也会步履维艰；如果没有同事、同学、同仁们的合作与帮助，即使精心的构思、独到的设计，在理想照进现实之后，也需要多方面的资料收集、大量的实践工作和反复的推敲；即使三头六臂也会忙得四脚朝天。

在此，满心的赤诚奉给曾为此书付出热心和努力的各级领导、同事、同学、同仁以及热忱支助的合作单位，万语千言凝成简洁却深沉的谢意。由衷地感谢北京化工大学教授林玉珍老师、山东大学教授马清林老师、国家博物馆潘路研究馆员、铁付德研究馆员、北京科技大学副教授李秀辉等老师们给予的细心指导，特别感谢提供实验支持的北京化工大学雍兴跃教授、于光认教授、赵旭辉副教授、国家博物馆马立治副研究员以及南开大学潘娇副教授等，非常感谢广东省文物考古研究所副所长崔勇研究馆员、国家文物局水下文化遗产保护中心技术总监孙键研究馆员、周春水研究馆员、青岛市考古所副研究馆员尹锋超、青岛市图书馆馆员曹艳芳等提供了宝贵资料和照片。感念一直鼎力相助的杨自然、贾政以及出水保护组所有新老成员，同时也向其他参与过实验工作的杨恒、邵倩倩、王瑞、王歌、杜金楠等一并表示感谢。如果没有大家的热情参与，本书将不会以现在的效果呈现。另外，本书的内容主要基于本院基金的支持和合作项目的成果，为此，除了感谢我院的大力支持外，衷心感谢广东省文物考古研究所、广东海上丝绸之路、国家文物局水下文化遗产保护中心、北京科技大学、北京化工大学、南开大学、中山大学、国家海洋三所、天津利丰海洋公司、北京帝测科技股份有限公司等合作单位提供的友情协作。

　　尽管作为编者为此书的出版付诸了很大的努力，但由于涉及的内容颇多，难免存在疏漏和错误之处，恳请读者批评和指正。

田兴玲